Christian Gäckle

Makroökonomische Wirkungen von Pricing-to-Market

Christian Gäckle

Makroökonomische Wirkungen von Pricing-to-Market

Tectum Verlag

Christian Gäckle

Makroökonomische Wirkungen von Pricing-to-Market

Zugl. Univ.Diss., Helmut-Schmidt-Universität Hamburg 2011
ISBN: 978-3-8288-2926-8

Umschlagabbildung: istockphoto.com © Petrovich9
Druck und Bindung: CPI buchbücher.de, Birkach
Printed in Germany

Besuchen Sie uns im Internet
www.tectum-verlag.de

FSC www.fsc.org
MIX
Papier aus verantwortungsvollen Quellen
FSC® C003147

Bibliografische Informationen der Deutschen Nationalbibliothek
Die Deutsche Nationalbibliothek verzeichnet diese Publikation in der Deutschen Nationalbibliografie; detaillierte bibliografische Angaben sind im Internet über http://dnb.ddb.de abrufbar.

Vorwort

Die vorliegende Arbeit entstand während meiner Tätigkeit als wissenschaftlicher Mitarbeiter an der Helmut-Schmidt-Universität Hamburg. Mein besonderer Dank gilt meinem Doktorvater Prof. Dr. Michael Carlberg für die stets intensive und hervorragende Betreuung meiner Arbeit. Ferner bedanke ich mich ganz herzlich bei Prof. Dr. Franco Reither für die Übernahme des Zweitgutachtens. Für wertvolle Anregungen und Hinweise bin ich meinen Kollegen Arne Hansen, Mirko-Daniel Hoppe und Dr. Marco Oestmann zu großem Dank verpflichtet.

Ohne diejenigen Menschen, die in den vergangenen Jahren an meiner Seite standen, wäre die Fertigstellung dieser Arbeit nicht möglich gewesen. Für den großen moralischen Rückhalt bedanke ich mich insbesondere bei Nicole Schaper, Nina Höhle, Dominik Lorenzen und Alexander Stephens. Ein hervorgehobener Dank gilt Dr. Christine Müller für ihre Geduld und ihre Gelassenheit, mit der sie mich in der finalen Phase dieser Arbeit begleitet hat.

Meine Eltern Maria und Harald Gäckle haben mich auf meinem Lebensweg jederzeit und uneingeschränkt unterstützt. Ihnen schulde ich den größten Dank. Ihnen ist diese Arbeit gewidmet.

Inhaltsübersicht

Inhaltsverzeichnis

I Einleitung

Kapitel 1

Gegenstand und Aufbau der Arbeit

Der Zusammenhang zwischen dem nominalen Wechselkurs und den Preisen international handelbarer Güter spielt eine zentrale Rolle bei der Analyse offener Volkswirtschaften. Im Mundell-Fleming Modell, das konstante Preisniveaus im In- und Ausland annimmt, führt eine nominale Aufwertung der Inlandswährung unmittelbar zu einer proportionalen realen Aufwertung der Inlandswährung und damit zu einer Verschlechterung der Wettbewerbsfähigkeit des Inlands. Inländische Güter werden relativ zu ausländischen Gütern teurer. Als Konsequenz daraus wird die globale Nachfrage von inländischen Gütern zu ausländischen Gütern umgelenkt. Dieser Effekt ist hinsichtlich der Beurteilung geld- und fiskalpolitischer Maßnahmen als Instrumente der Stabilisierungspolitik respektive als Quelle externer Schocks von fundamentaler Bedeutung.

Eine zentrale Annahme des Mundell-Fleming Modells ist die Gültigkeit des Gesetzes der Unterschiedslosigkeit der Preise (Law of One Price). In Abwesenheit von Transaktionskosten und tarifären Handelsrestriktionen hat demnach ein handelbares Gut in allen Ländern einen einheitlichen Preis, wenn dieser in einer einheitlichen Währung ausgedrückt wird. Begründet werden kann das Gesetz der Unterschiedslosigkeit der Preise mit der Vorstellung eines integrierten internationalen Gütermarktes. Dieser ist dadurch gekennzeichnet, dass zwischen nationalen Gütermärkten keine Kosten der Güterarbitrage existieren, so dass ein uneingeschränkter Arbitragehandel möglich ist. Jeder Preisunterschied zwischen zwei Märkten wird durch einen Arbitragehandel ausgeglichen.

Die Annahme eines integrierten internationalen Gütermarktes beeinflusst maßgeblich das Preissetzungsverhalten eines exportierenden Unternehmens, das sein Gut auf seinem Heimatmarkt und auf einem Exportmarkt anbietet. Bei unvollständigem Wettbewerb kann das Unternehmen zwar einen Preis oberhalb seiner Grenzkosten setzen, es verfügt jedoch auf einem integrierten internationalen Gütermarkt über keinen Spielraum für eine internationale Preisdiskriminierung.[1]

Betrachtet sei dazu ein inländisches Unternehmen, dessen Gut von Inländern und Ausländern nachgefragt wird. Das Unternehmen bietet das Gut auf dem Gütermarkt im Inland und auf dem Gütermarkt im Ausland an. Es bestimmt den Preis des inländischen Gutes im Inland, ausgedrückt in Inlandswährung, durch einen Zuschlag auf seine Lohnstückkosten in Inlandswährung. Der Preis des inländischen Gutes im Ausland, ausgedrückt in Auslandswährung, ergibt sich durch einen Zuschlag auf die Lohnstückkosten in Auslandswährung. Die Lohnkosten fallen ausschließlich in Inlandswährung an. Die Lohnstückkosten in Auslandswährung ergeben sich somit durch Umrechnung der Lohnstückkosten in Inlandswährung mit dem nominalen Wechselkurs.

Ein marktspezifischer Zuschlag impliziert, dass sich der Preis des inländischen Gutes, ausgedrückt in einer einheitlichen Währung, zwischen beiden Gütermärkten unterscheidet. Diese Preisdiskriminierung induziert jedoch einen Arbitragehandel, der entweder in Form von Re-Importen oder in Form von Parallelimporten auftritt. Re-Importe bezeichnen eine Nachfrage der Inländer nach inländischen Gütern auf dem Gütermarkt im Ausland. Parallelimporte bezeichnen dagegen eine Nachfrage der Ausländer nach inländischen Gütern auf dem Gütermarkt im Inland. Ein Ausschluss von Arbitragemöglichkeiten erfordert somit einen marktunabhängigen Zuschlag auf die Lohnstückkosten.

Wie lässt sich nun das Preissetzungsverhalten in Reaktion auf eine Änderung des nominalen Wechselkurses charakterisieren? Bestimmt das Unternehmen den Preis des inländischen Gutes durch einen marktunabhängigen und konstanten Zuschlag auf seine Lohnstückkosten, so führt eine Aufwertung der Inlandswährung unter der Annahme konstanter Lohnstückkosten in Inlandswährung zu einem proportionalen Anstieg des Preises des inländischen Gutes in Auslandswährung. Aus Sicht der Ausländer bedeutet dies eine vollständige Überwälzung der Wechselkursänderung auf den Preis des importierten Gutes. Die Überwälzung einer Wechselkursänderung (Exchange Rate Pass-Through) ist dabei aus Sicht eines Importlandes definiert als die prozentuale Änderung des Importpreises, ausgedrückt in der Währung des Import-

[1] Eine internationale Preisdiskriminierung ist ein Beispiel für eine Preisdiskriminierung dritten Grades. Nach Pigou (1932) liegt eine Preisdiskriminierung dritten Grades vor, wenn unterschiedlichen Käufergruppen verschiedene Preise für ein Gut zahlen, jedoch keine Preisdifferenzierung innerhalb einer Käufergruppe existiert.

landes, aufgrund einer einprozentigen Wechselkursänderung zwischen dem exportierenden und dem importierenden Land.[2]

Dauerhafte Abweichungen vom Gesetz der Unterschiedslosigkeit der Preise zeigen jedoch, dass die Vorstellung eines segmentierten internationalen Gütermarktes die Realität internationaler Handelsbeziehungen besser beschreibt.[3] Auf einem segmentierten internationalen Gütermarkt existieren zwischen nationalen Gütermärkten Arbitragekosten in Gestalt von Such-, Informations- und Distributionskosten sowie in Form von länderspezifischen rechtlichen und technischen Vorschriften.[4] Ein Arbitragehandel wird dadurch teilweise oder vollständig ausgeschlossen. Unter dieser Annahme existiert für ein exportierendes Unternehmen ein Spielraum für eine internationale Preisdiskriminierung zwischen seinem Exportmarkt und seinem Heimatmarkt. Es besitzt damit die Möglichkeit, marktspezifische Zuschläge zu setzen.

Ein segmentierter internationaler Gütermarkt ist die Voraussetzung für ein von Krugman (1987) als Pricing-to-Market bezeichnetes Preissetzungsverhalten, bei dem eine Wechselkursänderung eine marktspezifische Anpassung des Zuschlagssatzes induziert. Dieses Preissetzungsverhalten begründet damit die Rolle von Wechselkursänderungen als Ursache für Abweichungen vom Gesetz der Unterschiedslosigkeit der Preise.[5] Pricing-to-Market ist dabei entweder Ausdruck eines strategischen Preissetzungsverhaltens in Reaktion auf eine Wechselkursänderung oder Konsequenz daraus, dass die Unternehmen ihre Preise nicht in eigener Währung, sondern in der Währung des jeweiligen Bestimmungslandes fixieren, bevor eine Wechselkursänderung stattfindet. Diese Ursachen für Pricing-to-Market werden im Literaturüberblick näher betrachtet.

Pricing-to-Market wird im Folgenden definiert als strategisches Preissetzungsverhalten exportierender Unternehmen, bei dem in Reaktion auf eine Wechselkursänderung der Zuschlagssatz auf die Lohnstückkosten der Exporte angepasst wird. Die Unternehmen verfolgen dadurch das Ziel, den Preis der exportierten Güter, ausgedrückt in der Währung des Importlandes, von einer Veränderung ihrer Wettbewerbsfähigkeit partiell oder vollständig zu isolieren. Pricing-to-Market ist somit einer der Gründe für eine unvollständige Über-

---

2 Vgl. Goldberg/Knetter (1997), S. 1248.

3 Vgl. Devereux (1997), S. 781ff.

4 Vgl. Betts/Devereux (1996), S. 1008.

5 Eine einheitliche Begriffsbestimmung für Pricing-to-Market existiert in der Literatur nicht. Eine häufig verwendete Definition geht auf Goldberg/Knetter (1997) zurück, die Pricing-to-Market kurz als wechselkursinduzierte internationale Preisdiskriminierung bezeichnen.

wälzung von Wechselkursänderungen auf die Preise importierter Güter. Dieses Preissetzungsverhalten führt jedoch auch zu einer Änderung des Preises der exportierten Güter, ausgedrückt in der Währung des Exportlandes, und induziert dadurch eine Veränderung des relativen Güterpreises zwischen dem Exportmarkt und dem Heimatmarkt der exportierenden Unternehmen. Unter der Annahme, dass die Lohnkosten nur in der Währung des Exportlandes anfallen, ist die Änderung des relativen Preises dabei ausschließlich zurückzuführen auf die Veränderung des relativen Zuschlagssatzes zwischen beiden Gütermärkten.

Zur Verdeutlichung dieses Preissetzungsverhaltens sei ein inländisches Unternehmen betrachtet, dessen Gut auf einem segmentierten internationalen Gütermarkt von Inländern und Ausländern nachgefragt wird. Das Gut kann von den Inländern ausschließlich auf dem Gütermarkt im Inland nachgefragt werden. Sie zahlen den Preis des inländischen Gutes im Inland, ausgedrückt in Inlandswährung. Von den Ausländern kann das Gut dagegen ausschließlich auf dem Gütermarkt im Ausland nachgefragt werden. Sie zahlen den Preis des inländischen Gutes im Ausland, ausgedrückt in Auslandswährung. Das Unternehmen bestimmt den Preis des inländischen Gutes durch einen marktspezifischen Zuschlag auf seine Lohnstückkosten. Die Lohnkosten fallen ausschließlich in Inlandswährung an. Die Lohnstückkosten in Inlandswährung sind konstant. Der Preis des inländischen Gutes im Inland, ausgedrückt in Inlandswährung, wird bestimmt durch einen konstanten Inlandsmarkt-Zuschlag auf die Lohnstückkosten in Inlandswährung. Der Preis des inländischen Gutes im Ausland, ausgedrückt in Auslandswährung, wird bestimmt durch einen Auslandsmarkt-Zuschlag auf die Lohnstückkosten in Auslandswährung. Der Preis des inländischen Gutes im Ausland, ausgedrückt in Inlandswährung, ergibt sich durch den Auslandsmarkt-Zuschlag auf die Lohnstückkosten in Inlandswährung.

Betrachtet sei nun eine nominale Aufwertung der Inlandswährung. Dadurch steigen die Lohnstückkosten in Auslandswährung. Bei konstanten Lohnstückkosten der ausländischen Güter in Auslandswährung steigen die relativen Lohnstückkosten zwischen in- und ausländischen Gütern. Dieser Effekt kann als eine Verschlechterung der Wettbewerbsfähigkeit der inländischen Unternehmen auf dem Gütermarkt im Ausland interpretiert werden. Das Unternehmen besitzt nun jedoch zwei Verhaltensoptionen darauf zu reagieren. Es kann den Auslandsmarkt-Zuschlagssatz konstant halten, so dass der Preis des inländischen Gutes im Ausland, ausgedrückt in Auslandswährung, proportional zur Aufwertung der Inlandswährung steigt. Die Aufwertung der Inlandswährung wird demnach vollständig überwälzt. Dadurch bleibt der Preis des inländischen Gutes im Ausland, ausgedrückt in Inlandswährung, unverändert. Folglich bleibt auch der relative Preis des inländischen Gutes zwischen beiden Gütermärkten unverändert.

Bei Pricing-to-Market dagegen verringert das Unternehmen den Auslandsmarkt-Zuschlagssatz, so dass die Aufwertung der Inlandswährung nur unvollständig überwälzt wird. Durch den Rückgang des Auslandsmarkt-Zuschlagssatzes sinkt jedoch der Preis des inländischen Gutes im Ausland, ausgedrückt in Inlandswährung. Eine Aufwertung der Inlandswährung verringert folglich den relativen Preis des inländischen Gutes zwischen dem Gütermarkt im Ausland und dem Gütermarkt im Inland. Bei vollständigem Pricing-to-Market fängt das Unternehmen die Verschlechterung seiner Wettbewerbsfähigkeit vollständig durch eine Verringerung des Auslandsmarkt-Zuschlagssatzes auf. Das Unternehmen hält dadurch den Preis des inländischen Gutes im Ausland, ausgedrückt in Auslandswährung, konstant. Der Preis des inländischen Gutes im Ausland, ausgedrückt in Inlandswährung, sinkt dann proportional zur Abwertung der Auslandswährung.

Ein Zahlenbeispiel veranschaulicht diesen Zusammenhang. Betrachtet sei ein europäisches Unternehmen, dessen Gut von Europäern ausschließlich in Europa und von Amerikanern ausschließlich in Amerika nachgefragt wird. Die Lohnstückkosten betragen 20.000 Euro. Zunächst betreibt das Unternehmen keine Preisdiskriminierung zwischen beiden Gütermärkten. Der prozentuale Zuschlagsatz auf die Lohnstückkosten sei jeweils 50 Prozent. Der Preis des europäischen Gutes in Europa beträgt damit 30.000 Euro. Der Preis des europäischen Gutes in Amerika, ausgedrückt in Euro, beträgt ebenfalls 30.000 Euro. Der nominale Wechselkurs ist definiert als der Preis des Dollars, ausgedrückt in Euro, und beträgt in der Ausgangssituation eins. Der Preis des europäischen Gutes in Amerika, ausgedrückt in Dollar, beträgt somit 30.000 Dollar.

Betrachtet sei ein nun Rückgang des nominalen Wechselkurses auf 0,8. Die Lohnstückkosten in Dollar steigen dadurch auf 25.000 Dollar. Hält das Unternehmen den Zuschlagssatz auf die Lohnstückkosten der Exporte konstant, so steigt der Preis des europäischen Gutes in Amerika, ausgedrückt in Dollar, auf 37.500 Dollar. Der Preis des europäischen Gutes in Amerika, ausgedrückt in Euro, beträgt dann weiterhin 30.000 Euro. Möchte das Unternehmen dagegen den Preis des europäischen Gutes in Amerika, ausgedrückt in Dollar, trotz der Aufwertung des Euros konstant halten, muss der Zuschlagssatz auf die Lohnstückkosten der Exporte von 50 Prozent auf 20 Prozent verringert werden. Der Preis des europäischen Gutes in Amerika, ausgedrückt in Euro, fällt dadurch auf 24.000 Euro. Der Preis des europäischen Gutes in Europa beträgt dagegen weiterhin 30.000 Euro. Pricing-to-Market induziert in diesem Beispiel eine ex-post Abweichung vom Gesetz der Unterschiedslosigkeit der Preise.

Die Bedeutung des Preissetzungsverhaltens exportierender Unternehmen zeigt sich in einer Vielzahl von Beiträgen, die das auf Obstfeld/Rogoff (1995) zurückgehende Redux-Modell durch die Annahme von Pricing-to-Market modifizieren. Trotz der zweifellos hohen Relevanz des Mundell-Fleming Modells in der wirtschaftspolitischen Diskussion existieren nur wenige Arbeiten, die die Auswirkungen dieser Preissetzungsstrategie in diesem Modell untersuchen. Die vorliegende Arbeit schließt diese Lücke durch die Analyse der makroökonomischen Wirkungen von Pricing-to-Market im Rahmen eines erweiterten Mundell-Fleming Modells.

Die makroökonomischen Wirkungen von Pricing-to-Market werden analysiert unter dem Aspekt des Einflusses von Pricing-to-Market auf die Wirkungen der Geld- und Fiskalpolitik. Es wird dabei zwischen dem Modell der kleinen offenen Volkswirtschaft und dem Zwei-Länder-Modell unterschieden. In beiden Modellen wird folgende Vorgehensweise gewählt: Zunächst werden die Wirkungen geld- und fiskalpolitischer Schocks bei unterschiedlichen Annahmen über das Preissetzungsverhalten exportierender Unternehmen untersucht. Im Modell ohne Pricing-to-Market wird eine Änderung des nominalen Wechselkurses vollständig auf den Preis der exportierten Güter, ausgedrückt in der Währung des Importlandes, überwälzt. Der Preis der exportierten Güter, ausgedrückt in der Währung des Exportlandes, bleibt dadurch konstant. Das Preissetzungsverhalten der Unternehmen führt in diesem Fall dazu, dass keine Arbitragemöglichkeiten existieren. Das Gesetz der Unterschiedslosigkeit der Preise gilt stets. Es muss somit nicht explizit unterschieden werden, ob ein integrierter oder ein segmentierter internationaler Gütermarkt vorliegt. Dieses Modell stellt die Referenzwirkungen des Mundell-Fleming Modells dar.

Im Modell mit Pricing-to-Market halten die Unternehmen den Preis der exportierten Güter, ausgedrückt in der Währung des Importlandes, auch bei einer Änderung des nominalen Wechselkurses konstant. Dieses Preissetzungsverhalten führt jedoch zu einer Änderung des Preises der exportierten Güter, ausgedrückt in der Währung des Exportlandes, und induziert dadurch eine Veränderung des relativen Güterpreises zwischen dem Exportmarkt und dem Heimatmarkt der exportierenden Unternehmen. Im Gegensatz zum Referenzmodell ist hier die Annahme eines segmentierten internationalen Gütermarktes zwingend, um einen Arbitragehandel stets ausschließen zu können. Der Einfluss von Pricing-to-Market auf die Wirkungen der Geld- und Fiskalpolitik zeigt sich durch den Vergleich der geld- und fiskalpolitischen

Multiplikatoren im Modell mit Pricing-to-Market mit den Referenzwirkungen im Modell ohne Pricing-to-Market.

Das Preissetzungsverhalten exportierender Unternehmen kann über zwei Transmissionswege Einfluss auf eine inländische Wirtschaft nehmen. Exportseitig beeinflusst das Preissetzungsverhalten inländischer Unternehmen, importseitig das Preissetzungsverhalten ausländischer Unternehmen die makroökonomischen Größen des Inlands. Der Untersuchungsgegenstand dieser Arbeit konzentriert sich auf die Analyse der exportseitigen Wirkungen von Pricing-to-Market.

Ein unmittelbarer Einfluss des Preissetzungsverhaltens ausländischer Exporteure auf das inländische Güter- und Geldmarktgleichgewicht ist durch zwei Modellannahmen ausgeschlossen. Erstens basiert die Konsumentscheidung der inländischen Haushalte auf einer Cobb-Douglas Nutzenfunktion. Das Preissetzungsverhalten ausländischer Exporteure beeinflusst unter dieser Annahme zwar die Nachfrage der Inländer nach ausländischen Gütern, nicht jedoch die Ausgaben der Inländer für ausländische Güter, da die Ausgabenanteile für in- und ausländische Güter konstant sind. Folglich zeigt sich auch kein Einfluss auf die Ausgaben der Inländer für inländische Güter.

Zweitens muss das Preisniveau im Inland unabhängig vom Preissetzungsverhalten ausländischer Exporteure sein. Bei vollständigem Pricing-to-Market ausländischer Exporteure bleibt der Preis der importierten Güter unverändert, so dass unter der Annahme eines konstanten Preises der inländischen Güter im Inland auch das Preisniveau im Inland stets konstant bleibt. Pricing-to-Market ausländischer Exporteure stabilisiert damit das Preisniveau im Inland und unterbindet somit den Einfluss von Wechselkursänderungen auf die reale Geldmenge. Dieser Effekt wird ausgeschlossen, indem von einem Home Bias im Konsum der Haushalte ausgegangen wird. Der Konsum richtet sich mithin stärker auf heimische als auf importierte Güter. Es kann dadurch die Annahme begründet werden, dass das Preisniveau im Inland ausschließlich durch den konstanten Preis der inländischen Güter im Inland bestimmt wird.

Intuitiv lassen sich zwei Effekte ableiten, durch die ein vollständiges Pricing-to-Market der inländischen Unternehmen auf die makroökonomischen Größen eines Inlands wirkt. Eine Änderung des nominalen Wechselkurses führt aus Sicht der Ausländer zu keiner Veränderung des relativen Preises zwischen inländischen und ausländischen Gütern, so dass die inländischen Exporte unverändert bleiben. Pricing-to-Market unterbindet somit den unmittelbaren Einfluss einer Änderung des nominalen Wechselkurses auf die inländische Produktion. Dieses Preissetzungsverhalten führt jedoch auch dazu, dass der Preis der inländischen Güter im Ausland, ausgedrückt in Inlandswährung, abhängig ist vom nominalen Wechselkurs. Daraus resultiert ein Terms of Trade Effekt, der reale Einkommenswirkungen im Inland induziert. Die Terms of Trade stellen das reale Warenaustauschverhältnis zwischen Import- und Exportgütern dar und sind definiert als Quotient aus Exportpreis und Importpreis, wobei beide Preise jeweils in Inlandswährung ausgedrückt sind. Pricing-to-Market führt bei einer Aufwertung der Inlandswährung zu einem Rückgang des Preises der inländischen Güter im Ausland, ausgedrückt in Inlandswährung, und verschlechtert damit unter der Annahme eines konstanten Importpreises die Terms of Trade.[6]

Bei Veränderungen der Terms of Trade ist die ausschließliche Betrachtung der realen Güterproduktion nicht mehr hinreichend, um die Realeinkommensposition einer Wirtschaft zu beschreiben.[7] Ein Rückgang des Preises der inländischen Güter im Ausland, ausgedrückt in Inlandswährung, verringert das nominale Einkommen der Inländer. Das Realeinkommen der Inländer ist Ausdruck der realen Gütermenge, die den Inländern für konsumtive und investive Verwendungen zur Verfügung steht. Das nominale Einkommen der Inländer muss daher mit dem konstanten Preisniveau im Inland deflationiert werden. Ein Rückgang des Preises der inländischen Güter im Ausland, ausgedrückt in Inlandswährung, impliziert damit eine Verringerung des Wertes einer exportierten inländischen Gütereinheit, ausgedrückt in inländischen Gütereinheiten. Diese als Exportpreiseffekt bezeichnete Veränderung des relativen Preises zwischen dem Exportmarkt und Heimatmarkt verringert den realen Wert der Exporte. Trotz unveränderter inländischer Produktion sinkt dadurch das reale Einkommen der Inländer. Eine Aufwertung der Inlandswährung führt demnach bei Pricing-to-Market zu einem Realeinkommenstransfer ins Ausland.

Die Einkommenswirkungen werden in dieser Arbeit durch die Analyse der Einkommensverteilung näher untersucht. Bei kostendeterminierten Preisen hat das Preissetzungsverhalten inländischer Unternehmen eine unmittelbare Wirkung auf die funktionale Einkommensverteilung des Inlands. Der Analyse der Einkommensverteilung liegen dabei die folgenden Annahmen zugrunde: Das Einkommen der Inländer setzt sich zusammen aus dem Lohn- und Gewinneinkommen der inländischen Haushalte. Das Lohneinkommen ergibt sich ausschließlich aus dem Einsatz des Produktionsfaktors Arbeit. Das Gewinneinkommen ergibt sich ausschließlich aus den Gewinnen der inländischen Unternehmen, die vollständig an die inländischen Haushalte ausge-

[6] Vgl. dazu die Kritik von Obstfeld/Rogoff (2000a).
[7] Vgl. Kohli (2004) zur Darstellung verschiedener Realeinkommenskonzeptionen.

schüttet werden. Zur Vereinfachung der Argumentation wird der Produktionsfaktor Kapital dabei nicht explizit ausgewiesen. Die Gewinne der inländischen Unternehmen sind somit zu interpretieren als Gewinne vor Abzug der konstanten Zinskosten für die Nutzung des Produktionsfaktors Kapital. Bestimmen die Unternehmen den Preis der inländischen Güter durch einen Zuschlag auf ihre Lohnstückkosten, so wird die Verteilung des Einkommens der Inländer auf das Lohn- und Gewinneinkommen determiniert durch die Höhe des Zuschlagssatzes.[8]

Die Analyse des Lohn- und Gewinneinkommens ermöglicht nun wichtige Einblicke in die Wirkungsweise von Pricing-to-Market. Ein Anstieg der inländischen Produktion erhöht das Lohn- und Gewinneinkommen, so dass das Einkommen der Inländer steigt. Die Einkommensverteilung bleibt in diesem Fall unverändert. Exportseitig unterbindet Pricing-to-Market den Einfluss einer Änderung des nominalen Wechselkurses auf die inländische Produktion und wirkt dadurch über das Lohn- und Gewinneinkommen auf das Einkommen der Inländer. Zusätzlich impliziert der Exportpreiseffekt eine Änderung des relativen Zuschlagssatzes zwischen dem Exportmarkt und dem Heimatmarkt. Diese marktspezifische Anpassung des Zuschlagssatzes wirkt ausschließlich auf das Gewinneinkommen und begründet damit sowohl eine wechselkursinduzierte Einkommensumverteilung als auch den oben erläuterten Realeinkommenseffekt.

Die Aussagen der Analyse ändern sich nicht, wenn Kapital explizit als zusätzlicher Produktionsfaktor ausgewiesen wird. Kurzfristig ist der Kapitalstock konstant. Unter der Annahme eines konstanten Zinssatzes für Altkredite sind die Kapitalkosten konstant. Die Unternehmen setzen den Preis in Höhe der normalen Durchschnittskosten, das heißt in Höhe des erwarteten Wertes der Durchschnittskosten.[9] Sie wählen die Höhe des Zuschlagssatzes so, dass bei der erwarteten Produktion die Lohn- und Kapitalkosten vollständig durch die Produktionserlöse gedeckt werden. Der Erwartungswert der Gewinne der Unternehmen beträgt demnach null. Das Gewinneinkommen wird in dieser Situation nur bestimmt durch das konstante Zinseinkommen aus dem Einsatz des Produktionsfaktors Kapital. Eine Abweichung der inländischen Produktion von der erwarteten inländischen Produktion führt zu einer Änderung des Lohneinkommens sowie zu positiven oder negativen

---

[8] Dieser Zusammenhang geht auf die Arbeit von Kalecki (1938) zurück. Demnach wird die Profitquote durch den Grad der Monopolisierung determiniert, wobei der Monopolgrad durch den Quotienten aus Umsatz und variablen Stückkosten definiert ist. Der Monopolgrad wird dabei unter anderem bestimmt durch die Konkurrenzintensität und durch die Verhandlungsstärke der Gewerkschaften.

[9] Vgl. zur Normalkostenkalkulation Lavoie (2001), S. 21ff.

Gewinnen der Unternehmen, die dem Gewinneinkommen zuzurechnen sind. Eine Änderung des relativen Zuschlagssatzes zwischen dem Exportmarkt und dem Heimatmarkt wirkt dagegen ausschließlich auf die Gewinne der Unternehmen und dadurch auf das Gewinneinkommen.

Die Arbeit ist wie folgt aufgebaut: Die Einleitung schließt im Kapitel 2 mit einem kurzen Literaturüberblick über die Ursachen und Wirkungen von Pricing-to-Market. Teil II der Arbeit betrachtet das Modell der kleinen offenen Volkswirtschaft. Die kleine offene Volkswirtschaft wird als Inland, der Rest der Welt als Ausland bezeichnet. Es herrscht Unterbeschäftigung. Betrachtet werden geld- und fiskalpolitische Schocks im Inland. Der Gegenstand der Analyse ist der Einfluss der Pricing-to-Market Strategie inländischer Unternehmen auf die Wirksamkeit geld- und fiskalpolitischer Maßnahmen. Kapitel 3 betrachtet das Modell ohne Pricing-to-Market. Kapitel 4 betrachtet das Modell mit Pricing-to-Market. In beiden Modellen wird folgende Vorgehensweise gewählt: In der grundlegenden Analyse werden die Wirkungen geld- und fiskalpolitischer Schocks auf Produktion, Einkommen und Leistungsbilanz untersucht. Dabei wird zusätzlich zur Wirtschaft mit perfekter Kapitalmobilität die Wirtschaft ohne Kapitalmobilität betrachtet. Aufbauend auf der grundlegenden Analyse betrachtet die Analyse der Einkommensverteilung die Lohn- und Gewinneinkommenseffekte wirtschaftspolitischer Schocks, um zusätzliche Einblicke in den Transmissionsmechanismus zu gewinnen. Kapitel 5 vergleicht die beiden Modelle.

Teil III der Arbeit betrachtet das Zwei-Länder-Modell bei perfekter Kapitalmobilität. Die Welt besteht aus zwei großen Ländern, Europa und Amerika, die gekennzeichnet sind durch identische Verhaltensparameter. In beiden Ländern herrscht Unterbeschäftigung. Betrachtet werden geld- und fiskalpolitische Schocks in Europa. Der Gegenstand der Analyse der europäischen Wirtschaft ist der Einfluss der Pricing-to-Market Strategie europäischer Unternehmen auf die Wirksamkeit geld- und fiskalpolitischer Maßnahmen. Aus amerikanischer Sicht kann eine wirtschaftspolitische Maßnahme in Europa als ein externer Schock interpretiert werden. Der Gegenstand der Analyse der amerikanischen Wirtschaft ist demnach der Einfluss der Pricing-to-Market Strategie amerikanischer Unternehmen auf die Auswirkungen externer Schocks. Kapitel 6 betrachtet das Modell ohne Pricing-to-Market. Kapitel 7 betrachtet das Modell mit Pricing-to-Market. Analog zum Vorgehen im Modell der kleinen offenen Volkswirtschaft wird zwischen der grundlegenden Analyse und der Analyse der Einkommensverteilung unterschieden. Kapitel 8 vergleicht die beiden Modelle. Teil IV der Arbeit beinhaltet die Schlussbetrachtung. Kapitel 9 fasst die wesentlichen Aspekte zusammen. Kapitel 10 zeigt die Ergebnisse der Arbeit.

Kapitel 2

Literaturüberblick

Die zentrale Bedeutung des Preissetzungsverhaltens exportierender Unternehmen für die Analyse offener Volkswirtschaften zeigt sich in einer umfangreichen Literatur zu den Ursachen und Wirkungen von Pricing-to-Market. Einige wichtige Aspekte der Diskussion werden im Folgenden kurz hervorgehoben.

Pricing-to-Market bezeichnet ein strategisches Preissetzungsverhalten exportierender Unternehmen, bei dem in Reaktion auf eine Wechselkursänderung der Zuschlagssatz auf die Lohnstückkosten der Exporte angepasst wird. Dieses Preissetzungsverhalten ist einer der Gründe für die empirisch beobachtete unvollständige Überwälzung von Wechselkursänderungen auf die Preise importierter Güter.[10] Die Erklärungsansätze für Pricing-to-Market liegen somit in den Motiven eine Wechselkursänderung nicht oder nur unvollständig zu überwälzen. Die endogene Reaktion des Zuschlagssatzes ist dann Ausdruck eines kurz- oder langfristigen Gewinnmaximierungskalküls exportierender Unternehmen.

In statischen Ansätzen ist die Reaktion des Zuschlagssatzes Ausdruck kurzfristiger Gewinnmaximierung bei unvollkommenem Wettbewerb. Krugman (1987), Feenstra (1989) und Marston (1990) betonen in diesem Zusammenhang den Einfluss der Gestalt der Nachfragefunktion für die Bestimmung des optimalen Zuschlagsatzes im Falle monopolistischer Preisdiskriminierung. Es wird von einem inländischen Unternehmen ausgegangen, welches sein Gut auf dem inländischen Heimatmarkt und dem ausländischen Exportmarkt anbietet. Die Preise auf den beiden Märkten, ausgedrückt in Inlandswährung, ergeben sich durch einen marktspezifischen Zuschlag auf die Grenzkosten. Der marktspezifische Zuschlagsatz wird durch die jeweilige Preiselastizität der Nachfrage bestimmt. Unter der Annahme ziellandunabhängiger und konstanter Grenzkosten sind die in Inlandswährung ausgedrückten Preise auf beiden Märkten nur eine Funktion der jeweiligen Preiselastizität der Nachfrage. Eine

[10] Einen Literaturüberblick zur empirischen Relevanz unvollständiger Wechselkursüberwälzung bieten die Arbeiten von Menon (1995) und Goldberg/Knetter (1997).

internationale Preisdiskriminierung ist in dieser Situation optimal, wenn sich die Preiselastizität der Nachfrage zwischen den beiden Märkten unterscheidet.

Im Falle einer Aufwertung der Inlandswährung steigt der Exportpreis in Auslandswährung. Es ist nun die Konvexität der Nachfragefunktion, die den Einfluss der Preisänderung auf die Veränderung der Preiselastizität bestimmt und dadurch die Reaktion des Zuschlagssatzes auf die Wechselkursänderung erklärt. Bei konstanter Preiselastizität der Nachfrage auf dem Exportmarkt ist der gewinnmaximierende Zuschlagssatz unabhängig von der Preishöhe. Eine wechselkursinduzierte Reaktion des Zuschlagssatzes findet in diesem Fall nicht statt. Die Überwälzung der Wechselkursänderung auf den Exportpreis in Auslandswährung ist demnach vollständig. Bei geringerer Konvexität der Nachfragefunktion steigt jedoch die Preiselastizität der Nachfrage mit der Preishöhe. In diesem Fall führt ein Anstieg des Exportpreises in Auslandswährung zu einem Rückgang des gewinnmaximierenden Zuschlagssatzes. Der Exportpreis in Auslandswährung steigt dadurch geringer, als dies aufgrund der Aufwertung der Inlandswährung zu erwarten wäre. Die Überwälzung der Wechselkursänderung ist demnach unvollständig. Dieses Preissetzungsverhalten führt jedoch zu einem Rückgang des Exportpreises in Inlandswährung und damit zu einem Rückgang des relativen Preises zwischen dem Exportmarkt und dem Heimatmarkt des Monopolisten.

Dornbusch (1987) betrachtet verschiedene Modelle bei unvollkommenem Wettbewerb, um die Bedeutung der Marktstruktur auf den Zusammenhang zwischen dem nominalen Wechselkurs und den Preisen importierter Güter zu untersuchen. Er zeigt, dass die Überwälzung einer Wechselkursänderung mit einer höheren Wettbewerbsintensität und einem höheren Marktanteil importierter Güter steigt. Zusätzlich analysiert der Autor die Bedeutung imperfekter Substituierbarkeit zwischen inländischen und importierten Produktvarianten für die Reaktion der Preise importierter Güter auf eine Wechselkursänderung. Er kommt zu dem Ergebnis, dass das Ausmaß der Überwälzung einer Wechselkursänderung mit zunehmendem Grad der Substituierbarkeit zwischen heimischen und importierten Gütern steigt.

In dynamischen Ansätzen wird die Reaktion des Zuschlagssatzes maßgeblich durch die Erwartungsbildung der Unternehmen hinsichtlich der Dauer einer Wechselkursänderung bestimmt. Es kann dabei zwischen angebots- und nachfrageseitigen Gründen unterschieden werden.

Krugman (1987) argumentiert mit angebotsseitigen Gründen für eine unvollständige Überwälzung von Wechselkursänderungen. Das Angebot von Unternehmen auf ihren Exportmärkten sei kurzfristig distributionsseitig beschränkt. Es erfordere Investitionen in zusätzliche Vertriebskanäle und Serviceeinrichtungen, um eine zusätzliche Nachfrage bedienen zu können. Im Fall einer Abwertung der Währung des Exportlandes verbessert sich zwar die Wettbewerbsfähigkeit der exportierenden Unternehmen. Die notwendige Erweiterung von Distributionskapazitäten stellt jedoch nicht-reversible Mengenanpassungskosten dar. Diese werden nur in Kauf genommen, wenn die Unternehmen erwarten, dass die Abwertung ihrer Währung von Dauer ist. Eine als temporär betrachtete Verbesserung der Wettbewerbsfähigkeit wird dagegen nicht auf den Preis der exportierten Güter, ausgedrückt in der Währung des Importlandes, überwälzt, sondern führt über einen Anstieg des Zuschlagssatzes nur zu temporär höheren Unternehmensgewinnen.

Die Arbeiten von Baldwin (1988), Baldwin/Krugman (1989) und Dixit (1989) übertragen die Überlegungen zu den nicht reversiblen Mengenanpassungskosten auf die Markteintrittsentscheidung eines Exporteurs. Nicht reversible Kosten des Markteintritts führen dazu, dass die Stärke einer Wechselkursänderung maßgeblich das Ausmaß ihrer Überwälzung bestimmt. Eine geringe Aufwertung der Währung des Importlandes führt zu keiner Veränderung der Marktstruktur, so dass eine Wechselkursänderung nur in geringem Ausmaße auf die Importpreise überwälzt wird. Eine starke Aufwertung der Währung des Importlandes induziert dagegen Markteintritte von Exporteuren, so dass die Wettbewerbsintensität steigt und die Überwälzung auf die Importpreise zunimmt. Erweist sich in diesem Fall die Aufwertung der Währung des Importlandes nur als temporär, werden die Exporteure aufgrund ihrer getätigten Markteintrittsinvestitionen nicht unmittelbar aus dem Markt ausscheiden. Die Abwertung der Währung des Importlandes wird durch einen Rückgang des Zuschlagssatzes aufgefangen, so dass der Anstieg der Importpreise gedämpft wird. Obwohl der Wechselkurs auf seinen Ausgangswert zurückkehrt, sind aufgrund dieser Asymmetrie im Überwälzungsverhalten die Importpreise dauerhaft niedriger.

Nachfrageseitige Erklärungsansätze für eine wechselkursinduzierte Reaktion des Zuschlagssatzes basieren auf dem Argument, dass Konsumenten dazu neigen, wiederholt dasselbe Gut vom gleichen Anbieter nachzufragen. Durch diese kurzfristige Persistenz im Konsumentenverhalten reagiert die Nachfrage nur mit einer zeitlichen Verzögerung auf Preissignale. Das gegenwärtige Preissetzungsverhalten hat dadurch einen Einfluss auf die zukünftige Nachfrage und dadurch auf die zukünftigen Unternehmensgewinne. Dieser Zusammenhang geht auf die Arbeit von Phelps/Winter (1970) sowie auf die Theorie der "Customer Markets" von Okun (1981) zurück.

Phelps/Winter (1970) begründen die Persistenz im Konsumentenverhalten mit der Existenz von Such- und Informationskosten beim Kauf eines Gutes. Ein Unternehmen verfügt dadurch trotz der Annahme perfekt substituierbarer Güter kurzfristig über Marktmacht, jedoch nur gegenüber dem Anteil der Nachfrager, der ausgedrückt wird durch seinen Marktanteil. Kurzfristig kann das Unternehmen seinen Preis erhöhen, ohne unmittelbar einen Rückgang der Nachfrage hinnehmen zu müssen, da die Nachfrageentscheidung durch die Nachfrage der vergangenen Periode bestimmt wird. Langfristig verringern sich jedoch die Informationsdefizite beim Konsumenten, so dass der Preisanstieg zu einem graduellen Rückgang des Marktanteils führt. Es existiert somit ein intertemporaler Zielkonflikt zwischen gegenwärtigen und zukünftigen Gewinnen. Der kurzfristig gewinnmaximale Preis kann zu einem graduell sinkenden Marktanteil und dadurch zu einem geringeren zukünftigen Unternehmensgewinn führen. Die Autoren zeigen, dass es in dieser Situation für ein Unternehmen optimal ist, einen geringeren Preis als den kurzfristig gewinnmaximalen Preis zu setzen, um seinen Marktanteil abzusichern. Dieses Preissetzungsverhalten kann als eine Investition in den zukünftigen Marktanteil charakterisiert werden, um damit den Gegenwartswert der zukünftigen Unternehmensgewinne zu maximieren.

Okun (1981) betont in diesem Kontext die Bedeutung impliziter Vereinbarungen zwischen den Anbietern und den Nachfragern und begründet damit ein kostendeterminiertes Preissetzungsverhalten. Beide Seiten haben ein Interesse an stabilen Preisen. Die Nachfrager sind bereit einen Aufschlag zu zahlen, wenn die Unternehmen ihre Preise stabil halten, da sie dadurch ihre Such- und Informationskosten minimieren können. Die Unternehmen ihrerseits haben eine Präferenz für stabile Preise, um eine langfristige Kundenbindung aufzubauen und dadurch ihren zukünftigen Marktanteil zu sichern. Preiserhöhungen beeinflussen in diesem Zusammenhang die Kundenloyalität nicht, wenn die Gründe dafür von den Konsumenten als nachvollziehbar und damit als fair betrachtet werden. Eine permanente Kostensteigerung wird als ein sachlich gerechtfertigter Grund für eine Preiserhöhung betrachtet. Ein Anstieg der Nachfrage wird dagegen als eine nicht gerechtfertigte Ursache für eine Preissteigerung bewertet. Mithin werden die Unternehmen eine Preiserhöhung unterlassen, um die langfristige Kundenbeziehung nicht zu verschlechtern. Eine ähnliche Argumentationslinie zur Erklärung kurzfristiger Preisrigiditäten verfolgen unter anderem die Arbeiten von Kahneman et al. (1986), Rotemberg (2005) und die Ausführungen von Akerlof (2007).

Dohner (1984) überträgt die Überlegungen zur kurzfristigen Persistenz im Konsumentenverhalten auf einen außenwirtschaftlichen Kontext und analysiert dabei das Preissetzungsverhalten von Exporteuren in Reaktion auf eine Wechselkursänderung. Ein Exporteur kann eine Aufwertung seiner Währung auf den Exportpreis überwälzen, muss dadurch jedoch einen graduell sinkenden Marktanteil in Kauf nehmen. Oder er investiert in den Marktanteil, in dem er seinen Zuschlagssatz verringert. Der Autor zeigt, dass das Preissetzungsverhalten in Reaktion auf eine Wechselkursänderung maßgeblich davon abhängt, ob diese als temporär oder als permanent betrachtet wird. Eine Anpassung des Zuschlagssatzes ist dabei zu erwarten, wenn die Wechselkursänderung von den Exporteuren als temporär betrachtet wird. Kleshchelski/Vincent (2009) zeigen in diesem Kontext, dass es für Unternehmen bei temporären Kostensteigerungen optimal sein kann, kurzfristig auch Verluste hinzunehmen, um ihren Marktanteil abzusichern. Froot/Klemperer (1989) zeigen in einem Zwei-Perioden-Modell, in dem der gegenwärtige Marktanteil die zukünftige Nachfrage bestimmt, dass nicht nur das Ausmaß, sondern auch die Richtung der Überwälzung von der erwarteten Dauer einer Wechselkursänderung abhängt.[11]

Knetter (1994) betont, dass einige der Erklärungsansätze für eine endogene Reaktion des Zuschlagssatzes eine asymmetrische Reaktion des Zuschlagssatzes erwarten lassen. Kapazitätsbeschränkungen, ob verursacht durch distributionsseitige Engpässe oder Importmengenbeschränkungen, erklären die Reaktion des Zuschlagssatzes auf eine Abwertung der Währung des Exportlandes. Dieses Argument liefere hingegen keine Erklärung, warum Exporteure im Falle einer Aufwertung ihrer Währung einen Rückgang ihres Zuschlagssatzes hinnehmen sollten. Steht hingegen die Maximierung des Marktanteils im Vordergrund, so kann eine stärkere Reaktion des Zuschlagssatzes im Fall einer Aufwertung der Währung des Exportlandes erwartet werden. In diesem Fall besteht für Exporteure ein Anreiz die Verschlechterung ihrer Wettbewerbsfähigkeit durch einen Rückgang ihres Zuschlagssatzes aufzufangen. Eine abwertungsbedingte Verbesserung der Wettbewerbsfähigkeit wird dagegen stärker überwälzt werden, um den Marktanteil auf dem Exportmarkt auszubauen.

Die oben genannten Ansätze zur Erklärung von Pricing-to-Market haben den Charakter eines strategischen Preissetzungsverhaltens in Reaktion auf eine Wechselkursänderung. Im Gegensatz dazu unterstellt Giovannini (1988), dass

---

[11] Froot/Klemperer (1989) erklären das Konsumentenverhalten dabei zusätzlich mit Kosten, die durch einen Markenwechsel verursacht werden. Diese umfassen die mangelnde Kompatibilität mit bereits getätigten Käufen, Transaktionskosten des Anbieterwechsels, Lernkosten einer neuen Marke, aber auch Unsicherheiten über die Qualität eines alternativen Produktes.

die Unternehmen ihre Preise fixieren, bevor eine Wechselkursänderung stattfindet. Die Reaktion der Exportpreise auf eine Änderung des nominalen Wechselkurses ist damit ex ante durch die Wahl der Fakturierungswährung determiniert. Dieses Argument wird von einer Vielzahl von Arbeiten im Rahmen der "Neuen Makroökonomik offener Volkswirtschaften" zur Analyse der Wirkungen von Pricing-to-Market aufgegriffen.[12] Es werden dabei zwei Fälle unterschieden:

Beim Producer Currency Pricing ist der Preis des exportierten Gutes in der Währung des Exportlandes fakturiert und kurzfristig konstant. Aus Sicht des importierenden Landes findet in dieser Situation eine vollständige Überwälzung auf die Importpreise statt. Beim Local Currency Pricing ist der Preis des exportierten Gutes dagegen in der Währung des Importlandes fakturiert und wird nur unregelmäßig angepasst. Der Preis des exportierten Gutes, ausgedrückt in der Währung des Importlandes, ist dadurch unabhängig vom nominalen Wechselkurs und kurzfristig konstant. Aus Sicht des Importlandes findet in diesem Fall keine Überwälzung auf die Importpreise statt. Der Preis des exportierten Gutes, ausgedrückt in der Währung des Exportlandes, fluktuiert dadurch bei einer nicht antizipierten Änderung des nominalen Wechselkurses. Pricing-to-Market ist in diesen Ansätzen somit nicht Ausdruck eines strategischen Preissetzungsverhaltens, sondern Konsequenz aus der kurzfristigen Rigidität der Preise in Verbindung mit der Fakturierung in der Währung des Bestimmungslandes.[13]

Abschließend wird kurz auf einige der Wirkungen von Pricing-to-Market eingegangen. Das Modell von Betts/Devereux (2000) soll als Beispiel herangezogen werden, um den Einfluss von Pricing-to-Market auf die Wirkungen der Geldpolitik aufzuzeigen. Das Redux-Modell von Obstfeld/Rogoff stellt dabei die Referenzwirkungen dar. Betrachtet wird ein Zwei-Länder-Modell, in dem ein Anteil der Unternehmen ihre Preise in der Währung des Importlandes fakturiert, während der verbleibende Teil den Preis in eigener Währung setzt. Mit zunehmendem Ausmaß an Pricing-to-Market sinkt die Überwälzung einer Wechselkursänderung auf die Preise importierter Güter. Dies stabilisiert die Preisniveaus in beiden Ländern und führt dadurch zu einer hohen Korrelation zwischen dem nominalen und dem realen Wechselkurs.

Bei vollständigem Pricing-to-Market zeigt sich keine Veränderung der relativen Preise zwischen in- und ausländischen Gütern, so dass der ausga-

---

[12] Vgl. dazu unter anderem die Arbeiten von Betts/Devereux (2000), Chari/Kehoe/McGrattan (2002) und Devereux/Engel (2002).

[13] Kamps (2006) bietet einen umfangreichen Überblick über die Determinanten der Wahl der Fakturierungswährung im internationalen Handel.

benumlenkende Effekt einer Wechselkursänderung unterbunden wird. Bei einer expansiven Geldpolitik im Inland wird somit die expansive Wirkung der Abwertung der Inlandswährung auf die inländische Produktion ebenso unterbunden wie die restriktive Wirkung der Aufwertung der Auslandswährung auf die ausländische Produktion. Die Korrelation zwischen in- und ausländischer Produktion nimmt somit zu. Die Korrelation zwischen in- und ausländischem Konsum nimmt dagegen ab. Pricing-to-Market führt zu einer höheren Wechselkursvolatilität, so dass ein Überschiessen des Wechselkurses möglich ist. Da eine Abwertung der Inlandswährung die Terms of Trade des Auslands verschlechtert, kann eine expansive Geldpolitik im Inland, im Gegensatz zum Referenzmodell, zu negativen Wohlfahrtswirkungen im Ausland führen.

Madsen (1996) analysiert die Wirkungen geld- und fiskalpolitischer Maßnahmen im Rahmen eines Mundell-Fleming Modells bei perfekter Kapitalmobilität und flexiblem Wechselkurs. Er kommt zu dem Ergebnis, dass in einer kleinen offenen Volkswirtschaft die Einkommenseffekte wirtschaftspolitischer Maßnahmen maßgeblich bestimmt werden durch das Preissetzungsverhalten der Unternehmen. Mit zunehmendem Ausmaß an Pricing-to-Market steigt die Wirksamkeit einer expansiven Fiskalpolitik, wohingegen die Wirksamkeit der Geldpolitik abnimmt. Bei vollständigem Pricing-to-Market ist die Geldpolitik dann nicht mehr geeignet, einen expansiven Effekt das Einkommen auszuüben.

Engel (2000) untersucht die Wahl des optimalen Wechselkursregimes unter der Annahme von Local Currency Pricing im Rahmen eines Zwei-Länder Mundell-Fleming Modells. Der Autor zeigt, dass eine Änderung des nominalen Wechselkurses keine Wirkung auf den relativen Preis zwischen inländischen und ausländischen Gütern ausübt. Der Vorteil flexibler Wechselkurse, dass reale Schocks trotz kurzfristig träger Preise durch eine Veränderung der relativen Preise abgefangen werden, wird somit verringert.

II Das Modell der kleinen offenen Volkswirtschaft

Kapitel 3

Das Modell ohne Pricing-to-Market

3.1 Einleitung

Das folgende Kapitel betrachtet eine kleine offene Volkswirtschaft bei flexiblem Wechselkurs. Der Betrachtungshorizont ist die kurze Frist. Die kleine offene Volkswirtschaft wird als Inland, der Rest der Welt als Ausland bezeichnet. Die inländischen Unternehmen produzieren ausschließlich inländische Güter, die von Inländern und Ausländern nachgefragt werden. Die ausländischen Unternehmen produzieren ausschließlich ausländische Güter, die von Ausländern und Inländern nachgefragt werden. Inländische und ausländische Güter sind imperfekte Substitute. Es herrscht Unterbeschäftigung.

Im Mittelpunkt der folgenden Betrachtung steht die Frage, wie geld- und fiskalpolitische Maßnahmen auf die inländische Wirtschaft wirken, wenn die Unternehmen eine Änderung des nominalen Wechselkurses vollständig auf den Preis der exportierten Güter, ausgedrückt in der Währung des Importlandes, überwälzen. Der Preis der exportierten Güter, ausgedrückt in der Währung des Exportlandes, bleibt dadurch konstant.

Das Kapitel ist in zwei Abschnitte unterteilt. In der grundlegenden Analyse werden die Wirkungen geld- und fiskalpolitischer Schocks auf Produktion, Einkommen und Leistungsbilanz untersucht. Dabei wird zwischen einer Wirtschaft mit perfekter Kapitalmobilität und einer Wirtschaft ohne Kapitalmobilität unterschieden.[14] Aufbauend auf der grundlegenden Analyse betrachtet die Analyse der Einkommensverteilung die Lohn- und Gewinneinkommenseffekte wirtschaftspolitischer Schocks, um zusätzliche Einblicke in den Transmissionsmechanismus zu gewinnen.

[14] Die grundlegende Analyse der Wirtschaft mit Kapitalmobilität basiert auf der Arbeit von Carlberg (1999), S. 23ff. Die Analyse der Wirtschaft ohne Kapitalmobilität basiert auf der Arbeit von Carlberg (1999), S. 109ff.

3.2 Grundlegende Analyse

3.2.1 Die Wirtschaft mit Kapitalmobilität

3.2.1.1 Das Modell

Das Modell beschreibt eine kleine offene Volkswirtschaft bei flexiblem Wechselkurs und perfekter Kapitalmobilität. Für eine kleine offene Volkswirtschaft ist der Auslandszins i^* exogen gegeben. Bei perfekter Kapitalmobilität gilt die Zinsparität zwischen Inlandszins i und Auslandszins. Der Auslandszins determiniert den Inlandszins. Es gilt demnach $i = i^*$. Für die Güterpreise gilt:

$$P = P^* = 1 \tag{3.1}$$

P bezeichnet den Preis der inländischen Güter in Inlandswährung. P^* bezeichnet den Preis der ausländischen Güter in Auslandswährung. Beide Preise sind konstant und auf eins normiert. Das Preisniveau im Inland wird bestimmt durch den Preis der inländischen Güter in Inlandswährung. Das Preisniveau im Ausland wird bestimmt durch den Preis der ausländischen Güter in Auslandswährung.

Zur Analyse des Gütermarktes werden die folgenden fünf Verhaltensfunktionen zugrunde gelegt:

$$C = \bar{C} + cY \tag{3.2}$$

$$I = \bar{I} - bi \tag{3.3}$$

$$G = \text{const.} \tag{3.4}$$

$$X = \bar{X} + \frac{heP^*}{P} \tag{3.5}$$

$$Q = \bar{Q} + qY \tag{3.6}$$

Dabei bezeichnet C den Konsum. $\bar{C}$ bezeichnet den autonomen Konsum. Y bezeichnet die inländische Produktion und das Einkommen der Inländer. c bezeichnet die marginale Konsumneigung aus dem Einkommen der Inländer, wobei $0 < c < 1$. Es gilt $c = c_d(1-t)$, wobei c_d die marginale Konsumneigung aus dem verfügbaren Einkommen der Inländer und t den Steuersatz bezeichnet. Dabei sind $0 < c_d < 1$ und $0 < t < 1$. I bezeichnet die Investitionen. $\bar{I}$ bezeichnet die autonomen Investitionen. b bezeichnet die Zinsempfindlichkeit der Investitionen, wobei $b > 0$. G bezeichnet die Staatskäufe.

X bezeichnet den Export. Dieser stimmt mit der Nachfrage der Ausländer nach inländischen Gütern überein. h bezeichnet die Wechselkursempfindlichkeit des Exports, wobei $h > 0$. e bezeichnet den nominalen Wechselkurs. Dieser ist definiert als der Preis der Auslandswährung, ausgedrückt in Inlandswährung. Es gilt im Folgenden, dass der nominale Wechselkurs in der Ausgangssituation eins beträgt. eP^* / P bezeichnet den realen Wechselkurs. Dieser stellt den Preis der ausländischen Güter, ausgedrückt in inländischen Gütern, dar. Q bezeichnet den Import. $\overline{Q}$ bezeichnet den autonomen Import. q bezeichnet die marginale Importneigung aus dem Einkommen der Inländer, wobei $0 < q < 1$. Es gilt $q = q_d(1-t)$, wobei q_d die marginale Importneigung aus dem verfügbaren Einkommen der Inländer bezeichnet. Dabei ist $0 < q_d < 1$.

Gleichung (3.2) beschreibt die Konsumfunktion. Der Konsum richtet sich auf in- und ausländische Güter. Der Konsum ist eine positive Funktion des Einkommens der Inländer. Gleichung (3.3) beschreibt die Investitionsfunktion. Die Investitionen richten sich ausschließlich auf inländische Güter. Die Investitionen sind eine negative Funktion des Inlandszinses. Gleichung (3.4) beschreibt die Staatsnachfragefunktion. Die Staatskäufe richten sich ausschließlich auf inländische Güter. Die Staatskäufe sind exogen gegeben.

Gleichung (3.5) beschreibt die Exportfunktion. Der Export ist eine positive Funktion des nominalen Wechselkurses. Eine nominale Aufwertung der Inlandswährung führt zu einem Anstieg des Preises der inländischen Güter in Auslandswährung. Aus Sicht der Ausländer werden dadurch inländische Güter relativ zu ausländischen Gütern teurer, so dass der Export sinkt. Gleichung (3.6) beschreibt die Importfunktion. Der Import richtet sich auf ausländische Güter. Der Import ist eine positive Funktion des Einkommens der Inländer.

Die Nachfrage nach inländischen Gütern Z setzt sich zusammen aus der Nachfrage der Inländer nach inländischen Gütern $C + I + G - Q$ und der Nachfrage der Ausländer nach inländischen Gütern X. Es gilt somit $Z = C + I + G + X - Q$. Im Gütermarktgleichgewicht stimmen die Nachfrage nach inländischen Gütern und die inländische Produktion überein. Die Nachfrage nach inländischen Gütern bestimmt die inländische Produktion und damit das Einkommen der Inländer. Demnach gilt $Y = Z$. Daraus folgt $Y = C + I + G + X - Q$. Unter Verwendung der Verhaltensfunktionen (3.2) bis (3.6) sowie Berücksichtigung von (3.1) lautet damit die Gütermarktgleichung:

$$Y = \overline{C} + cY + \overline{I} - bi + G + \overline{X} + he - \overline{Q} - qY \tag{3.7}$$

Dem Geldmarkt liegen die folgenden zwei Verhaltensfunktionen zugrunde:

$$L = kY - ji \tag{3.8}$$

$$M = const. \tag{3.9}$$

L bezeichnet die Geldnachfrage. k bezeichnet die Einkommensempfindlichkeit der Geldnachfrage, wobei $k > 0$. j bezeichnet die Zinsempfindlichkeit der Geldnachfrage, wobei $j > 0$. M bezeichnet die Geldmenge.

Gleichung (3.8) beschreibt die Geldnachfragefunktion. Die Geldnachfrage ist eine positive Funktion des Einkommens der Inländer und eine negative Funktion des Inlandszinses. Gleichung (3.9) beschreibt die Geldangebotsfunktion. Die Geldmenge wird von der Zentralbank fixiert. Im Geldmarktgleichgewicht stimmen das Geldangebot und die Geldnachfrage überein. Die Geldmarktgleichung lautet somit:

$$M = kY - ji \tag{3.10}$$

Abschließend wird der Devisenmarkt betrachtet. Die Zahlungsbilanz erfasst den Devisenzufluss. Devisenzuflüsse ergeben sich durch Kapital- und Güterverkehr mit dem Ausland. Es gilt:

$$B = F + H \tag{3.11}$$

B bezeichnet den Zahlungsbilanzüberschuss, ausgedrückt in Inlandswährung. F bezeichnet den Kapitalbilanzüberschuss, ausgedrückt in Inlandswährung. H bezeichnet den Leistungsbilanzüberschuss, ausgedrückt in Inlandswährung. Der Kapitalbilanzüberschuss ergibt sich aus einem positiven Saldo von Kapitalimporten und Kapitalexporten. Der Leistungsbilanzüberschuss ergibt sich aus einem positiven Saldo von Exportwert PX und Importwert PQ. Unter Verwendung der Verhaltensfunktionen (3.5) und (3.6) sowie Berücksichtigung von (3.1) zeigt sich für die Leistungsbilanz:

$$H = \bar{X} + he - \bar{Q} - qY \tag{3.12}$$

Bei flexiblem Wechselkurs wird der Devisenmarkt jederzeit geräumt. Es gilt somit $B = 0$. Daraus folgt:

$$0 = F + H \tag{3.13}$$

Die Zahlungsbilanz ist demnach ausgeglichen, wenn einem Leistungsbilanzüberschuss ein Kapitalbilanzdefizit in gleicher Höhe gegenüber steht oder wenn ein Leistungsbilanzdefizit vollständig durch einen Kapitalbilanzüberschuss finanziert wird.

Das Gesamtmodell

Im Folgenden wird angenommen, dass der autonome Export null beträgt und keine autonomen Importe getätigt werden. Das Gesamtmodell besteht aus einem System von zwei Gleichungen:

$$Y = \overline{C} + cY + \overline{I} - bi + G + he - qY \tag{3.14}$$

$$M = kY - ji \tag{3.15}$$

Gleichung (3.14) beschreibt den Gütermarkt. Gleichung (3.15) beschreibt den Geldmarkt. Die endogenen Modellvariablen lauten Y und e.

Für die Leistungs- und Kapitalbilanz gilt:

$$H = he - qY \tag{3.16}$$

$$F = -H \tag{3.17}$$

Gleichung (3.16) beschreibt die Leistungsbilanz. Gleichung (3.17) beschreibt die Kapitalbilanz.

Ein numerisches Beispiel

Das numerische Beispiel beschreibt das Ausgangsgleichgewicht vor den in den folgenden Abschnitten betrachteten geld- und fiskalpolitischen Schocks. Der autonome Konsum $\overline{C}$ beträgt 60 Einheiten. Die autonomen Investitionen $\overline{I}$ betragen 300 Einheiten. Der Inlandszins i beträgt 5. Die Staatskäufe G betragen 200 Einheiten. Die Geldmenge M beträgt 400 Einheiten. Der Steuersatz t beträgt 0,2. Die Modellparameter lauten $c = 0{,}64$, $b = 40$, $h = 80$, $q = 0{,}08$, $k = 0{,}5$ und $j = 20$. Gemäß (3.14) bis (3.17) ergeben sich daraus folgende Werte: Die inländische Produktion und das Einkommen der Inländer betragen $Y = 1.000$ Einheiten. Der nominale Wechselkurs e beträgt 1. Die Leistungsbilanz und die Kapitalbilanz sind jeweils ausgeglichen.

3.2.1.2 Geldpolitik

Untersucht werden die Wirkungen einer Zunahme der Geldmenge. Das totale Differential von (3.14) und (3.15) lautet:

$$dY = cdY + hde - qdY \tag{3.18}$$

$$dM = kdY \tag{3.19}$$

Aus (3.19) folgt unmittelbar:

$$\frac{dY}{dM} = \frac{1}{k} \tag{3.20}$$

Gemäß (3.20) führt eine Zunahme der Geldmenge zu einer Erhöhung der inländischen Produktion und damit zu einer Erhöhung des Einkommens der Inländer. Unter Verwendung von (3.20) in (3.18) und Berücksichtigung von $s = 1 - c$ ergibt sich:

$$\frac{de}{dM} = \frac{s+q}{hk} \tag{3.21}$$

Gemäß (3.21) führt eine Zunahme der Geldmenge zu einer Abwertung der Inlandswährung.

Zur Analyse der Reaktion der Leistungs- und Kapitalbilanz wird das totale Differential von (3.16) und (3.17) gebildet:

$$dH = hde - qdY \tag{3.22}$$

$$dF = -dH \tag{3.23}$$

Unter Verwendung von (3.20) und (3.21) zeigt sich nun:

$$-\frac{dF}{dM} = \frac{dH}{dM} = \frac{s}{k} \tag{3.24}$$

Gemäß (3.24) führt eine Zunahme der Geldmenge zu einem Leistungsbilanzüberschuss und zu einem Kapitalbilanzdefizit.

Wie verläuft der Anpassungsprozess? Eine Zunahme der Geldmenge führt zu einem temporären Rückgang des Inlandszinses. Da nun der Inlandszins unter dem Auslandszins liegt, fließt inländisches Kapital ins Ausland, so dass die Inlandswährung abwertet. Dadurch sinkt der Preis der inländischen Güter in Auslandswährung. Folglich steigen die Exporte. Der Anstieg der Exporte erhöht die inländische Produktion und das Einkommen der Inländer. Die Erhöhung des Einkommens der Inländer steigert den Konsum, so dass die inländische Produktion und das Einkommen der Inländer weiter zunehmen. Auf die Leistungsbilanz wirken zwei Effekte: Der Anstieg der Exporte erhöht den Exportwert. Die Erhöhung des Einkommens der Inländer steigert die Importe und erhöht damit den Importwert. Der Anstieg des Exportwertes ist größer als der Anstieg des Importwertes. Eine Zunahme der Geldmenge führt somit zu einem Leistungsbilanzüberschuss.

Ein numerisches Beispiel

Betrachtet wird eine Zunahme der Geldmenge um 40 Einheiten. Unter Verwendung von $s = 1 - c = 0{,}36$, $q = 0{,}08$, $h = 80$ und $k = 0{,}5$ zeigen sich folgende Ergebnisse: Die inländische Produktion steigt um 80 Einheiten. Folglich steigt das Einkommen der Inländer um ebenfalls 80 Einheiten. Der nominale Wechselkurs steigt um 0,44.

3.2.1.3 Fiskalpolitik

Untersucht werden die Wirkungen einer Zunahme der Staatskäufe. Das totale Differential von (3.14) und (3.15) lautet:

$$dY = cdY + dG + hde - qdY \tag{3.25}$$

$$0 = kdY \tag{3.26}$$

Aus (3.26) folgt unmittelbar:

$$\frac{dY}{dG} = 0 \tag{3.27}$$

Gemäß (3.27) führt eine Zunahme der Staatskäufe zu keiner Veränderung der inländischen Produktion, so dass auch das Einkommen der Inländer unverändert bleibt. Unter Verwendung von (3.27) in (3.25) ergibt sich:

$$\frac{de}{dG} = -\frac{1}{h} \tag{3.28}$$

Gemäß (3.28) führt eine Zunahme der Staatskäufe zu einer Aufwertung der Inlandswährung.

Zur Analyse der Reaktion der Leistungs- und Kapitalbilanz wird das totale Differential von (3.16) und (3.17) gebildet:

$$dH = hde - qdY \tag{3.29}$$

$$dF = -dH \tag{3.30}$$

Unter Verwendung von (3.27) und (3.28) zeigt sich nun:

$$\frac{dF}{dG} = -\frac{dH}{dG} = 1 \tag{3.31}$$

Gemäß (3.31) führt eine Zunahme der Staatskäufe zu einem Leistungsbilanzdefizit und zu einem Kapitalbilanzüberschuss.

Der Anpassungsprozess lässt sich folgendermaßen veranschaulichen: Eine Zunahme der Staatskäufe erhöht zunächst unmittelbar die inländische Produktion und das Einkommen der Inländer. Auf dem Geldmarkt führt die Erhöhung des Einkommens der Inländer zu einem Anstieg der Geldnachfrage und dadurch zu einer temporären Erhöhung des Inlandszinses. Da nun der Inlandszins über dem Auslandszins liegt, fließt ausländisches Kapital ins Inland, so dass die Inlandswährung aufwertet. Dadurch steigt der Preis der inländischen Güter in Auslandswährung. Folglich sinken die Exporte. Der Rückgang der Exporte verringert die inländische Produktion und das Einkommen der Inländer. Die zusätzlichen Staatskäufe verdrängen Exporte in gleicher Höhe, so dass insgesamt die inländische Produktion und das Einkommen der Inländer unverändert bleiben. Da das Einkommen der Inländer unverändert bleibt, wirkt auf die Leistungsbilanz ausschließlich der Effekt der gesunkenen Exporte, der den Exportwert verringert. Eine Zunahme der Staatskäufe führt somit zu einem Leistungsbilanzdefizit.

3.2.2 Die Wirtschaft ohne Kapitalmobilität

3.2.2.1 Das Modell

Das Modell beschreibt eine kleine offene Volkswirtschaft ohne Kapitalmobilität und bei flexiblem Wechselkurs. Für eine kleine offene Volkswirtschaft ist der Auslandszins exogen gegeben. Bei vollständiger Kapitalimmobilität gilt die Zinsparität zwischen Inlandszins und Auslandszins jedoch nicht. Der Inlandszins ist endogen.

Die Unterbindung der Kapitalmobilität beeinflusst nur die Gestalt des Devisenmarktes, nicht jedoch die Gestalt des Güter- und Geldmarktes. Die Gleichungen (3.14) und (3.15) der Wirtschaft mit Kapitalmobilität können somit zur weiteren Analyse übernommen werden. Die Zahlungsbilanz erfasst den Devisenzufluss. Devisenzuflüsse ergeben sich ausschließlich durch Güterverkehr mit dem Ausland. Es gilt somit $B = H$. Der Leistungsbilanzüberschuss wird bestimmt durch $H = he - qY$. Bei flexiblem Wechselkurs wird der Devisenmarkt jederzeit geräumt. Folglich gilt $B = 0$. Das Devisenmarktgleichgewicht erfordert somit eine ausgeglichene Leistungsbilanz. Es gilt demnach:

$$he = qY \tag{3.32}$$

Das Gesamtmodell

Das Gesamtmodell besteht aus einem System von drei Gleichungen:

$$Y = \overline{C} + cY + \overline{I} - bi + G + he - qY \tag{3.33}$$

$$M = kY - ji \tag{3.34}$$

$$he = qY \tag{3.35}$$

Gleichung (3.33) beschreibt den Gütermarkt. Gleichung (3.34) beschreibt den Geldmarkt. Gleichung (3.35) beschreibt den Devisenmarkt. Die endogenen Modellvariablen lauten Y, i und e.

3.2.2.2 Geldpolitik

Untersucht werden die Wirkungen einer Zunahme der Geldmenge. Das totale Differential des Gleichungssystems (3.33) bis (3.35) lautet:

$$dY = cdY - bdi + hde - qdY \tag{3.36}$$

$$dM = kdY - jdi \tag{3.37}$$

$$hde = qdY \tag{3.38}$$

Unter Verwendung von (3.38) in (3.36) und anschließender Verwendung in (3.37) ergibt sich unter Berücksichtigung von $s = 1 - c$:

$$\frac{dY}{dM} = \frac{b}{bk + js} \tag{3.39}$$

Gemäß (3.39) führt eine Zunahme der Geldmenge zu einer Erhöhung der inländischen Produktion und damit zu einer Erhöhung des Einkommens der Inländer. Unter Verwendung von (3.39) in (3.38) ergibt sich:

$$\frac{de}{dM} = \frac{bq}{h(bk + js)} \tag{3.40}$$

Gemäß (3.40) führt eine Zunahme der Geldmenge zu einer Abwertung der Inlandswährung. Unter Verwendung von (3.39) in (3.37) ergibt sich:

$$\frac{di}{dM} = -\frac{s}{bk + js} \tag{3.41}$$

Gemäß (3.41) verringert eine Zunahme der Geldmenge den Inlandszins.

Wie verläuft der Anpassungsprozess? Eine Zunahme der Geldmenge führt zu einem Rückgang des Inlandszinses, so dass die zinsabhängigen Investitionen steigen. Der Anstieg der Investitionen erhöht die inländische Produktion und das Einkommen der Inländer. Die Erhöhung des Einkommens der Inländer steigert die Importe, so dass die Nachfrage nach Devisen zunimmt und dadurch die Inlandswährung abwertet. Damit sinkt der Preis der inländischen Güter in Auslandswährung. Folglich steigen die Exporte, so dass die inländische Produktion und das Einkommen der Inländer weiter zunehmen.

Ein numerisches Beispiel

Betrachtet wird eine Zunahme der Geldmenge um 40 Einheiten. Unter Verwendung von $s = 1 - c = 0{,}36$, $b = 40$, $h = 80$, $q = 0{,}08$, $k = 0{,}5$ und $j = 20$ zeigen sich folgende Ergebnisse: Die inländische Produktion steigt um 59 Einheiten. Folglich steigt das Einkommen der Inländer um ebenfalls 59 Einheiten. Der nominale Wechselkurs steigt um 0,06.

3.2.2.3 Fiskalpolitik

Untersucht werden die Wirkungen einer Zunahme der Staatskäufe. Das totale Differential des Gleichungssystems (3.33) bis (3.35) lautet:

$$dY = cdY - bdi + dG + hde - qdY \tag{3.42}$$

$$0 = kdY - jdi \tag{3.43}$$

$$hde = qdY \tag{3.44}$$

Unter Verwendung von (3.43) und (3.44) in (3.42) und Berücksichtigung von $s = 1 - c$ ergibt sich:

$$\frac{dY}{dG} = \frac{j}{bk + js} \tag{3.45}$$

Gemäß (3.45) führt eine Zunahme der Staatskäufe zu einer Erhöhung der inländischen Produktion und damit zu einer Erhöhung des Einkommens der Inländer. Unter Verwendung von (3.45) in (3.44) ergibt sich:

$$\frac{de}{dG} = \frac{jq}{h(bk + js)} \tag{3.46}$$

Gemäß (3.46) führt eine Zunahme der Staatskäufe zu einer Abwertung der Inlandswährung. Unter Verwendung von (3.45) in (3.43) ergibt sich:

$$\frac{di}{dG} = \frac{k}{bk + js} \tag{3.47}$$

Gemäß (3.47) erhöht eine Zunahme der Staatskäufe den Inlandszins.

Der Anpassungsprozess lässt sich folgendermaßen veranschaulichen: Eine Zunahme der Staatskäufe erhöht zunächst unmittelbar die inländische Produktion und das Einkommen der Inländer. Auf dem Geldmarkt führt die Erhöhung des Einkommens der Inländer zu einem Anstieg der Geldnachfrage und folglich zu einem Anstieg des Inlandszinses. Damit verdrängen zwar die zusätzlichen Staatskäufe einen Teil der privaten Investitionen, insgesamt steigen jedoch die inländische Produktion und das Einkommen der Inländer. Die Erhöhung des Einkommens der Inländer steigert die Importe, so dass die Nachfrage nach Devisen zunimmt und dadurch die Inlandswährung abwertet. Damit sinkt der Preis der inländischen Güter in Auslandswährung. Folglich steigen die Exporte, so dass die inländische Produktion und das Einkommen der Inländer weiter zunehmen.

Ein numerisches Beispiel

Betrachtet wird eine Zunahme der Staatskäufe um 20 Einheiten. Unter Verwendung von $s = 1 - c = 0{,}36$, $b = 40$, $h = 80$, $q = 0{,}08$, $k = 0{,}5$ und $j = 20$ zeigen sich folgende Ergebnisse: Die inländische Produktion steigt um 15 Einheiten. Folglich steigt das Einkommen der Inländer um 15 Einheiten. Der nominale Wechselkurs steigt um 0,01.

3.3 Analyse der Einkommensverteilung

3.3.1 Das Modell

Aufbauend auf der grundlegenden Analyse werden im folgenden Abschnitt die Wirkungen von wirtschaftspolitischen Schocks auf das Lohn- und Gewinneinkommen untersucht. Betrachtet wird ausschließlich die Wirtschaft mit Kapitalmobilität. Der Analyse der Einkommensverteilung liegen die folgenden Annahmen zugrunde: Das Einkommen der Inländer setzt sich zusammen aus dem Lohn- und Gewinneinkommen der inländischen Haushalte. Das Lohneinkommen ergibt sich ausschließlich aus dem Einsatz des Produktionsfaktors Arbeit. Das Gewinneinkommen ergibt sich ausschließlich aus den Gewinnen der inländischen Unternehmen, die vollständig an die inländischen Haushalte ausgeschüttet werden. Zur Vereinfachung der Argumentation wird der Produktionsfaktor Kapital dabei nicht explizit ausgewiesen. Die Gewinne der inländischen Unternehmen sind somit zu interpretieren als Gewinne vor Abzug der konstanten Zinskosten für die Nutzung des Produktionsfaktors Kapital.[15] Die marginale Konsumneigung der inländischen Haushalte aus dem Lohneinkommen und aus dem Gewinneinkommen ist identisch.

Die Grundlage der Preisbildung der inländischen Unternehmen ist eine Zuschlagskalkulation. Die Unternehmen bestimmen den Preis der inländischen Güter durch einen Zuschlag auf ihre Lohnstückkosten. Die Lohnkosten fallen ausschließlich in Inlandswährung an. Für den Preis der inländischen Güter in Inlandswährung gilt:

$$P = aw(1 + z) \tag{3.48}$$

Dabei bezeichnet a den konstanten Arbeitskoeffizienten. Dieser drückt aus, wie viele Einheiten Arbeit zur Produktion einer Gütereinheit erforderlich sind. w bezeichnet den konstanten nominalen Lohnsatz. aw bezeichnet die konstanten Lohnstückkosten in Inlandswährung. z bezeichnet den konstanten Zuschlagssatz. Der Preis der inländischen Güter in Inlandswährung ist somit konstant. Die Unternehmen ändern den Preis der inländischen Güter nur bei einer Änderung der Lohnstückkosten, nicht jedoch bei einer Änderung der Güternachfrage.

Alle im Folgenden betrachteten Einkommensgrößen sind zunächst ausgedrückt in Inlandswährung. Das Einkommen der Inländer setzt sich zusammen aus dem Lohneinkommen und dem Gewinneinkommen:

---

[15] Vgl. dazu die Ausführungen in Kapitel 1.

$$PY = \phi + \pi \tag{3.49}$$

Dabei bezeichnet PY das nominale Einkommen der Inländer. ϕ bezeichnet das nominale Lohneinkommen. π bezeichnet die Gewinne der Unternehmen und damit das nominale Gewinneinkommen.

Für das Lohneinkommen gilt:

$$\phi = wN \tag{3.50}$$

Dabei bezeichnet N die Arbeitsnachfrage. Gemäß (3.50) ist das Lohneinkommen eine positive Funktion der Arbeitsnachfrage. Für die Arbeitsnachfrage gilt:

$$N = aA \tag{3.51}$$

Zur Verdeutlichung der Argumentation bezeichnet nun A die inländische Produktion. Die inländische Produktion wird bestimmt durch die Nachfrage nach inländischen Gütern, welche aus der grundlegenden Analyse bekannt ist. Gemäß (3.51) ist die Arbeitsnachfrage eine positive Funktion der inländischen Produktion. Unter Verwendung von (3.51) in (3.50) ergibt sich nun:

$$\phi = awA \tag{3.52}$$

Gemäß (3.52) ist das Lohneinkommen eine positive Funktion der inländischen Produktion. Eine Erhöhung der inländischen Produktion erfordert einen Anstieg der Arbeitsnachfrage und führt damit zu einer Erhöhung des Lohneinkommens.

Für das Gewinneinkommen gilt:

$$\pi = E - K \tag{3.53}$$

Dabei bezeichnet E die Produktionserlöse. K bezeichnet die Produktionskosten. Das Gewinneinkommen ergibt sich aus der Differenz von Produktionserlösen und Produktionskosten. Für die Produktionserlöse gilt:

$$E = PA \tag{3.54}$$

Der Term PA bezeichnet die Ausgaben für inländische Güter, ausgedrückt in Inlandswährung. Die Ausgaben für inländische Güter bestimmen demnach die Produktionserlöse. Für die Produktionskosten gilt:

$$K = awA \tag{3.55}$$

Gemäß (3.55) sind die Produktionskosten eine positive Funktion der inländischen Produktion. Die Lohnstückkosten sind unabhängig vom Auslastungsgrad. Die Grenzkosten sind folglich gleich den konstanten Lohnstückkosten. Eine Erhöhung der inländischen Produktion erfordert einen Anstieg der Arbeitsnachfrage und erhöht dadurch die Produktionskosten. Unter den gegebenen Annahmen gilt die Übereinstimmung von Lohneinkommen und Produktionskosten. Unter Verwendung von (3.48), (3.54) und (3.55) in (3.53) ergibt sich für das Gewinneinkommen:

$$\pi = zawA \tag{3.56}$$

Gemäß (3.56) ist das Gewinneinkommen eine positive Funktion der inländischen Produktion. Eine Erhöhung der inländischen Produktion führt aufgrund der Zuschlagskalkulation zu einem Anstieg der Gewinne der Unternehmen, so dass das Gewinneinkommen zunimmt.

Zur weiteren Analyse werden die realen Einkommensgrößen betrachtet. Diese ergeben sich durch Division von (3.52) sowie (3.56) mit (3.48):

$$\Phi = mA \tag{3.57}$$

$$\Pi = (1 - m)A \tag{3.58}$$

Φ bezeichnet das reale Lohneinkommen. Π bezeichnet das reale Gewinneinkommen. Dabei ist $m = 1/(1+z)$. m kann als Produktionsempfindlichkeit des realen Lohneinkommens interpretiert werden. Es gilt $Y = \Phi + \Pi$. Die Summe von (3.57) und (3.58) zeigt damit, dass die inländische Produktion und das reale Einkommen der Inländer Y stets miteinander übereinstimmen. Die inländische Produktion wirkt auf das Lohn- und Gewinneinkommen und bestimmt dadurch das Einkommen der Inländer. Es gilt demnach $Y = A$.

Die Einkommensverteilung wird durch die Lohnquote LQ respektive durch die Gewinnquote GQ ausgedrückt. Es gilt dabei $1 = LQ + GQ$. Die Lohnquote ist definiert als Anteil des Lohneinkommens am Einkommen der Inländer, das heißt $LQ = \Phi / Y$. Somit ergibt sich die Lohnquote durch:

$$LQ = \frac{1}{1+z} \tag{3.59}$$

Die Gewinnquote ist definiert als Anteil des Gewinneinkommens am Einkommen der Inländer, das heißt $GQ = \Pi / Y$. Somit ergibt sich die Gewinnquote durch:

$$GQ = \frac{z}{1+z} \tag{3.60}$$

Die Höhe des Zuschlagssatzes bestimmt demnach die Verteilung des Einkommens der Inländer auf das Lohn- und Gewinneinkommen. Folglich sind die Lohnquote und die Gewinnquote konstant.

Ein numerisches Beispiel

Das numerische Beispiel beschreibt die Ausgangssituation vor den in den folgenden Abschnitten betrachteten geld- und fiskalpolitischen Schocks. Die inländische Produktion A beträgt 1.000 Einheiten. Es gilt $a = 1$, $w = 0{,}8$ und $z = 0{,}25$. m beträgt 0,8. Gemäß (3.57) beträgt das Lohneinkommen 800 Einheiten. Gemäß (3.58) beträgt das Gewinneinkommen 200 Einheiten. Das Einkommen der Inländer beträgt damit insgesamt 1.000 Einheiten. Gemäß (3.59) beträgt die Lohnquote 0,8. Gemäß (3.60) beträgt die Gewinnquote 0,2.

Im weiteren Verlauf werden die Wirkungen von geld- und fiskalpolitischen Schocks auf das Lohn- und Gewinneinkommen untersucht. Geld- und fiskalpolitische Schocks wirken auf die Güterproduktion und induzieren dadurch Veränderungen des Lohn- und Gewinneinkommens. Zur Analyse wird das totale Differential von (3.57) und (3.58) gebildet. Es ergibt sich:

$$d\Phi = m dA \tag{3.61}$$

$$d\Pi = (1-m) dA \tag{3.62}$$

Gleichung (3.61) beschreibt die Veränderung des Lohneinkommens. Gleichung (3.62) beschreibt die Veränderung des Gewinneinkommens.

3.3.2 Geldpolitik

Untersucht werden die Wirkungen einer Zunahme der Geldmenge auf das Lohn- und Gewinneinkommen in einer Wirtschaft mit Kapitalmobilität. Die Wirkung auf die inländische Produktion ist aus Abschnitt 3.2.1.2 bekannt und wird zur Referenz wiederholt:

$$\frac{dA}{dM} = \frac{1}{k} \tag{3.63}$$

Gemäß (3.63) führt eine Zunahme der Geldmenge zu einer Erhöhung der inländischen Produktion.

Unter Verwendung von (3.63) in (3.61) und (3.62) zeigen sich nun folgende Ergebnisse. Für die Reaktion des Lohneinkommens ergibt sich:

$$\frac{d\Phi}{dM} = \frac{m}{k} \tag{3.64}$$

Gemäß (3.64) führt eine Zunahme der Geldmenge zu einer Erhöhung des Lohneinkommens. Für die Reaktion des Gewinneinkommens ergibt sich:

$$\frac{d\Pi}{dM} = \frac{1-m}{k} \tag{3.65}$$

Gemäß (3.65) führt eine Zunahme der Geldmenge zu einer Erhöhung des Gewinneinkommens. Die Summe von (3.64) und (3.65) ergibt den bereits bekannten Einkommensmultiplikator $dY / dM = 1 / k$.

Der durch eine Zunahme der Geldmenge ausgelöste Anpassungsprozess kann nun durch die Analyse der Wirkungen auf das Lohn- und Gewinneinkommen näher erläutert werden. Eine Zunahme der Geldmenge führt zu einer Abwertung der Inlandswährung, so dass der Preis der inländischen Güter in Auslandswährung sinkt. Folglich steigen die Exporte. Der Anstieg der Exporte erhöht die inländische Produktion. Aus der höheren Produktion resultieren ein höheres Lohneinkommen und ein höheres Gewinneinkommen, so dass das Einkommen der Inländer steigt. Die Erhöhung des Einkommens der Inländer steigert den Konsum, so dass die inländische Produktion und damit alle drei Einkommensgrößen weiter zunehmen. Die Einkommensverteilung bleibt unverändert.

Ein numerisches Beispiel

Betrachtet wird eine Zunahme der Geldmenge um 40 Einheiten. Unter Verwendung von $m = 0{,}8$ und $k = 0{,}5$ zeigen sich folgende Ergebnisse: Die inländische Produktion steigt um 80 Einheiten. Die Erhöhung der inländischen Produktion führt zu einer Erhöhung des Lohneinkommens um 64 Einheiten und zu einer Erhöhung des Gewinneinkommens um 16 Einheiten. Das Einkommen der Inländer steigt damit um insgesamt 80 Einheiten.

3.3.3 Fiskalpolitik

Untersucht werden die Wirkungen einer Zunahme der Staatskäufe auf das Lohn- und Gewinneinkommen in einer Wirtschaft mit Kapitalmobilität. Die Wirkung auf die inländische Produktion ist aus Abschnitt 3.2.1.3 bekannt und wird zur Referenz wiederholt:

$$\frac{dA}{dG} = 0 \tag{3.66}$$

Gemäß (3.66) führt eine Zunahme der Staatskäufe zu keiner Veränderung der inländischen Produktion.

Unter Verwendung von (3.66) in (3.61) und (3.62) zeigen sich nun folgende Ergebnisse. Für die Reaktion des Lohneinkommens ergibt sich:

$$\frac{d\Phi}{dG} = 0 \tag{3.67}$$

Gemäß (3.67) führt eine Zunahme der Staatskäufe zu keiner Veränderung des Lohneinkommens. Für die Reaktion des Gewinneinkommens ergibt sich:

$$\frac{d\Pi}{dG} = 0 \tag{3.68}$$

Gemäß (3.68) führt eine Zunahme der Staatskäufe zu keiner Veränderung des Gewinneinkommens. Die Summe von (3.67) und (3.68) ergibt den bereits bekannten Einkommensmultiplikator $dY / dG = 0$.

Der durch eine Zunahme der Staatskäufe ausgelöste Anpassungsprozess kann nun durch die Analyse der Wirkungen auf das Lohn- und Gewinneinkommen näher erläutert werden. Eine Zunahme der Staatskäufe führt zunächst unmittelbar zu einer Erhöhung der inländischen Produktion. Jedoch wertet die Inlandswährung auf, so dass der Preis der inländischen Güter in Auslandswährung steigt. Folglich sinken die Exporte und damit die inländische Produktion. Die zusätzlichen Staatskäufe verdrängen Exporte in gleicher Höhe, so dass sich insgesamt keine Veränderung der inländischen Produktion ergibt. Somit bleiben das Lohneinkommen, das Gewinneinkommen und das Einkommen der Inländer unverändert. Die Einkommensverteilung bleibt ebenfalls unverändert.

Kapitel 4

Das Modell mit Pricing-to-Market

4.1 Einleitung

Das folgende Kapitel betrachtet eine kleine offene Volkswirtschaft bei flexiblem Wechselkurs. Der Betrachtungshorizont ist die kurze Frist. Die kleine offene Volkswirtschaft wird als Inland, der Rest der Welt als Ausland bezeichnet. Die inländischen Unternehmen produzieren ausschließlich inländische Güter, die von Inländern und Ausländern nachgefragt werden. Die ausländischen Unternehmen produzieren ausschließlich ausländische Güter, die von Ausländern und Inländern nachgefragt werden. Inländische und ausländische Güter sind imperfekte Substitute. Es herrscht Unterbeschäftigung.

Im Mittelpunkt der folgenden Betrachtung steht die Frage, wie geld- und fiskalpolitische Maßnahmen auf die inländische Wirtschaft wirken, wenn die inländischen Unternehmen eine Pricing-to-Market Strategie verfolgen. Pricing-to-Market bezeichnet ein strategisches Preissetzungsverhalten exportierender Unternehmen, bei dem in Reaktion auf eine Wechselkursänderung der Zuschlagssatz auf die Lohnstückkosten der Exporte angepasst wird. Die Unternehmen verfolgen dadurch das Ziel, den Preis der exportierten Güter, ausgedrückt in der Währung des Importlandes, von einer Veränderung ihrer Wettbewerbsfähigkeit partiell oder vollständig zu isolieren. Dieses Preissetzungsverhalten führt jedoch zu einer Änderung des Preises der exportierten Güter, ausgedrückt in der Währung des Exportlandes, und induziert dadurch eine Veränderung des relativen Güterpreises zwischen dem Exportmarkt und dem Heimatmarkt der exportierenden Unternehmen.

Das Kapitel ist in drei Abschnitte unterteilt. Zunächst wird das Preissetzungsverhalten der inländischen Unternehmen genauer dargestellt. In der grundlegenden Analyse werden dann die Wirkungen geld- und fiskalpolitischer Schocks auf Produktion, Einkommen und Leistungsbilanz untersucht. Dabei wird zwischen einer Wirtschaft mit perfekter Kapitalmobilität und einer Wirtschaft ohne Kapitalmobilität unterschieden. Aufbauend auf der grundlegenden Analyse betrachtet die Analyse der Einkommensverteilung die Lohn-

und Gewinneinkommenseffekte wirtschaftspolitischer Schocks, um zusätzliche Einblicke in den Transmissionsmechanismus zu gewinnen.

4.2 Preissetzungsverhalten

Der Pricing-to-Market Ansatz stellt die Rolle von Wechselkursänderungen als Ursache für eine internationale Preisdiskriminierung in den Mittelpunkt der Betrachtung. Die Voraussetzung für eine internationale Preisdiskriminierung ist ein segmentierter internationaler Gütermarkt. Es muss daher explizit zwischen dem Gütermarkt im Inland und dem Gütermarkt im Ausland unterschieden werden. Auf beiden Gütermärkten werden inländische und ausländische Güter nachgefragt. Die Arbitragekosten zwischen dem Gütermarkt im Inland und dem Gütermarkt im Ausland sind prohibitiv hoch. Unter dieser Annahme sind die Kosten der Arbitragetransaktion einer Gütereinheit stets größer als die internationale Preisdifferenz eines Gutes, so dass kein Arbitragehandel stattfindet.[16]

Aus der Annahme eines segmentierten internationalen Gütermarktes folgt, dass Re-Importe und Parallelimporte ausgeschlossen sind. Der Ausschluss von Re-Importen impliziert, dass die inländischen Güter von den Inländern ausschließlich auf dem Gütermarkt im Inland nachgefragt werden können. Sie zahlen den Preis der inländischen Güter im Inland, ausgedrückt in Inlandswährung. Der Ausschluss von Parallelimporten impliziert, dass die inländischen Güter von den Ausländern ausschließlich auf dem Gütermarkt im Ausland nachgefragt werden können. Sie zahlen den Preis der inländischen Güter im Ausland, ausgedrückt in Auslandswährung.

Die Grundlage der Preisbildung der inländischen Unternehmen ist eine Zuschlagskalkulation. Die Unternehmen bestimmen den Preis der inländischen Güter durch einen marktspezifischen Zuschlag auf die Lohnstückkosten. Der Produktionsfaktor Arbeit wird auf dem inländischen Arbeitsmarkt nachgefragt, so dass die Lohnkosten in Inlandswährung anfallen. Zur Analyse von Pricing-to-Market ist nun zwischen drei Preisen zu unterscheiden:

- P bezeichnet den Preis der inländischen Güter im Inland, ausgedrückt in Inlandswährung.
- $\overline{P}_X$ bezeichnet den Preis der inländischen Güter im Ausland, ausgedrückt in Auslandswährung.

[16] Vgl. für eine detaillierte Darstellung von Arbitrageprozessen auf einem internationalen Gütermarkt die Ausführungen von Pechtl (2005), S. 318ff.

- P_X bezeichnet den Preis der inländischen Güter im Ausland, ausgedrückt in Inlandswährung.

Für den Preis der inländischen Güter im Inland, ausgedrückt in Inlandswährung, gilt:

$$P = aw(1+z) \tag{4.1}$$

Dabei bezeichnet a den konstanten Arbeitskoeffizienten. Dieser drückt aus, wie viele Einheiten Arbeit zur Produktion einer Gütereinheit erforderlich sind. w bezeichnet den konstanten nominalen Lohnsatz. aw bezeichnet die konstanten Lohnstückkosten in Inlandswährung. z bezeichnet den konstanten Zuschlagssatz auf die Lohnstückkosten der im Inland nachgefragten inländischen Güter. z wird im Folgenden kurz als Inlandsmarkt-Zuschlagssatz bezeichnet. Der Preis der inländischen Güter im Inland, ausgedrückt in Inlandswährung, ist somit konstant.

Für den Preis der inländischen Güter im Ausland, ausgedrückt in Auslandswährung, gilt:

$$\overline{P}_X = \frac{P}{\tilde{e}} \tag{4.2}$$

Dabei bezeichnet $\tilde{e}$ den von den Unternehmen langfristig erwarteten nominalen Wechselkurs. Dieser ist definiert als der erwartete Preis der Auslandswährung, ausgedrückt in Inlandswährung. $\tilde{e}$ ist kurzfristig konstant. Das Preissetzungsverhalten der Unternehmen auf dem Gütermarkt im Ausland richtet sich am langfristig erwarteten nominalen Wechselkurs aus. Eine Änderung des nominalen Wechselkurses wird damit als temporär betrachtet und nicht auf den Preis der inländischen Güter im Ausland, ausgedrückt in Auslandswährung, überwälzt. Der Preis der inländischen Güter im Ausland, ausgedrückt in Auslandswährung, ist demnach konstant.

Für den Preis der inländischen Güter im Ausland, ausgedrückt in Inlandswährung, ergibt sich nun:

$$P_X = \frac{eP}{\tilde{e}} \tag{4.3}$$

Dabei bezeichnet e den nominalen Wechselkurs. Dieser ist definiert als der Preis der Auslandswährung, ausgedrückt in Inlandswährung. Der Preis der inländischen Güter im Ausland, ausgedrückt in Inlandswährung, ist eine positive Funktion des nominalen Wechselkurses. Eine nominale Aufwertung der Inlandswährung führt zu einem Rückgang, eine nominale Abwertung der

Inlandswährung zu einem Anstieg des Preises der inländischen Güter im Ausland, ausgedrückt in Inlandswährung. Eine internationale Preisdiskriminierung liegt dann vor, wenn der nominale Wechselkurs vom langfristig erwarteten nominalen Wechselkurs abweicht. Es gilt im Folgenden, dass der nominale Wechselkurs in der Ausgangssituation eins beträgt.

Der Zusammenhang zwischen dem nominalen Wechselkurs und dem Preis der inländischen Güter im Ausland, ausgedrückt in Inlandswährung, wird nun genauer untersucht. Zur Vereinfachung wird im weiteren Verlauf des Kapitels der langfristig erwartete nominale Wechselkurs auf eins normiert. Damit ergibt sich durch Einsetzen von (4.1) in (4.3):

$$P_X = aw(1 + z_X) \tag{4.4}$$

wobei

$$z_X = e(1 + z) - 1 \tag{4.5}$$

Dabei bezeichnet z_X den Zuschlagssatz auf die Lohnstückkosten der Exporte. z_X wird im Folgenden als Auslandsmarkt-Zuschlagssatz bezeichnet. Eine nominale Aufwertung der Inlandswährung verringert den Auslandsmarkt-Zuschlagssatz und führt dadurch zu einem Rückgang des Preises der inländischen Güter im Ausland, ausgedrückt in Inlandswährung.

Das Preissetzungsverhalten der Unternehmen lässt sich nun folgendermaßen verdeutlichen: In der Ausgangssituation beträgt der nominale Wechselkurs eins und liegt damit auf dem langfristig erwarteten Niveau. Der Auslandsmarkt-Zuschlagssatz unterscheidet sich folglich nicht vom Inlandsmarkt-Zuschlagssatz. Demnach findet zunächst keine Preisdiskriminierung zwischen beiden Gütermärkten statt. Betrachtet sei nun eine nominale Aufwertung der Inlandswährung. Dadurch steigen die Lohnstückkosten in Auslandswährung. Bei konstanten Lohnstückkosten der ausländischen Güter in Auslandswährung steigen die relativen Lohnstückkosten zwischen in- und ausländischen Gütern. Dieser Effekt kann als eine Verschlechterung der Wettbewerbsfähigkeit der inländischen Unternehmen auf dem Gütermarkt im Ausland interpretiert werden.

Die Unternehmen erwarten jedoch, dass es sich nur um eine temporäre Aufwertung der Inlandswährung und damit nur um eine temporäre Verschlechterung ihrer Wettbewerbsfähigkeit handelt. Um ihre Marktanteile auf dem Exportmarkt zu verteidigen, verringern sie den Auslandsmarkt-Zuschlagssatz und halten dadurch den Preis der inländischen Güter im Ausland, ausgedrückt in Auslandswährung, konstant.

Der Rückgang des Auslandsmarkt-Zuschlagssatzes verringert den Preis der inländischen Güter im Ausland, ausgedrückt in Inlandswährung. Dieser wird folglich nicht ausschließlich durch die in Inlandswährung anfallenden Kosten determiniert, sondern zusätzlich durch den Einfluss einer Änderung des nominalen Wechselkurses auf die Wettbewerbsfähigkeit der inländischen Unternehmen auf dem Gütermarkt im Ausland. Der Preis der inländischen Güter im Inland, ausgedrückt in Inlandswährung, bleibt hingegen vom Preissetzungsverhalten auf dem Gütermarkt im Ausland unbeeinflusst. Eine Aufwertung der Inlandswährung verringert bei Pricing-to-Market folglich den relativen Preis der inländischen Güter zwischen dem Gütermarkt im Ausland und dem Gütermarkt im Inland. Dies impliziert in diesem Fall eine ex-post Preisdiskriminierung zwischen beiden Gütermärkten.[17]

Im Fall einer Abwertung der Inlandswährung erwarten die Unternehmen, dass es sich nur um eine temporäre Verbesserung ihrer Wettbewerbsfähigkeit handelt. Es kann hier die Annahme getroffen werden, dass das Angebot der Unternehmen auf ihrem Exportmarkt distributionsseitig beschränkt ist und Erweiterungen der Distributionskapazitäten nicht-reversible Mengenanpassungskosten darstellen. Daher verzichten die Unternehmen in diesem Fall auf eine Senkung des Preises der inländischen Güter im Ausland, ausgedrückt in Auslandswährung, so dass der Auslandsmarkt-Zuschlagssatz steigt. Der Anstieg des Auslandsmarkt-Zuschlagssatzes erhöht jedoch den Preis der inländischen Güter im Ausland, ausgedrückt in Inlandswährung. Dadurch steigt der relative Preis der inländischen Güter zwischen dem Gütermarkt im Ausland und dem Gütermarkt im Inland.

4.3 Grundlegende Analyse

4.3.1 Die Wirtschaft mit Kapitalmobilität

4.3.1.1 Das Modell

Das Modell beschreibt eine kleine offene Volkswirtschaft bei flexiblem Wechselkurs und perfekter Kapitalmobilität. Für eine kleine offene Volkswirtschaft

[17] Die Unternehmen verfolgen eine Pricing-to-Market Strategie, wenn sie erwarten, dass eine Änderung des nominalen Wechselkurses nur temporär ist. Die durch die Gleichungen (4.4) und (4.5) ausgedrückte Reaktion des Preises der inländischen Güter im Ausland, ausgedrückt in Inlandswährung, gilt jedoch auch für den Fall, in dem die Unternehmen ihre Preise in der Währung des Bestimmungslandes fixieren, bevor eine Wechselkursänderung stattfindet.

ist der Auslandszins i^* exogen gegeben. Bei perfekter Kapitalmobilität gilt die Zinsparität zwischen Inlandszins i und Auslandszins. Der Auslandszins determiniert den Inlandszins. Es gilt demnach $i = i^*$. Der konstante Preis der inländischen Güter im Inland, ausgedrückt in Inlandswährung, bestimmt das Preisniveau im Inland. Der konstante Preis der ausländischen Güter in Auslandswährung P^* bestimmt das Preisniveau im Ausland. Beide Preise werden auf eins normiert:

$$P = P^* = 1 \qquad (4.6)$$

Aufgrund der Annahme, dass ein Arbitragehandel ausgeschlossen ist, fragen die Inländer in- und ausländische Güter ausschließlich auf dem Gütermarkt im Inland und die Ausländer aus- und inländische Güter ausschließlich auf dem Gütermarkt im Ausland nach. Auf dem im Folgenden betrachteten inländischen Gütermarkt wird dagegen die Nachfrage nach inländischen Gütern bestimmt. Diese setzt sich zusammen aus der Nachfrage der Inländer nach inländischen Gütern auf dem Gütermarkt im Inland und der Nachfrage der Ausländer nach inländischen Gütern auf dem Gütermarkt im Ausland. Zur Analyse des inländischen Gütermarktes werden die folgenden fünf Verhaltensfunktionen zugrunde gelegt:

$$C = \overline{C} + cY \qquad (4.7)$$

$$I = \overline{I} - bi \qquad (4.8)$$

$$G = \text{const.} \qquad (4.9)$$

$$X = \tilde{X} \qquad (4.10)$$

$$Q = \overline{Q} + qY \qquad (4.11)$$

Dabei bezeichnet C den Konsum. $\overline{C}$ bezeichnet den autonomen Konsum. Y bezeichnet das Einkommen der Inländer. c bezeichnet die marginale Konsumneigung aus dem Einkommen der Inländer, wobei $0 < c < 1$. Es gilt $c = c_d(1-t)$, wobei c_d die marginale Konsumneigung aus dem verfügbaren Einkommen der Inländer und t den Steuersatz bezeichnet. Dabei sind $0 < c_d < 1$ und $0 < t < 1$. I bezeichnet die Investitionen. $\overline{I}$ bezeichnet die autonomen Investitionen. b bezeichnet die Zinsempfindlichkeit der Investitionen, wobei $b > 0$. G bezeichnet die Staatskäufe. X bezeichnet den Export.

Dieser stimmt mit der Nachfrage der Ausländer nach inländischen Gütern überein. $\tilde{X}$ bezeichnet den konstanten Export. Q bezeichnet den Import. $\overline{Q}$ bezeichnet den autonomen Import. q bezeichnet die marginale Importneigung aus dem Einkommen der Inländer, wobei $0 < q < 1$. Es gilt $q = q_d(1-t)$, wobei q_d die marginale Importneigung aus dem verfügbaren Einkommen der Inländer bezeichnet. Dabei ist $0 < q_d < 1$.

Gleichung (4.7) beschreibt die Konsumfunktion. Der Konsum richtet sich auf in- und ausländische Güter. Der Konsum ist eine positive Funktion des Einkommens der Inländer. Gleichung (4.8) beschreibt die Investitionsfunktion. Die Investitionen richten sich ausschließlich auf inländische Güter. Die Investitionen sind eine negative Funktion des Inlandszinses. Gleichung (4.9) beschreibt die Staatsnachfragefunktion. Die Staatskäufe richten sich ausschließlich auf inländische Güter. Die Staatskäufe sind exogen gegeben.

Gleichung (4.10) beschreibt die Exportfunktion. Der Export ist konstant. Eine Änderung des nominalen Wechselkurses hat keinen Einfluss auf den Preis der inländischen Güter im Ausland, ausgedrückt in Auslandswährung. Aus Sicht der Ausländer bleibt der relative Preis zwischen in- und ausländischen Gütern somit konstant. Damit bleibt auch die Nachfrage der Ausländer nach inländischen Gütern und mithin der Export unverändert. Gleichung (4.11) beschreibt die Importfunktion. Der Import ist eine positive Funktion des Einkommens der Inländer. Hervorzuheben ist, dass das Preissetzungsverhalten der ausländischen Unternehmen keinen Einfluss auf die Importe ausübt.

Die Nachfrage nach inländischen Gütern Z setzt sich zusammen aus der Nachfrage der Inländer nach inländischen Gütern $C + I + G - Q$ und der Nachfrage der Ausländer nach inländischen Gütern X. Es gilt somit $Z = C + I + G + X - Q$. Im inländischen Gütermarktgleichgewicht stimmen die Nachfrage nach inländischen Gütern und die inländische Produktion A überein. Die Nachfrage nach inländischen Gütern bestimmt die inländische Produktion. Demnach gilt $A = Z$. Daraus folgt:

$$A = C + I + G + X - Q \tag{4.12}$$

Unter Verwendung der Verhaltensfunktionen (4.7) bis (4.11) in (4.12) lautet damit die Gütermarktgleichung:

$$A = \overline{C} + cY + \overline{I} - bi + G + \tilde{X} - \overline{Q} - qY \tag{4.13}$$

Wodurch wird nun das Einkommen der Inländer bestimmt? Das Realeinkommen der Inländer ist Ausdruck der realen Gütermenge, die den Inländern für konsumtive und investive Verwendungen zur Verfügung steht. Bei Pricing-to-Market der inländischen Unternehmen ist die ausschließliche Betrachtung der inländischen Produktion nicht mehr hinreichend, um die Realeinkommensposition der Inländer zu beschreiben. Um diesen Zusammenhang zu verdeutlichen, ist es zweckmäßig, zunächst das nominale Einkommen der Inländer zu betrachten.

Das nominale Einkommen der Inländer wird bestimmt durch die Ausgaben für inländische Güter, ausgedrückt in Inlandswährung. Bei deren Ermittlung muss jedoch berücksichtigt werden, dass die Nachfrage nach inländischen Gütern nicht zu einem einheitlichen Preis bewertet werden kann. Für die Bewertung der inländischen Güter im Inland ist der Preis der inländischen Güter im Inland, ausgedrückt in Inlandswährung, maßgeblich. Hingegen ist für die Bewertung der Exporte der Preis der inländischen Güter im Ausland, ausgedrückt in Inlandswährung, maßgeblich. Das nominale Einkommen der Inländer PY ergibt sich somit durch:

$$PY = P(C + I + G - Q) + P_X X \tag{4.14}$$

Dabei bezeichnet der Term $P(C + I + G - Q)$ die Ausgaben der Inländer für inländische Güter, ausgedrückt in Inlandswährung. Der Term $P_X X$ bezeichnet die Ausgaben der Ausländer für inländische Güter, ausgedrückt in Inlandswährung. Die Division von (4.14) mit dem Preisniveau im Inland ergibt das reale Einkommen der Inländer:

$$Y = C + I + G - Q + \frac{P_X}{P} X \tag{4.15}$$

Unter Berücksichtigung von (4.12) ergibt sich nun:

$$Y = A - X + \frac{P_X}{P} X \tag{4.16}$$

Gemäß (4.16) wird das Einkommen der Inländer bestimmt durch die Nachfrage der Inländer nach inländischen Gütern $A - X$, durch die Nachfrage der Ausländer nach inländischen Gütern X sowie durch den relativen Preis der inländischen Güter zwischen dem Gütermarkt im Ausland und dem Gütermarkt im Inland. Dieses Preisverhältnis zeigt den realen Wert einer exportierten Gütereinheit, das heißt den Wert einer exportierten inländischen Gütereinheit, ausgedrückt in inländischen Gütereinheiten. Darauf soll im Folgenden intensiv eingegangen werden.

Der relative Preis der inländischen Güter zwischen beiden Gütermärkten beträgt eins, wenn keine internationale Preisdiskriminierung vorliegt. In diesem Fall stimmen die inländische Produktion und das Einkommen der Inländer miteinander überein. Eine Preisdiskriminierung zwischen beiden Gütermärkten impliziert dagegen eine Differenz zwischen der inländischen Produktion und dem Einkommen der Inländer. Im Fall $P_X < P$ ist das Einkommen der Inländer geringer, im Fall $P_X > P$ ist das Einkommen der Inländer höher als die inländische Produktion. Durch Pricing-to-Market beeinflusst der nominale Wechselkurs den relativen Preis zwischen beiden Gütermärkten und wirkt dadurch unmittelbar auf das Einkommen der Inländer. Dieser Zusammenhang zeigt sich unter Verwendung von (4.3) sowie (4.10) in (4.16):

$$Y = A - (1 - e)\tilde{X} \qquad (4.17)$$

Gemäß (4.17) ist das Einkommen der Inländer eine positive Funktion der inländischen Produktion und eine positive Funktion des nominalen Wechselkurses.[18] Der Zusammenhang zwischen inländischer Produktion und Einkommen der Inländer wird im Folgenden als Produktionseffekt auf das Einkommen der Inländer bezeichnet. Der Zusammenhang zwischen nominalem Wechselkurs und Einkommen der Inländer wird dagegen im Folgenden als Exportpreiseffekt auf das Einkommen der Inländer bezeichnet.

Die Wirkung des Exportpreiseffektes auf das Einkommen der Inländer lässt sich folgendermaßen verdeutlichen: In der Ausgangssituation findet zunächst keine Preisdiskriminierung statt. Betrachtet sei nun eine nominale Aufwertung der Inlandswährung. Die Unternehmen halten trotz der Verschlechterung ihrer Wettbewerbsfähigkeit auf dem Gütermarkt im Ausland den Preis der inländischen Güter im Ausland, ausgedrückt in Auslandswährung, konstant. Aus Sicht der Ausländer bleibt der relative Preis zwischen inländischen und ausländischen Gütern somit unverändert. Folglich bleiben die Exporte konstant.

Dieses Preissetzungsverhalten erfordert jedoch einen Rückgang des Auslandsmarkt-Zuschlagssatzes, so dass der Preis der inländischen Güter im Ausland, ausgedrückt in Inlandswährung, sinkt. Dadurch sinkt der relative Preis der inländischen Güter zwischen dem Gütermarkt im Ausland und dem Gütermarkt im Inland in Höhe des Rückgangs des nominalen Wechselkurses. Dieser Effekt verringert den realen Wert der konstanten Exporte und verrin-

[18] Die Grundidee zur Unterscheidung zwischen Produktion und Einkommen wird aus der Analyse von Engel (2000) übernommen. Vgl. dazu auch die Ausführungen in Abschnitt 4.4.1.

gert damit das Einkommen der Inländer. Das Einkommen der Inländer ist somit nach einer Aufwertung der Inlandswährung geringer als die inländische Produktion. Dies impliziert, dass ein Teil der realen Güterverfügbarkeit aus der inländischen Produktion ins Ausland transferiert wird. Eine Aufwertung der Inlandswährung führt demnach zu einem Realeinkommenstransfer ins Ausland

Analoge Überlegungen lassen sich auf den Fall einer Abwertung der Inlandswährung übertragen. Die Unternehmen halten trotz der Verbesserung ihrer Wettbewerbsfähigkeit auf dem Gütermarkt im Ausland den Preis der inländischen Güter im Ausland, ausgedrückt in Auslandswährung, konstant. Folglich bleiben die Exporte konstant. Dieses Preissetzungsverhalten führt jedoch zu einem Anstieg des Auslandsmarkt-Zuschlagssatzes, so dass der Preis der inländischen Güter im Ausland, ausgedrückt in Inlandswährung, steigt. Dadurch steigt der relative Preis der inländischen Güter zwischen dem Gütermarkt im Ausland und dem Gütermarkt im Inland. Dieser Effekt erhöht den realen Wert der konstanten Exporte und erhöht damit das Einkommen der Inländer. Das Einkommen der Inländer ist somit nach einer Abwertung der Inlandswährung höher als die inländische Produktion. Eine Abwertung der Inlandswährung führt demnach zu einem Realeinkommenstransfer ins Inland.

Dem Geldmarkt liegen die folgenden zwei Verhaltensfunktionen zugrunde:

$$L = kY - ji \tag{4.18}$$

$$M = \text{const.} \tag{4.19}$$

L bezeichnet die Geldnachfrage. k bezeichnet die Einkommensempfindlichkeit der Geldnachfrage, wobei $k > 0$. j bezeichnet die Zinsempfindlichkeit der Geldnachfrage, wobei $j > 0$. M bezeichnet die Geldmenge.

Gleichung (4.18) beschreibt die Geldnachfragefunktion. Die Geldnachfrage ist eine positive Funktion des Einkommens der Inländer und eine negative Funktion des Inlandszinses. Gleichung (4.19) beschreibt die Geldangebotsfunktion. Die Geldmenge wird von der Zentralbank fixiert. Im Geldmarktgleichgewicht stimmen das Geldangebot und die Geldnachfrage überein. Die Geldmarktgleichung lautet somit:

$$M = kY - ji \tag{4.20}$$

Abschließend wird der Devisenmarkt betrachtet. Die Zahlungsbilanz erfasst den Devisenzufluss ins Inland. Devisenzuflüsse ergeben sich durch Kapital- und Güterverkehr mit dem Ausland. Es gilt:

$$B = F + H \tag{4.21}$$

B bezeichnet den Zahlungsbilanzüberschuss, ausgedrückt in Inlandswährung. F bezeichnet den Kapitalbilanzüberschuss, ausgedrückt in Inlandswährung. H bezeichnet den Leistungsbilanzüberschuss, ausgedrückt in Inlandswährung. Der Kapitalbilanzüberschuss ergibt sich aus einem positiven Saldo von Kapitalimporten und Kapitalexporten. Der Leistungsbilanzüberschuss ergibt sich aus einem positiven Saldo von Exportwert $P_X X$ und Importwert PQ. Unter Verwendung der Verhaltensfunktionen (4.10) und (4.11) sowie Berücksichtigung von (4.3) und (4.6) zeigt sich für die Leistungsbilanz:

$$H = \tilde{X}e - \bar{Q} - qY \tag{4.22}$$

Bei flexiblem Wechselkurs wird der Devisenmarkt jederzeit geräumt. Es gilt somit $B = 0$. Daraus folgt:

$$0 = F + H \tag{4.23}$$

Die Zahlungsbilanz ist demnach ausgeglichen, wenn einem Leistungsbilanzüberschuss ein Kapitalbilanzdefizit in gleicher Höhe gegenüber steht oder wenn ein Leistungsbilanzdefizit vollständig durch einen Kapitalbilanzüberschuss finanziert wird.

Das Gesamtmodell

Im Folgenden wird angenommen, dass keine autonomen Importe getätigt werden. Das Gesamtmodell besteht aus einem System von drei Gleichungen:

$$A = \bar{C} + cY + \bar{I} - bi + G + \tilde{X} - qY \tag{4.24}$$

$$Y = A - (1 - e)\tilde{X} \tag{4.25}$$

$$M = kY - ji \tag{4.26}$$

Gleichung (4.24) beschreibt die inländische Produktion. Gleichung (4.25) beschreibt das Einkommen der Inländer. Gleichung (4.26) beschreibt den Geldmarkt. Die endogenen Modellvariablen lauten A, Y und e.

Für die Leistungs- und Kapitalbilanz gilt:

$$H = \tilde{X}e - qY \tag{4.27}$$

$$F = -H \tag{4.28}$$

Gleichung (4.27) beschreibt die Leistungsbilanz. Gleichung (4.28) beschreibt die Kapitalbilanz.

Ein numerisches Beispiel

Das numerische Beispiel beschreibt das Ausgangsgleichgewicht vor den in den folgenden Abschnitten betrachteten geld- und fiskalpolitischen Schocks. Der autonome Konsum $\overline{C}$ beträgt 60 Einheiten. Die autonomen Investitionen $\overline{I}$ betragen 300 Einheiten. Der Inlandszins i beträgt 5. Die Staatskäufe G betragen 200 Einheiten. Die Geldmenge M beträgt 400 Einheiten. Der Steuersatz t beträgt 0,2. Der konstante Export $\tilde{X}$ beträgt 80 Einheiten. Die Modellparameter lauten $c = 0{,}64$, $b = 40$, $q = 0{,}08$, $k = 0{,}5$ und $j = 20$. Gemäß (4.24) bis (4.28) ergeben sich daraus folgende Werte: Die inländische Produktion A beträgt 1.000 Einheiten. Das Einkommen der Inländer Y beträgt 1.000 Einheiten. Der nominale Wechselkurs e beträgt 1. Die Leistungsbilanz und die Kapitalbilanz sind jeweils ausgeglichen.

4.3.1.2 Geldpolitik

Untersucht werden die Wirkungen einer Zunahme der Geldmenge. Das totale Differential des Gleichungssystems (4.24) bis (4.26) lautet:

$$dA = cdY - qdY \tag{4.29}$$

$$dY = dA + \tilde{X}de \tag{4.30}$$

$$dM = kdY \tag{4.31}$$

Aus (4.31) folgt unmittelbar:

$$\frac{dY}{dM} = \frac{1}{k} \tag{4.32}$$

Gemäß (4.32) führt eine Zunahme der Geldmenge zu einer Erhöhung des Einkommens der Inländer. Unter Verwendung von (4.32) in (4.29) ergibt sich:

$$\frac{dA}{dM} = \frac{c - q}{k} \tag{4.33}$$

Gemäß (4.33) führt eine Zunahme der Geldmenge zu einer Erhöhung der inländischen Produktion. Unter Verwendung von (4.32) und (4.33) in (4.30) und Berücksichtigung von $s = 1 - c$ ergibt sich:

$$\frac{de}{dM} = \frac{s + q}{\tilde{X}k} \tag{4.34}$$

Gemäß (4.34) führt eine Zunahme der Geldmenge zu einer Abwertung der Inlandswährung.

Zur Analyse der Reaktion der Leistungs- und Kapitalbilanz wird das totale Differential von (4.27) und (4.28) gebildet:

$$dH = \tilde{X}de - qdY \tag{4.35}$$

$$dF = -dH \tag{4.36}$$

Unter Verwendung von (4.32) und (4.34) zeigt sich nun:

$$-\frac{dF}{dM} = \frac{dH}{dM} = \frac{s}{k} \tag{4.37}$$

Gemäß (4.37) führt eine Zunahme der Geldmenge zu einem Leistungsbilanzüberschuss und zu einem Kapitalbilanzdefizit.

Wie verläuft der Anpassungsprozess? Eine Zunahme der Geldmenge führt zu einem temporären Rückgang des Inlandszinses. Da nun der Inlandszins unter dem Auslandszins liegt, fließt inländisches Kapital ins Ausland, so dass die Inlandswährung abwertet. Die Unternehmen halten jedoch den Preis der inländischen Güter im Ausland, ausgedrückt in Auslandswährung, konstant. Folglich bleiben die Exporte konstant. Der Preis der inländischen Güter im Ausland, ausgedrückt in Inlandswährung, steigt hingegen. Dieser Effekt erhöht den realen Wert der konstanten Exporte und erhöht damit das Einkommen der Inländer. Die Erhöhung des Einkommens der Inländer steigert den Konsum, so dass nun auch die inländische Produktion steigt und dadurch das Einkommen der Inländer weiter zunimmt.

Auf das Einkommen der Inländer wirken damit insgesamt zwei Effekte: Das Einkommen der Inländer steigt sowohl aufgrund des Produktionseffektes als auch aufgrund des Exportpreiseffektes. Die Erhöhung des Einkommens der Inländer ist dadurch größer als die Erhöhung der inländischen Produktion. Eine Zunahme der Geldmenge führt demnach zu einem Realeinkommenstransfer ins Inland.

Auf die Leistungsbilanz wirken zwei Effekte: Der Anstieg des Preises der inländischen Güter im Ausland, ausgedrückt in Inlandswährung, erhöht den Exportwert. Die Erhöhung des Einkommens der Inländer steigert die Importe und erhöht damit den Importwert. Der Anstieg des Exportwertes ist größer als der Anstieg des Importwertes. Folglich führt eine Zunahme der Geldmenge zu einem Leistungsbilanzüberschuss.

Ein numerisches Beispiel

Betrachtet wird eine Zunahme der Geldmenge um 40 Einheiten. Es gilt $a = 1$, $w = 0{,}8$ und $z = 0{,}25$. Unter Verwendung von $c = 0{,}64$, $s = 1 - c = 0{,}36$, $q = 0{,}08$, $k = 0{,}5$ und $\tilde{X} = 80$ zeigen sich folgende Ergebnisse: Die inländische Produktion steigt um 45 Einheiten. Der nominale Wechselkurs steigt um 0,44, so dass der Auslandsmarkt-Zuschlagssatz um $(1 + z)de = 0{,}55$ erhöht wird. Dadurch steigt der Preis der inländischen Güter im Ausland, ausgedrückt in Inlandswährung (Exportpreis in Inlandswährung), um $aw(1 + z)de = 0{,}44$. Der Produktionseffekt erhöht das Einkommen der Inländer um $(c - q)dM / k = 45$ Einheiten. Der Exportpreiseffekt erhöht das Einkommen der Inländer um $(s + q)dM / k = 35$ Einheiten. Das Einkommen der Inländer steigt damit um insgesamt 80 Einheiten. Tabelle 4.1 fasst die Ergebnisse zusammen.

Tabelle 4.1
Wirkungen einer Zunahme der Geldmenge

	M = 400	**M = 440**	**Δ**
Produktion	1.000	1.045	45
Exportpreis (Inl.währ.)	1	1,44	0,44
Produktionseffekt	1.000	1.045	45
Exportpreiseffekt	0	35	35
Einkommen	**1.000**	**1.080**	**80**

4.3.1.3 Fiskalpolitik

Untersucht werden die Wirkungen einer Zunahme der Staatskäufe. Das totale Differential des Gleichungssystems (4.24) bis (4.26) lautet:

$$dA = cdY + dG - qdY \tag{4.38}$$

$$dY = dA + \tilde{X}de \tag{4.39}$$

$$0 = kdY \tag{4.40}$$

Aus (4.40) folgt unmittelbar:

$$\frac{dY}{dG} = 0 \tag{4.41}$$

Gemäß (4.41) führt eine Zunahme der Staatskäufe zu keiner Veränderung des Einkommens der Inländer. Unter Verwendung von (4.41) in (4.38) ergibt sich:

$$\frac{dA}{dG} = 1 \tag{4.42}$$

Gemäß (4.42) steigt die inländische Produktion in Höhe der zusätzlichen Staatskäufe. Unter Verwendung von (4.41) und (4.42) in (4.39) ergibt sich:

$$\frac{de}{dG} = -\frac{1}{\tilde{X}} \tag{4.43}$$

Gemäß (4.43) führt eine Zunahme der Staatskäufe zu einer Aufwertung der Inlandswährung.

Zur Analyse der Reaktion der Leistungs- und Kapitalbilanz wird das totale Differential von (4.27) und (4.28) gebildet:

$$dH = \tilde{X}de - qdY \tag{4.44}$$

$$dF = -dH \tag{4.45}$$

Unter Verwendung von (4.41) und (4.43) zeigt sich nun:

$$\frac{dF}{dG} = -\frac{dH}{dG} = 1 \tag{4.46}$$

Gemäß (4.46) führt eine Zunahme der Staatskäufe zu einem Leistungsbilanzdefizit und zu einem Kapitalbilanzüberschuss.

Der Anpassungsprozess lässt sich folgendermaßen veranschaulichen: Eine Zunahme der Staatskäufe erhöht zunächst unmittelbar die inländische Produktion und das Einkommen der Inländer. Auf dem Geldmarkt führt die Erhöhung des Einkommens der Inländer zu einem Anstieg der Geldnachfrage und dadurch zu einer temporären Erhöhung des Inlandszinses. Da nun der Inlandszins über dem Auslandszins liegt, fließt ausländisches Kapital ins Inland, so dass die Inlandswährung aufwertet. Die Unternehmen halten jedoch den Preis der inländischen Güter im Ausland, ausgedrückt in Auslandswährung, konstant. Folglich bleiben die Exporte konstant. Der Preis der inländischen Güter im Ausland, ausgedrückt in Inlandswährung, sinkt hingegen. Dieser Effekt verringert den realen Wert der konstanten Exporte und verringert damit das Einkommen der Inländer. Das Einkommen der Inländer sinkt trotz der höheren inländischen Produktion wieder auf das Ausgangsniveau. Eine Zunahme der Staatskäufe führt demnach zu einem Realeinkommenstransfer ins Ausland. Auf die Leistungsbilanz wirkt ausschließlich der Effekt des gesunkenen Preises der inländischen Güter im Ausland, ausgedrückt in Inlandswährung, durch den der Exportwert verringert wird. Eine Zunahme der Staatskäufe führt somit zu einem Leistungsbilanzdefizit.

Ein numerisches Beispiel

Betrachtet wird eine Zunahme der Staatskäufe um 20 Einheiten. Es gilt $a = 1$, $w = 0{,}8$ und $z = 0{,}25$. Unter Verwendung von $\tilde{X} = 80$ zeigen sich folgende Ergebnisse: Die inländische Produktion steigt um 20 Einheiten. Der nominale Wechselkurs sinkt um 0,25, so dass der Auslandsmarkt-Zuschlagssatz um $(1+z)de = 0{,}3125$ verringert wird. Dadurch sinkt der Preis der inländischen Güter im Ausland, ausgedrückt in Inlandswährung (Exportpreis in Inlandswährung), um $aw(1+z)de = 0{,}25$. Der Produktionseffekt erhöht das Einkommen der Inländer um $dG = 20$ Einheiten. In gleicher Höhe verringert der Exportpreiseffekt das Einkommen der Inländer. Das Einkommen der Inländer bleibt damit insgesamt unverändert. Tabelle 4.2 fasst die Ergebnisse zusammen.

Tabelle 4.2
Wirkungen einer Zunahme der Staatskäufe

	G = 200	G = 220	Δ
Produktion	1.000	1.020	20
Exportpreis (Inl.währ.)	1	0,75	– 0,25
Produktionseffekt	1.000	1.020	20
Exportpreiseffekt	0	– 20	– 20
Einkommen	**1.000**	**1.000**	**0**

4.3.2 Die Wirtschaft ohne Kapitalmobilität

4.3.2.1 Das Modell

Das Modell beschreibt eine kleine offene Volkswirtschaft ohne Kapitalmobilität und bei flexiblem Wechselkurs. Für eine kleine offene Volkswirtschaft ist der Auslandszins exogen gegeben. Bei Kapitalimmobilität gilt die Zinsparität zwischen Inlandszins und Auslandszins jedoch nicht. Der Inlandszins ist endogen.

Die Unterbindung der Kapitalmobilität beeinflusst nur die Gestalt des Devisenmarktes, nicht jedoch die Gestalt des Güter- und Geldmarktes. Die Gleichungen (4.24) bis (4.26) der Wirtschaft mit Kapitalmobilität können somit zur weiteren Analyse übernommen werden. Die Zahlungsbilanz erfasst den Devisenzufluss. Devisenzuflüsse ergeben sich ausschließlich durch Güterverkehr mit dem Ausland. Es gilt somit $B = H$. Der Leistungsbilanzüberschuss wird bestimmt durch $H = \tilde{X}e - qY$. Bei flexiblem Wechselkurs wird der Devisenmarkt jederzeit geräumt. Folglich gilt $B = 0$. Das Devisenmarktgleichgewicht erfordert somit eine ausgeglichene Leistungsbilanz. Es gilt demnach:

$$\tilde{X}e = qY \qquad (4.47)$$

Das Gesamtmodell

Das Gesamtmodell besteht aus einem System von vier Gleichungen:

$$A = \overline{C} + cY + \overline{I} - bi + G + \tilde{X} - qY \tag{4.48}$$

$$Y = A - (1-e)\tilde{X} \tag{4.49}$$

$$M = kY - ji \tag{4.50}$$

$$\tilde{X}e = qY \tag{4.51}$$

Gleichung (4.48) beschreibt die inländische Produktion. Gleichung (4.49) beschreibt das Einkommen der Inländer. Gleichung (4.50) beschreibt den Geldmarkt. Gleichung (4.51) beschreibt den Devisenmarkt. Die endogenen Modellvariablen lauten A, Y, i und e.

4.3.2.2 Geldpolitik

Untersucht werden die Wirkungen einer Zunahme der Geldmenge. Das totale Differential des Gleichungssystems (4.48) bis (4.51) lautet:

$$dA = cdY - bdi - qdY \tag{4.52}$$

$$dY = dA + \tilde{X}de \tag{4.53}$$

$$dM = kdY - jdi \tag{4.54}$$

$$\tilde{X}de = qdY \tag{4.55}$$

Unter Verwendung von (4.55) in (4.53) ergibt sich $dY / dA = 1/(1-q)$. Durch Einsetzen in (4.52) und anschließender Verwendung in (4.54) zeigt sich unter Berücksichtigung von $s = 1-c$:

$$\frac{dY}{dM} = \frac{b}{bk + js} \tag{4.56}$$

$$\frac{dA}{dM} = \frac{b(1-q)}{bk + js} \tag{4.57}$$

Gemäß (4.56) führt eine Zunahme der Geldmenge zu einer Erhöhung des Einkommens der Inländer. Gemäß (4.57) führt eine Zunahme der Geldmenge zu einer Erhöhung der inländischen Produktion. Unter Verwendung von (4.56) und (4.57) in (4.53) ergibt sich:

$$\frac{de}{dM} = \frac{bq}{\tilde{X}(bk + js)} \tag{4.58}$$

Gemäß (4.58) führt eine Zunahme der Geldmenge zu einer Abwertung der Inlandswährung. Unter Verwendung von (4.56) und (4.57) in (4.52) ergibt sich:

$$\frac{di}{dM} = -\frac{s}{bk + js} \tag{4.59}$$

Gemäß (4.59) verringert eine Zunahme der Geldmenge den Inlandszins.

Wie verläuft der Anpassungsprozess? Eine Zunahme der Geldmenge führt zu einem Rückgang des Inlandszinses, so dass die zinsabhängigen Investitionen steigen. Der Anstieg der Investitionen erhöht die inländische Produktion und das Einkommen der Inländer. Die Erhöhung des Einkommens der Inländer steigert die Importe, so dass die Nachfrage nach Devisen zunimmt und dadurch die Inlandswährung abwertet. Die Unternehmen halten jedoch den Preis der inländischen Güter im Ausland, ausgedrückt in Auslandswährung, konstant. Folglich bleiben die Exporte konstant. Der Preis der inländischen Güter im Ausland, ausgedrückt in Inlandswährung, steigt hingegen. Dieser Effekt erhöht den realen Wert der konstanten Exporte, so dass das Einkommen der Inländer weiter zunimmt.

Auf das Einkommen der Inländer wirken damit insgesamt zwei Effekte: Das Einkommen der Inländer steigt sowohl aufgrund des Produktionseffektes als auch aufgrund des Exportpreiseffektes. Die Erhöhung des Einkommens der Inländer ist dadurch größer als die Erhöhung der inländischen Produktion. Eine Zunahme der Geldmenge führt demnach zu einem Realeinkommenstransfer ins Inland.

Ein numerisches Beispiel

Betrachtet wird eine Zunahme der Geldmenge um 40 Einheiten. Unter Verwendung von $s = 1 - c = 0{,}36$, $b = 40$, $q = 0{,}08$, $k = 0{,}5$, $j = 20$ und $\tilde{X} = 80$ zeigen sich folgende Ergebnisse: Die inländische Produktion steigt um 54 Einheiten. Der nominale Wechselkurs steigt um 0,06. Dadurch steigt der Preis der inländischen Güter im Ausland, ausgedrückt in Inlandswährung (Exportpreis in Inlandswährung), um $0{,}06$. Der Produktionseffekt erhöht das Einkommen der Inländer um 54 Einheiten. Der Exportpreiseffekt erhöht das Einkommen der Inländer um 5 Einheiten. Das Einkommen der Inländer steigt damit um insgesamt 59 Einheiten. Tabelle 4.3 fasst die Ergebnisse zusammen.

Tabelle 4.3
Wirkungen einer Zunahme der Geldmenge

	M = 400	**M = 440**	Δ
Produktion	1.000	1.054	54
Exportpreis (Inl.währ.)	1	1,06	0,06
Produktionseffekt	1.000	1.054	54
Exportpreiseffekt	0	5	5
Einkommen	**1.000**	**1.059**	**59**

4.3.2.3 Fiskalpolitik

Untersucht werden die Wirkungen einer Zunahme der Staatskäufe. Das totale Differential des Gleichungssystems (4.48) bis (4.51) lautet:

$$dA = cdY - bdi + dG - qdY \tag{4.60}$$

$$dY = dA + \tilde{X}de \tag{4.61}$$

$$0 = kdY - jdi \tag{4.62}$$

$$\tilde{X}de = qdY \tag{4.63}$$

Unter Verwendung von (4.63) in (4.61) ergibt sich $dY / dA = 1/(1-q)$. Durch Einsetzen in (4.60) und Verwendung von (4.62) zeigt sich unter Berücksichtigung von $s = 1 - c$:

$$\frac{dY}{dG} = \frac{j}{bk + js} \tag{4.64}$$

$$\frac{dA}{dG} = \frac{j(1-q)}{bk + js} \tag{4.65}$$

Gemäß (4.64) führt eine Zunahme der Staatskäufe zu einer Erhöhung des Einkommens der Inländer. Gemäß (4.65) führt eine Zunahme der Staatskäufe zu einer Erhöhung der inländischen Produktion. Unter Verwendung von (4.64) in (4.63) ergibt sich:

$$\frac{de}{dG} = \frac{jq}{\tilde{X}(bk + js)} \tag{4.66}$$

Gemäß (4.66) führt eine Zunahme der Staatskäufe zu einer Abwertung der Inlandswährung. Unter Verwendung von (4.64) in (4.62) ergibt sich:

$$\frac{di}{dG} = \frac{k}{bk + js} \tag{4.67}$$

Gemäß (4.67) erhöht eine Zunahme der Staatskäufe den Inlandszins.

Der Anpassungsprozess lässt sich folgendermaßen veranschaulichen: Eine Zunahme der Staatskäufe erhöht zunächst unmittelbar die inländische Produktion und das Einkommen der Inländer. Auf dem Geldmarkt führt die Erhöhung des Einkommens der Inländer zu einem Anstieg der Geldnachfrage und folglich zu einem Anstieg des Inlandszinses. Damit verdrängen zwar die zusätzlichen Staatskäufe einen Teil der privaten Investitionen, insgesamt steigen jedoch die inländische Produktion und das Einkommen der Inländer. Die Erhöhung des Einkommens der Inländer steigert die Importe, so dass die Nachfrage nach Devisen zunimmt und dadurch die Inlandswährung abwertet. Die Unternehmen halten jedoch den Preis der inländischen Güter im Ausland, ausgedrückt in Auslandswährung, konstant. Folglich bleiben die Exporte konstant. Der Preis der inländischen Güter im Ausland, ausgedrückt in Inlandswährung, steigt hingegen. Dieser Effekt erhöht den realen Wert der konstanten Exporte, so dass das Einkommen der Inländer weiter zunimmt.

Auf das Einkommen der Inländer wirken damit insgesamt zwei Effekte: Das Einkommen der Inländer steigt sowohl aufgrund des Produktionseffektes als auch aufgrund des Exportpreiseffektes. Die Erhöhung des Einkommens der Inländer ist dadurch größer als die Erhöhung der inländischen Produktion. Eine Zunahme der Staatskäufe führt demnach zu einem Realeinkommenstransfer ins Inland.

Ein numerisches Beispiel

Betrachtet wird eine Zunahme der Staatskäufe um 20 Einheiten. Unter Verwendung von $s = 1 - c = 0{,}36$, $b = 40$, $q = 0{,}08$, $k = 0{,}5$, $j = 20$ und $\tilde{X} = 80$ zeigen sich folgende Ergebnisse: Die inländische Produktion steigt um 14 Einheiten. Der nominale Wechselkurs steigt um 0,01. Dadurch steigt der Preis der inländischen Güter im Ausland, ausgedrückt in Inlandswährung (Exportpreis in Inlandswährung), um 0,01. Der Produktionseffekt erhöht das Einkommen der Inländer um 14 Einheiten. Der Exportpreiseffekt erhöht das Einkommen der Inländer um eine Einheit. Das Einkommen der Inländer steigt damit um insgesamt 15 Einheiten. Tabelle 4.4 fasst die Ergebnisse zusammen.

Tabelle 4.4
Wirkungen einer Zunahme der Staatskäufe

	G = 200	G = 220	Δ
Produktion	1.000	1.014	14
Exportpreis (Inl.währ.)	1	1,01	0,01
Produktionseffekt	1.000	1.014	14
Exportpreiseffekt	0	1	1
Einkommen	**1.000**	**1.015**	**15**

4.4 Analyse der Einkommensverteilung

4.4.1 Das Modell

Aufbauend auf der grundlegenden Analyse werden im folgenden Abschnitt die Wirkungen von wirtschaftspolitischen Schocks auf das Lohn- und Gewinneinkommen untersucht. Betrachtet wird ausschließlich die Wirtschaft mit Kapitalmobilität. Der Analyse der Einkommensverteilung liegen die folgenden Annahmen zugrunde: Das Einkommen der Inländer setzt sich zusammen aus dem Lohn- und Gewinneinkommen der inländischen Haushalte. Das Lohneinkommen ergibt sich ausschließlich aus dem Einsatz des Produktionsfaktors Arbeit. Das Gewinneinkommen ergibt sich ausschließlich aus den Gewinnen der inländischen Unternehmen, die vollständig an die inländischen Haushalte ausgeschüttet werden. Zur Vereinfachung der Argumentation wird der Produktionsfaktor Kapital dabei nicht explizit ausgewiesen. Die Gewinne der inländischen Unternehmen sind somit zu interpretieren als Gewinne vor Abzug der konstanten Zinskosten für die Nutzung des Produktionsfaktors Kapital.[19] Die marginale Konsumneigung der inländischen Haushalte aus dem Lohneinkommen und aus dem Gewinneinkommen ist identisch.

[19] Vgl. dazu die Ausführungen in Kapitel 1.

Das Preissetzungsverhalten der Unternehmen wird zur Referenz wiederholt. Der Preis der inländischen Güter wird bestimmt durch einen marktspezifischen Zuschlag auf die Lohnstückkosten. Die Lohnkosten fallen ausschließlich in Inlandswährung an. Die Lohnstückkosten in Inlandswährung sind konstant. Für den Preis der inländischen Güter im Inland, ausgedrückt in Inlandswährung, gilt:

$$P = aw(1+z) \tag{4.68}$$

Der Preis der inländischen Güter im Inland, ausgedrückt in Inlandswährung, ist konstant. Die Unternehmen ändern diesen Preis nur bei einer Änderung der Lohnstückkosten, nicht jedoch bei einer Änderung der Güternachfrage. Die Unternehmen verfolgen eine Pricing-to-Market Strategie. Der Preis der inländischen Güter im Ausland, ausgedrückt in Auslandswährung, ist somit ebenfalls konstant. Für den Preis der inländischen Güter im Ausland, ausgedrückt in Inlandswährung, folgt daraus:

$$P_X = aw(1+z_X) \tag{4.69}$$

wobei

$$z_X = e(1+z) - 1 \tag{4.70}$$

Der Preis der inländischen Güter im Ausland, ausgedrückt in Inlandswährung, ist demnach eine positive Funktion des nominalen Wechselkurses.

Alle im Folgenden betrachteten Einkommensgrößen sind zunächst ausgedrückt in Inlandswährung. Das Einkommen der Inländer setzt sich zusammen aus dem Lohneinkommen und dem Gewinneinkommen:

$$PY = \phi + \pi \tag{4.71}$$

Dabei bezeichnet PY das nominale Einkommen der Inländer. ϕ bezeichnet das nominale Lohneinkommen. π bezeichnet die Gewinne der Unternehmen und damit das nominale Gewinneinkommen.

Für das Lohneinkommen gilt:

$$\phi = wN \tag{4.72}$$

Dabei bezeichnet N die Arbeitsnachfrage. Gemäß (4.72) ist das Lohneinkommen eine positive Funktion der Arbeitsnachfrage. Für die Arbeitsnachfrage gilt:

$$N = aA \tag{4.73}$$

Dabei bezeichnet A die inländische Produktion. Die inländische Produktion wird bestimmt durch die Nachfrage nach inländischen Gütern, welche aus der grundlegenden Analyse bekannt ist. Gemäß (4.73) ist die Arbeitsnachfrage eine positive Funktion der inländischen Produktion. Unter Verwendung von (4.73) in (4.72) ergibt sich nun:

$$\phi = awA \tag{4.74}$$

Gemäß (4.74) ist das Lohneinkommen eine positive Funktion der inländischen Produktion. Eine Erhöhung der inländischen Produktion erfordert einen Anstieg der Arbeitsnachfrage und führt damit zu einer Erhöhung des Lohneinkommens. Dieser Zusammenhang wird im Folgenden als Produktionseffekt auf das Lohneinkommen bezeichnet.

Für das Gewinneinkommen gilt:

$$\pi = E - K \tag{4.75}$$

Dabei bezeichnet E die Produktionserlöse. K bezeichnet die Produktionskosten. Das Gewinneinkommen wird bestimmt aus der Differenz von Produktionserlösen und Produktionskosten. Für die Produktionserlöse gilt:

$$E = P(A - X) + P_X X \tag{4.76}$$

Der Term $P(A - X)$ bezeichnet die Ausgaben der Inländer für inländische Güter, ausgedrückt in Inlandswährung. Der Term $P_X X$ bezeichnet die Ausgaben der Ausländer für inländische Güter, ausgedrückt in Inlandswährung. Die Produktionserlöse werden somit bestimmt durch die Ausgaben der In- und Ausländer für inländische Güter, ausgedrückt in Inlandswährung. Für die Produktionskosten gilt:

$$K = awA \tag{4.77}$$

Gemäß (4.77) sind die Produktionskosten eine positive Funktion der inländischen Produktion. Die Lohnstückkosten sind unabhängig vom Auslastungsgrad. Die Grenzkosten sind folglich gleich den konstanten Lohnstückkosten. Eine Erhöhung der inländischen Produktion erfordert einen Anstieg der Arbeitsnachfrage und erhöht dadurch die Produktionskosten. Unter den gegebenen Annahmen gilt dabei die Übereinstimmung von Lohneinkommen und Produktionskosten. Unter Verwendung von (4.68) bis (4.70) sowie (4.76) und (4.77) in (4.75) ergibt sich für das Gewinneinkommen:

$$\pi = zawA - P(1-e)X \tag{4.78}$$

Gemäß (4.78) ist das Gewinneinkommen eine positive Funktion der inländischen Produktion und eine positive Funktion des nominalen Wechselkurses. Der Zusammenhang zwischen inländischer Produktion und Gewinneinkommen wird im Folgenden als Produktionseffekt auf das Gewinneinkommen bezeichnet. Eine Erhöhung der inländischen Produktion führt aufgrund der Zuschlagskalkulation zu einem Anstieg der Gewinne der Unternehmen, so dass das Gewinneinkommen zunimmt. Der Zusammenhang zwischen nominalem Wechselkurs und Gewinneinkommen wird dagegen im Folgenden als Exportpreiseffekt auf das Gewinneinkommen bezeichnet.

Die Wirkung des Exportpreiseffektes auf das Gewinneinkommen lässt sich folgendermaßen verdeutlichen: In der Ausgangssituation findet zunächst keine Preisdiskriminierung statt. Exemplarisch betrachtet sei nun eine nominale Aufwertung der Inlandswährung. Die Unternehmen halten trotz der Verschlechterung ihrer Wettbewerbsfähigkeit auf dem Gütermarkt im Ausland den Preis der inländischen Güter im Ausland, ausgedrückt in Auslandswährung, konstant. Folglich bleiben die Exporte konstant. Dieses Preissetzungsverhalten erfordert jedoch einen Rückgang des Auslandsmarkt-Zuschlagssatzes, so dass der Preis der inländischen Güter im Ausland, ausgedrückt in Inlandswährung, sinkt. Dadurch sinken bei unveränderten Produktionskosten die Produktionserlöse, so dass die Gewinne der Unternehmen fallen. In gleicher Höhe sinkt das Gewinneinkommen.

Engel (2000) führt einige Argumente an, die die Wirkung dieses Transmissionskanals auf das Gewinneinkommen abschwächen. So haben die Unternehmen die Möglichkeit ihr Währungsrisiko durch Absicherungsgeschäfte zu verringern. Der Einfluss von Währungsschwankungen auf die Gewinne der Unternehmen wird dadurch begrenzt. Ebenso gibt er zu Bedenken, dass bei einer internationalen Eigentümerstruktur die Gewinne inländischer Unternehmen nur partiell dem Gewinneinkommen der Inländer zuzurechnen sind, so dass auch deren Einfluss auf das Einkommen der Inländer begrenzt ist. Im hier vorliegenden Modell befinden sich dagegen die inländischen Unternehmen zunächst ausschließlich im Besitz der inländischen Haushalte. Folglich führt ein Rückgang der Gewinne der inländischen Unternehmen in gleicher

Höhe zu einem Rückgang des Gewinneinkommens der Inländer und damit zu einem geringeren Einkommen der Inländer.

Zur weiteren Analyse werden die realen Einkommensgrößen betrachtet. Diese ergeben sich durch Division von (4.74) sowie (4.78) mit (4.68). Unter Berücksichtigung von $X = \tilde{X}$ zeigt sich:

$$\Phi = mA \tag{4.79}$$

$$\Pi = (1-m)A - (1-e)\tilde{X} \tag{4.80}$$

Φ bezeichnet das reale Lohneinkommen. Π bezeichnet das reale Gewinneinkommen. Dabei ist $m = 1/(1+z)$. m kann als Produktionsempfindlichkeit des realen Lohneinkommens interpretiert werden. Es gilt $Y = \Phi + \Pi$. Die aus der grundlegenden Analyse bekannte Gleichung für das Einkommen der Inländer lautet damit $Y = A - (1-e)\tilde{X}$.

Die Einkommensverteilung wird durch die Lohnquote LQ respektive durch die Gewinnquote GQ ausgedrückt. Es gilt dabei $1 = LQ + GQ$. Die Lohnquote ist definiert als Anteil des Lohneinkommens am Einkommen der Inländer, das heißt $LQ = \Phi / Y$. Somit ergibt sich die Lohnquote durch:

$$LQ = \frac{A}{(1+z)Y} \tag{4.81}$$

Die Gewinnquote ist definiert als Anteil des Gewinneinkommens am Einkommen der Inländer, das heißt $GQ = \Pi / Y$. Somit ergibt sich die Gewinnquote durch:

$$GQ = 1 - \frac{A}{(1+z)Y} \tag{4.82}$$

Wodurch wird nun die Einkommensverteilung bestimmt? Ein Anstieg der inländischen Produktion erhöht das Lohn- und Gewinneinkommen, so dass das Einkommen der Inländer steigt. Die Einkommensverteilung bleibt in diesem Fall unverändert. Der Exportpreiseffekt wirkt nur auf den Auslandsmarkt-Zuschlagssatz, nicht jedoch auf den Inlandsmarkt-Zuschlagssatz. Folglich wirkt dieser Effekt ausschließlich auf das Gewinneinkommen und begründet dadurch sowohl eine wechselkursinduzierte Einkommensumverteilung als auch den Realeinkommenseffekt. Dies lässt sich folgendermaßen verdeutlichen: Eine Aufwertung der Inlandswährung verringert den Auslandsmarkt-Zuschlagssatz, so dass der relative Zuschlagssatz zwischen dem Gütermarkt im Ausland und dem Gütermarkt im Inland sinkt. Dadurch sinkt der relative Preis der inländischen Güter zwischen dem Gütermarkt im Ausland und dem Gütermarkt im Inland in Höhe des Rückgangs des nominalen Wechselkurses. Dieser Effekt verringert den realen Wert der konstanten Exporte. In gleicher Höhe sinken damit das Gewinneinkommen und das Einkommen der Inländer, ohne dass das Lohneinkommen verringert wird. Eine Aufwertung der Inlandswährung führt folglich zu einem Anstieg der Lohnquote. Mithin sinkt die Gewinnquote.

Ein numerisches Beispiel

Das numerische Beispiel beschreibt die Ausgangssituation vor den in den folgenden Abschnitten betrachteten geld- und fiskalpolitischen Schocks. Die inländische Produktion A beträgt 1.000 Einheiten. Der konstante Export $\tilde{X}$ beträgt 80 Einheiten. Es gilt $a=1$, $w=0{,}8$ und $z=0{,}25$. m beträgt 0,8. Für den Preis der inländischen Güter im Inland, ausgedrückt in Inlandswährung, ergibt sich $P=1$. Der nominale Wechselkurs e beträgt 1 und liegt auf dem langfristig erwarteten Niveau. Für den Preis der inländischen Güter im Ausland, ausgedrückt in Inlandswährung, gilt somit $P_X=1$. Gemäß (4.79) beträgt das Lohneinkommen 800 Einheiten. Gemäß (4.80) beträgt das Gewinneinkommen 200 Einheiten. Das Einkommen der Inländer beträgt damit insgesamt 1.000 Einheiten. Gemäß (4.81) beträgt die Lohnquote 0,8. Gemäß (4.82) beträgt die Gewinnquote 0,2.

Im weiteren Verlauf werden die Wirkungen von geld- und fiskalpolitischen Schocks auf das Lohn- und Gewinneinkommen untersucht. Geld- und fiskalpolitische Schocks wirken auf die Güterproduktion und den nominalen Wechselkurs und induzieren dadurch Veränderungen des Lohn- und Gewinneinkommens. Zur Analyse wird das totale Differential von (4.79) und (4.80) gebildet. Es ergibt sich:

$$d\Phi = m dA \tag{4.83}$$

$$d\Pi = (1-m)dA + \tilde{X}de \tag{4.84}$$

Gleichung (4.83) beschreibt die Veränderung des Lohneinkommens. Gleichung (4.84) beschreibt die Veränderung des Gewinneinkommens.

4.4.2 Geldpolitik

Untersucht werden die Wirkungen einer Zunahme der Geldmenge auf das Lohn- und Gewinneinkommen in einer Wirtschaft mit Kapitalmobilität. Die

Wirkungen auf die inländische Produktion und den nominalen Wechselkurs sind aus Kapitel 4.3.1.2 bekannt und werden zur Referenz wiederholt:

$$\frac{dA}{dM} = \frac{c - q}{k} \tag{4.85}$$

$$\frac{de}{dM} = \frac{s + q}{\tilde{X}k} \tag{4.86}$$

Gemäß (4.85) führt eine Zunahme der Geldmenge zu einer Erhöhung der inländischen Produktion. Gemäß (4.86) führt eine Zunahme der Geldmenge zu einer Abwertung der Inlandswährung.

Unter Verwendung von (4.85) in (4.83) ergibt sich für die Reaktion des Lohneinkommens:

$$\frac{d\Phi}{dM} = \frac{m(c - q)}{k} \tag{4.87}$$

Gemäß (4.87) führt eine Zunahme der Geldmenge zu einer Erhöhung des Lohneinkommens. Unter Verwendung von (4.85) und (4.86) in (4.84) ergibt sich für die Reaktion des Gewinneinkommens:

$$\frac{d\Pi}{dM} = \frac{1 - m(c - q)}{k} \tag{4.88}$$

Gemäß (4.88) führt eine Zunahme der Geldmenge zu einer Erhöhung des Gewinneinkommens. Die Summe von (4.87) und (4.88) ergibt den bereits bekannten Einkommensmultiplikator $dY / dM = 1 / k$.

Der durch eine Zunahme der Geldmenge ausgelöste Anpassungsprozess kann nun durch die Analyse der Wirkungen auf das Lohn- und Gewinneinkommen näher erläutert werden. Eine Zunahme der Geldmenge führt zu einer Abwertung der Inlandswährung. Die Unternehmen halten jedoch den Preis der inländischen Güter im Ausland, ausgedrückt in Auslandswährung, konstant. Folglich bleiben die Exporte konstant. Der Preis der inländischen Güter im Ausland, ausgedrückt in Inlandswährung, steigt hingegen. Dieser Effekt erhöht den realen Wert der konstanten Exporte, so dass das Gewinneinkommen steigt und dadurch das Einkommen der Inländer erhöht wird. Die Erhöhung des Einkommens der Inländer steigert den Konsum, so dass nun auch die inländische Produktion steigt. Aus der höheren Produktion resultiert ein Anstieg des Lohn- und Gewinneinkommens, so dass das Einkommen der Inländer weiter zunimmt.

Das Lohneinkommen steigt aufgrund des Produktionseffektes. Das Gewinneinkommen steigt sowohl aufgrund des Produktionseffektes als auch aufgrund des Exportpreiseffektes. Das Einkommen der Inländer steigt aufgrund der Erhöhung des Lohn- und Gewinneinkommens. Der Anstieg des Preises der inländischen Güter im Ausland, ausgedrückt in Inlandswährung, erhöht das Gewinneinkommen und dadurch in gleicher Höhe das Einkommen der Inländer, ohne das Lohneinkommen zu erhöhen. Folglich sinkt die Lohnquote. Mithin steigt die Gewinnquote.

Ein numerisches Beispiel

Betrachtet wird eine Zunahme der Geldmenge um 40 Einheiten. Unter Verwendung von $m = 0{,}8$, $c = 0{,}64$, $s = 1 - c = 0{,}36$, $q = 0{,}08$, $k = 0{,}5$ und $\tilde{X} = 80$ zeigen sich folgende Ergebnisse: Die inländische Produktion steigt um 45 Einheiten. Der nominale Wechselkurs steigt um 0,44, so dass der Preis der inländischen Güter im Ausland, ausgedrückt in Inlandswährung, um ebenfalls 0,44 steigt. Das Lohneinkommen steigt aufgrund des Produktionseffektes um 36 Einheiten. Das Gewinneinkommen steigt aufgrund des Produktionseffektes um $(1 - m)(c - q)dM / k = 9$ Einheiten und steigt aufgrund des Exportpreiseffektes um $(s + q)dM / k = 35$ Einheiten. Das Gewinneinkommen steigt folglich um insgesamt $(1 - m(c - q))dM / k = 44$ Einheiten. Das Einkommen der Inländer steigt damit um insgesamt 80 Einheiten. Die Lohnquote sinkt von 0,8 auf 0,77. Mithin steigt die Gewinnquote von 0,2 auf 0,23. Tabelle 4.5 fasst die Ergebnisse zusammen.

Tabelle 4.5
Wirkungen einer Zunahme der Geldmenge

	M = 400	**M = 440**	**Δ**
Produktion	1.000	1.045	45
Exportpreis (Inl.währ.)	1	1,44	0,44
Lohneinkommen	**800**	**836**	**36**
Produktionseffekt	200	209	9
Exportpreiseffekt	0	35	35
Gewinneinkommen	**200**	**244**	**44**
Einkommen	**1.000**	**1.080**	**80**
Lohnquote	0,8	0,77	– 0,03
Gewinnquote	0,2	0,23	0,03

4.4.3 Fiskalpolitik

Untersucht werden die Wirkungen einer Zunahme der Staatskäufe auf das Lohn- und Gewinneinkommen in einer Wirtschaft mit Kapitalmobilität. Die Wirkungen auf die inländische Produktion und den nominalen Wechselkurs sind aus Kapitel 4.3.1.3 bekannt und werden zur Referenz wiederholt:

$$\frac{dA}{dG} = 1 \tag{4.89}$$

$$\frac{de}{dG} = -\frac{1}{\tilde{X}} \tag{4.90}$$

Gemäß (4.89) steigt die inländische Produktion in Höhe der zusätzlichen Staatskäufe. Gemäß (4.90) führt eine Zunahme der Staatskäufe zu einer Aufwertung der Inlandswährung.

Unter Verwendung von (4.89) in (4.83) ergibt sich für die Reaktion des Lohneinkommens:

$$\frac{d\Phi}{dG} = m \tag{4.91}$$

Gemäß (4.91) führt eine Zunahme der Staatskäufe zu einer Erhöhung des Lohneinkommens. Unter Verwendung von (4.89) und (4.90) in (4.84) ergibt sich für die Reaktion des Gewinneinkommens:

$$\frac{d\Pi}{dG} = -m \tag{4.92}$$

Gemäß (4.92) führt eine Zunahme der Staatskäufe zu einem Rückgang des Gewinneinkommens. Die Summe von (4.91) und (4.92) ergibt den bereits bekannten Einkommensmultiplikator $dY / dG = 0$.

Der durch eine Zunahme der Staatskäufe ausgelöste Anpassungsprozess kann nun durch die Analyse der Wirkungen auf das Lohn- und Gewinneinkommen näher erläutert werden. Eine Zunahme der Staatskäufe erhöht zunächst unmittelbar die inländische Produktion. Aus der höheren Produktion resultiert zunächst ein höheres Lohn- und Gewinneinkommen, so dass das Einkommen der Inländer steigt. Als Folge daraus wertet die Inlandswährung auf. Die Unternehmen halten jedoch den Preis der inländischen Güter im Ausland, ausgedrückt in Auslandswährung, konstant. Folglich bleiben die Exporte konstant. Der Preis der inländischen Güter im Ausland, ausgedrückt in Inlandswährung, sinkt hingegen. Dieser Effekt verringert den realen Wert der konstanten Exporte, so dass das Gewinneinkommen sinkt und dadurch das Einkommen der Inländer zurückgeht. Das Einkommen der Inländer, nicht jedoch die inländische Produktion, sinkt dabei wieder auf das Ausgangsniveau.[20]

Das Lohneinkommen steigt aufgrund des Produktionseffektes. Das Gewinneinkommen steigt aufgrund des Produktionseffektes, sinkt jedoch aufgrund des Exportpreiseffektes. Insgesamt sinkt das Gewinneinkommen. Dem höheren Lohneinkommen steht ein verringertes Gewinneinkommen in gleicher Höhe gegenüber, so dass das Einkommen der Inländer insgesamt unverändert bleibt. Der Rückgang des Preises der inländischen Güter im Ausland, ausgedrückt in Inlandswährung, verringert das Gewinneinkommen und dadurch in gleicher Höhe das Einkommen der Inländer, ohne das Lohnein-

[20] Unter der Annahme, dass die marginale Konsumneigung aus dem Lohneinkommen größer ist als die marginale Konsumneigung aus dem Gewinneinkommen, zeigt sich ein stärkerer Anstieg der inländischen Produktion und eine stärkere Aufwertung der Inlandswährung. In der Konsequenz daraus steigt die expansive Wirkung auf das Lohneinkommen ebenso wie die kontraktive Wirkung auf das Gewinneinkommen zunimmt. Fiskalpolitik hat jedoch weiterhin keinen Einfluss auf das Einkommen der Inländer.

kommen zu verringern. Folglich steigt die Lohnquote. Mithin sinkt die Gewinnquote.

Ein numerisches Beispiel

Betrachtet wird eine Zunahme der Staatskäufe um 20 Einheiten. Unter Verwendung von $m = 0{,}8$ und $\tilde{X} = 80$ zeigen sich folgende Ergebnisse: Die inländische Produktion steigt in Höhe der zusätzlichen Staatskäufe. Der nominale Wechselkurs sinkt um 0,25, so dass der Preis der inländischen Güter im Ausland, ausgedrückt in Inlandswährung, um ebenfalls 0,25 sinkt. Das Lohneinkommen steigt aufgrund des Produktionseffektes um 16 Einheiten. Das Gewinneinkommen steigt aufgrund des Produktionseffektes um $(1-m)dG = 4$ Einheiten, sinkt jedoch aufgrund des Exportpreiseffektes um $dG = 20$ Einheiten. Das Gewinneinkommen sinkt folglich um insgesamt $mdG = 16$ Einheiten. Das Einkommen der Inländer bleibt damit insgesamt unverändert. Die Lohnquote steigt von 0,8 auf 0,82. Mithin sinkt die Gewinnquote von 0,2 auf 0,18. Tabelle 4.6 fasst die Ergebnisse zusammen.

Tabelle 4.6
Wirkungen einer Zunahme der Staatskäufe

	G = 200	G = 220	Δ
Produktion	1.000	1.020	20
Exportpreis (Inl.währ.)	1	0,75	– 0,25
Lohneinkommen	**800**	**816**	**16**
Produktionseffekt	200	204	4
Exportpreiseffekt	0	– 20	– 20
Gewinneinkommen	**200**	**184**	**– 16**
Einkommen	**1.000**	**1.000**	**0**
Lohnquote	0,8	0,82	0,02
Gewinnquote	0,2	0,18	– 0,02

Kapitel 5

Vergleich der Modelle

5.1 Einleitung

Das folgende Kapitel untersucht den Einfluss der Pricing-to-Market Strategie inländischer Unternehmen auf die Wirksamkeit der Geld- und Fiskalpolitik. Dieser Einfluss zeigt sich durch den Vergleich der geld- und fiskalpolitischen Multiplikatoren bei unterschiedlichen Annahmen über das Preissetzungsverhalten der inländischen Unternehmen.

Im Modell mit Pricing-to-Market erwarten die Unternehmen, dass eine Änderung des nominalen Wechselkurses nur temporär ist. Sie halten daher den Preis der inländischen Güter im Ausland, ausgedrückt in Auslandswährung, konstant. Dieses Preissetzungsverhalten führt jedoch zu einer Änderung des Preises der inländischen Güter im Ausland, ausgedrückt in Inlandswährung, und induziert dadurch eine Veränderung des relativen Preises der inländischen Güter zwischen dem Gütermarkt im Ausland und dem Gütermarkt im Inland. Im Referenzmodell ohne Pricing-to-Market wird eine Änderung des nominalen Wechselkurses vollständig auf den Preis der inländischen Güter im Ausland, ausgedrückt in Auslandswährung, überwälzt. Der Preis der inländischen Güter im Ausland, ausgedrückt in Inlandswährung, bleibt dadurch konstant.

Der Wirkungsmechanismus der Pricing-to-Market Strategie inländischer Unternehmen auf die makroökonomischen Größen des Inlands wird zunächst durch den Vergleich der Effekte einer exogenen Änderung des nominalen Wechselkurses veranschaulicht. Die Nachfrage der Inländer wird dazu als konstant angenommen. Ex ante stimmen die inländische Produktion und das Einkommen der Inländer überein. Welche Konsequenzen ergeben sich nun aus einer nominalen Aufwertung der Inlandswährung? In beiden Modellen verschlechtert eine Aufwertung der Inlandswährung die Wettbewerbsfähigkeit der inländischen Unternehmen auf dem Gütermarkt im Ausland. Im Gegensatz zum Referenzmodell zeigt sich die verschlechterte Wettbewerbsfähigkeit jedoch nicht in einem Rückgang der Exporte, sondern in einem Rückgang des Preises der inländischen Güter im Ausland, ausgedrückt in Inlandswährung.

Im Vergleich zum Referenzmodell führt Pricing-to-Market demnach zwar zu einem zusätzlichen Produktionseffekt, der auf das Lohn- und Gewinneinkommen wirkt. Demgegenüber steht jedoch auch ein negativ wirkender Exportpreiseffekt, der ausschließlich auf das Gewinneinkommen wirkt.

Das Lohneinkommen ist nach einer Aufwertung der Inlandswährung aufgrund des zusätzlichen Produktionseffektes höher als im Referenzmodell. Das Gewinneinkommen ist dagegen nach einer Aufwertung der Inlandswährung geringer als im Referenzmodell, da der zusätzliche Produktionseffekt schwächer auf das Gewinneinkommen wirkt als der negativ wirkende Exportpreiseffekt. Das Ziel der Unternehmen, den Marktanteil auf ihrem Exportmarkt trotz der Verschlechterung ihrer Wettbewerbsfähigkeit konstant zu halten, geht somit zu Lasten ihrer Unternehmensgewinne. Das Lohneinkommen hingegen profitiert von dieser Preissetzungsstrategie, da die Arbeitslosigkeit im Gegensatz zum Referenzmodell nicht ansteigt. Pricing-to-Market führt folglich zu einem Anstieg der Lohnquote. Mithin sinkt die Gewinnquote.

Pricing-to-Market hat dagegen keinen Einfluss auf das Einkommen der Inländer und dadurch auch keinen Einfluss auf die Nachfrage der Inländer, da sich der zusätzliche Produktionseffekt und der negativ wirkende Exportpreiseffekt in ihrer Wirkung auf das Einkommen der Inländer aufheben. Im Gegensatz zum Referenzmodell sinkt jedoch das Einkommen der Inländer, ohne dass die reale Verfügbarkeit inländischer Güter zurückgeht. Das bedeutet, dass die Ausländer im Vergleich zum Referenzmodell mehr inländische Gütereinheiten konsumieren. Pricing-to-Market führt demnach zu einem Realeinkommenstransfer ins Ausland.

Analoge Überlegungen können auf den Fall einer Abwertung der Inlandswährung übertragen werden. Im Gegensatz zum Referenzmodell führt die verbesserte Wettbewerbsfähigkeit nicht zu einem Anstieg der Exporte, sondern zu einem Anstieg des Preises der inländischen Güter im Ausland, ausgedrückt in Inlandswährung. Im Vergleich zum Referenzmodell führt Pricing-to-Market in diesem Fall zwar zu einem geringeren Produktionseffekt, jedoch auch zu einem positiv wirkenden Exportpreiseffekt.

Das Lohneinkommen ist nach einer Abwertung der Inlandswährung geringer als im Referenzmodell. Das Gewinneinkommen ist dagegen höher als im Referenzmodell. Verzichten die Unternehmen auf eine Weitergabe ihrer verbesserten Wettbewerbsfähigkeit, so profitieren demnach ihre Unternehmensgewinne. Dies geht jedoch zu Lasten des Lohneinkommens, da die Arbeitslosigkeit nicht sinkt. Pricing-to-Market führt folglich zu einem Rückgang der Lohnquote. Mithin steigt die Gewinnquote. Das Preissetzungsverhalten hat dagegen keinen Einfluss auf das Einkommen der Inländer. Im Gegensatz zum Referenzmodell steigt jedoch das Einkommen der Inländer, ohne dass die reale Verfügbarkeit inländischer Güter zunimmt. Das bedeutet, dass die Ausländer im Vergleich zum Referenzmodell weniger inländische Gütereinheiten konsumieren. Pricing-to-Market führt demnach zu einem Realeinkommenstransfer ins Inland.

5.2 Geldpolitik

Betrachtet wird ein geldpolitischer Schock im Inland. Der Gegenstand der Analyse ist der Einfluss der Pricing-to-Market Strategie inländischer Unternehmen auf die Wirksamkeit einer geldpolitischen Maßnahme. Die Tabelle 5.1 zeigt dazu zunächst die bereits bekannten Wirkungen eines geldpolitischen Schocks in einer Wirtschaft mit Kapitalmobilität bei unterschiedlichen Annahmen über das Preissetzungsverhalten der inländischen Unternehmen. A bezeichnet die inländische Produktion. P_X bezeichnet den Preis der inländischen Güter im Ausland, ausgedrückt in Inlandswährung. Φ bezeichnet das Lohneinkommen. Π bezeichnet die Gewinne der Unternehmen und damit das Gewinneinkommen. Y bezeichnet das Einkommen der Inländer. Untersucht wird eine Zunahme der Geldmenge.

Betrachtet werden die Wirkungen im Modell mit Pricing-to-Market. Eine Zunahme der Geldmenge führt zu einer Abwertung der Inlandswährung. Die Unternehmen halten jedoch den Preis der inländischen Güter im Ausland, ausgedrückt in Auslandswährung, konstant. Dadurch steigt der Preis der inländischen Güter im Ausland, ausgedrückt in Inlandswährung. Die inländische Produktion steigt aufgrund des Anstiegs der Nachfrage der Inländer nach inländischen Gütern. Der Anstieg der inländischen Produktion verringert die Arbeitslosigkeit. Das Lohneinkommen steigt aufgrund der Erhöhung der inländischen Produktion. Das Gewinneinkommen steigt sowohl aufgrund der Erhöhung der inländischen Produktion als auch aufgrund des Anstiegs des Preises der inländischen Güter im Ausland, ausgedrückt in Inlandswährung. Das Einkommen der Inländer steigt somit aufgrund der Erhöhung des Lohn- und Gewinneinkommens. Dabei sinkt die Lohnquote. Mithin steigt die Gewinnquote. Die Erhöhung des Einkommens der Inländer ist größer als die Erhöhung der inländischen Produktion. Pricing-to-Market führt demnach zu einem Realeinkommenstransfer ins Inland.

Tabelle 5.1
Geldpolitische Multiplikatoren
und der Pricing-to-Market Effekt

	PTM	**Referenz**	**PTM-Effekt**
$\frac{dA}{dM}$	$\frac{c-q}{k}$	$\frac{1}{k}$	$-\frac{s+q}{k}$
$\frac{dP_X}{dM}$	$\frac{P(s+q)}{\tilde{X}k}$	0	$\frac{P(s+q)}{\tilde{X}k}$
$\frac{d\Phi}{dM}$	$\frac{m(c-q)}{k}$	$\frac{m}{k}$	$-\frac{m(s+q)}{k}$
$\frac{d\Pi}{dM}$	$\frac{1-m(c-q)}{k}$	$\frac{1-m}{k}$	$\frac{m(s+q)}{k}$
$\frac{dY}{dM}$	$\frac{1}{k}$	$\frac{1}{k}$	0

Betrachtet werden die Wirkungen im Referenzmodell. Eine Zunahme der Geldmenge führt zu einer Abwertung der Inlandswährung, so dass der Preis der inländischen Güter im Ausland, ausgedrückt in Auslandswährung, sinkt. Der Preis der inländischen Güter im Ausland, ausgedrückt in Inlandswährung, bleibt hingegen konstant. Die inländische Produktion steigt aufgrund des Anstiegs der Nachfrage der Inländer und Ausländer nach inländischen Gütern. Der Anstieg der inländischen Produktion verringert die Arbeitslosigkeit. Das Lohn- und Gewinneinkommen steigt aufgrund der Erhöhung der inländischen Produktion. Das Einkommen der Inländer steigt somit aufgrund der Erhöhung des Lohn- und Gewinneinkommens. Die Einkommensverteilung bleibt unverändert.

Betrachtet sei nun in Tabelle 5.1 der Pricing-to-Market Effekt. Dieser zeigt den Einfluss der Pricing-to-Market Strategie inländischer Unternehmen auf die Wirksamkeit der Geldpolitik im Vergleich zum Referenzmodell. Der Pricing-to-Market Effekt berechnet sich durch die Differenz zwischen dem Multiplikator im Modell mit Pricing-to-Market und dem Multiplikator im Referenzmodell. Ein negatives Vorzeichen bedeutet im vorliegenden Fall einer Zunahme der Geldmenge, dass Pricing-to-Market die expansive Wirkung des Schocks dämpft. Ein positives Vorzeichen bedeutet dagegen, dass die expansive Wirkung verstärkt wird. Es zeigen sich die folgenden Ergebnisse:

Die Nachfrage der Inländer nach inländischen Gütern steigt in beiden Modellen in jeweils gleicher Höhe. Im Gegensatz zum Referenzmodell steigt jedoch die Nachfrage der Ausländer nach inländischen Gütern nicht. Pricing-to-Market dämpft somit die expansive Wirkung auf die inländische Produktion in Höhe der entgangenen zusätzlichen Exporte. Mithin wird auch der Anstieg der Arbeitsnachfrage gedämpft und dadurch der Rückgang der Arbeitslosigkeit verringert. Pricing-to-Market führt jedoch auch zu einem Anstieg des Preises der inländischen Güter im Ausland, ausgedrückt in Inlandswährung. Dadurch steigt der relative Preis der inländischen Güter zwischen dem Gütermarkt im Ausland und dem Gütermarkt im Inland, so dass der reale Wert der konstanten Exporte zunimmt. Pricing-to-Market dämpft durch den geringeren Produktionseffekt die Erhöhung des Lohneinkommens, verstärkt dagegen die Erhöhung des Gewinneinkommens, da der geringere Produktionseffekt schwächer auf das Gewinneinkommen wirkt als der positive Exportpreiseffekt. Folglich sinkt die Lohnquote. Mithin steigt die Gewinnquote. Pricing-to-Market hat dagegen keinen Einfluss auf die Erhöhung des Einkommens der Inländer.

Intuitiv kann man den Einfluss des Preissetzungsverhaltens folgendermaßen verdeutlichen: Eine Zunahme der Geldmenge führt in beiden Modellen zu einer Abwertung der Inlandswährung in jeweils gleicher Höhe. Das Preissetzungsverhalten hat keinen Einfluss auf den Anstieg der Produktionserlöse. Nur müssen bei Pricing-to-Market insgesamt weniger zusätzliche Arbeitskräfte nachgefragt werden, da die Exporte nicht steigen. Für die Unternehmen bedeutet das einen geringeren Anstieg der Produktionskosten und dementsprechend eine stärkere Erhöhung ihrer Unternehmensgewinne. Für die Arbeitsanbieter hingegen folgt aus dem geringeren Anstieg der Arbeitsnachfrage unmittelbar eine geringere Erhöhung des Lohneinkommens. Die Höhe der Einkommensumverteilung kann folglich interpretiert werden als das Lohneinkommen aus den entgangenen zusätzlichen Exporten.

Der Vergleich der Leistungsbilanzreaktion ergibt folgendes Bild: Die Verbesserung der Wettbewerbsfähigkeit auf dem Gütermarkt im Ausland zeigt sich in beiden Modellen in einem Anstieg des Exportwertes in jeweils gleicher Höhe. Das Preissetzungsverhalten hat keinen Einfluss auf die Erhöhung des Einkommens der Inländer und folglich auch keinen Einfluss auf den Anstieg des Importwertes. Eine Zunahme der Geldmenge führt damit in beiden Modellen zu einem Leistungsbilanzüberschuss in jeweils gleicher Höhe.

Als Ergebnis wird festgehalten, dass die Pricing-to-Market Strategie inländischer Unternehmen die Wirkungsstärke einer expansiven Geldpolitik beeinflusst: Pricing-to-Market dämpft die expansive Wirkung auf die inländische Produktion und verringert dadurch den Rückgang der Arbeitslosigkeit. Pricing-to-Market dämpft die Erhöhung des Lohneinkommens und verstärkt die Erhöhung des Gewinneinkommens. Folglich sinkt die Lohnquote. Mithin steigt die Gewinnquote. Die Stärke der expansiven Wirkung auf das Einkommen der Inländer ist dagegen ebenso unabhängig vom Preissetzungsverhalten wie die Reaktion der Leistungsbilanz.

Ein numerisches Beispiel

Betrachtet wird eine Zunahme der Geldmenge um 40 Einheiten. Es gilt $P=1$. Die Modellparameter lauten $m=0{,}8$, $c=0{,}64$, $s=1-c=0{,}36$, $q=0{,}08$ und $k=0{,}5$. $\tilde{X}$ beträgt 80 Einheiten. Für den Pricing-to-Market Effekt zeigen sich folgende Ergebnisse: Pricing-to-Market dämpft die Erhöhung der inländischen Produktion um $(s+q)dM/k$ = 35 Einheiten. Der Preis der inländischen Güter im Ausland, ausgedrückt in Inlandswährung (Exportpreis in Inlandswährung), steigt jedoch um $P(s+q)dM/\tilde{X}k$ = 0,44, so dass der relative Preis der inländischen Güter zwischen dem Gütermarkt im Ausland und dem Gütermarkt im Inland um $(s+q)dM/\tilde{X}k$ = 0,44 ansteigt. Pricing-to-Market dämpft durch den geringeren Produktionseffekt die Erhöhung des Lohneinkommens um $m(s+q)dM/k$ = 28 Einheiten. Der geringere Produktionseffekt dämpft die Erhöhung des Gewinneinkommens um $(1-m)(s+q)dM/k$ = 7 Einheiten. Der positive Exportpreiseffekt erhöht dagegen das Gewinneinkommen um $(s+q)dM/k$ = 35 Einheiten. Pricing-to-Market verstärkt die Erhöhung des Gewinneinkommens damit um insgesamt $m(s+q)dM/k$ = 28 Einheiten. Pricing-to-Market hat keinen Einfluss auf die Erhöhung des Einkommens der Inländer. Tabelle 5.2 fasst die Ergebnisse aus beiden Modellen zusammen und zeigt den Pricing-to-Market Effekt.

Tabelle 5.2
Wirkungen einer Zunahme der Geldmenge und der Pricing-to-Market Effekt

	PTM	**Referenz**	**PTM-Effekt**
Produktion	45	80	– 35
Exportpreis (Inl.währ.)	0,44	0	0,44
Lohneinkommen	**36**	**64**	**– 28**
Produktionseffekt	9	16	– 7
Exportpreiseffekt	35	0	35
Gewinneinkommen	**44**	**16**	**28**
Produktionseffekt	45	80	– 35
Exportpreiseffekt	35	0	35
Einkommen	**80**	**80**	**0**

Die Wirtschaft ohne Kapitalmobilität

Die Überlegungen zum Wirkungsmechanismus von Pricing-to-Market können auf die Wirtschaft ohne Kapitalmobilität übertragen werden. Eine Zunahme der Geldmenge führt in beiden Modellen zu einer Abwertung der Inlandswährung in jeweils gleicher Höhe, zu einer Erhöhung der inländischen Produktion und zu einer Erhöhung aller drei Einkommensgrößen. Die Pricing-to-Market Strategie inländischer Unternehmen beeinflusst die Wirkungsstärke einer expansiven Geldpolitik: Pricing-to-Market dämpft die expansive Wirkung auf die inländische Produktion und verringert dadurch den Rückgang der Arbeitslosigkeit. Pricing-to-Market dämpft die Erhöhung des Lohneinkommens und verstärkt die Erhöhung des Gewinneinkommens. Folglich sinkt die Lohnquote. Mithin steigt die Gewinnquote. Die Stärke der expansiven Wirkung auf das Einkommen der Inländer ist dagegen unabhängig vom Preissetzungsverhalten.

Welche Konsequenzen ergeben sich nun aus der Unterbindung der Kapitalmobilität für den Einfluss von Pricing-to-Market? Die Stärke des Pricing-to-Market Effektes auf die Wirkungen der Geldpolitik ist unmittelbar abhängig von der Höhe der Abwertung der Inlandswährung. Unter der Annahme

$c < 1$ wertet die Inlandswährung bei Kapitalimmobilität jedoch geringer ab als bei perfekter Kapitalmobilität. Der Einfluss der Pricing-to-Market Strategie inländischer Unternehmen auf die Wirkungsstärke einer expansiven Geldpolitik sinkt somit mit abnehmender Kapitalmobilität.

5.3 Fiskalpolitik

Betrachtet wird ein fiskalpolitischer Schock im Inland. Der Gegenstand der Analyse ist der Einfluss der Pricing-to-Market Strategie inländischer Unternehmen auf die Wirksamkeit einer fiskalpolitischen Maßnahme. Die Tabelle 5.3 zeigt dazu zunächst die bereits bekannten Wirkungen eines fiskalpolitischen Schocks in einer Wirtschaft mit Kapitalmobilität. Untersucht wird eine Zunahme der Staatskäufe.

Tabelle 5.3
Fiskalpolitische Multiplikatoren
und der Pricing-to-Market Effekt

	PTM	Referenz	PTM-Effekt
$\frac{dA}{dG}$	1	0	1
$\frac{dP_X}{dG}$	$-\frac{P}{\tilde{X}}$	0	$-\frac{P}{\tilde{X}}$
$\frac{d\Phi}{dG}$	m	0	m
$\frac{d\Pi}{dG}$	$-m$	0	$-m$
$\frac{dY}{dG}$	0	0	0

Betrachtet werden die Wirkungen im Modell mit Pricing-to-Market. Eine Zunahme der Staatskäufe führt zu einer Aufwertung der Inlandswährung. Die Unternehmen halten jedoch den Preis der inländischen Güter im Ausland, ausgedrückt in Auslandswährung, konstant. Dadurch sinkt der Preis der inländischen Güter im Ausland, ausgedrückt in Inlandswährung. Die inländische

Produktion steigt in Höhe der zusätzlichen Staatskäufe. Der Anstieg der inländischen Produktion verringert die Arbeitslosigkeit. Das Lohneinkommen steigt aufgrund der Erhöhung der inländischen Produktion. Das Gewinneinkommen steigt aufgrund der Erhöhung der inländischen Produktion, sinkt jedoch aufgrund des Rückgangs des Preises der inländischen Güter im Ausland, ausgedrückt in Inlandswährung. Insgesamt sinkt das Gewinneinkommen. Dem höheren Lohneinkommen steht ein verringertes Gewinneinkommen in gleicher Höhe gegenüber, so dass das Einkommen der Inländer insgesamt unverändert bleibt. Die Lohnquote steigt. Mithin sinkt die Gewinnquote. Ex post ist die inländische Produktion höher als das Einkommen der Inländer. Pricing-to-Market führt demnach zu einem Realeinkommenstransfer ins Ausland.

Betrachtet werden die Wirkungen im Referenzmodell. Eine Zunahme der Staatskäufe führt zu einer Aufwertung der Inlandswährung, so dass der Preis der inländischen Güter im Ausland, ausgedrückt in Auslandswährung, steigt. Der Preis der inländischen Güter im Ausland, ausgedrückt in Inlandswährung, bleibt hingegen konstant. Die zusätzlichen Staatskäufe verdrängen Exporte in gleicher Höhe, so dass die inländische Produktion konstant bleibt. Somit bleiben auch die Arbeitslosigkeit, das Lohn- und Gewinneinkommen und das Einkommen der Inländer unverändert. Die Einkommensverteilung bleibt ebenfalls unverändert.

Betrachtet sei nun in Tabelle 5.3 der Pricing-to-Market Effekt. Dieser zeigt den Einfluss der Pricing-to-Market Strategie inländischer Unternehmen auf die Wirksamkeit der Fiskalpolitik im Vergleich zum Referenzmodell. Da in diesem die Fiskalpolitik unwirksam ist, beeinflusst Pricing-to-Market unmittelbar die Wirksamkeit einer expansiven Fiskalpolitik: Die inländische Produktion steigt, so dass die Arbeitslosigkeit sinkt. Fiskalpolitik ist nun nicht mehr unwirksam im Hinblick auf die Erreichung beschäftigungspolitischer Ziele. Das Lohneinkommen steigt. In gleicher Höhe sinkt das Gewinneinkommen. Folglich steigt die Lohnquote. Mithin sinkt die Gewinnquote. Das Einkommen der Inländer bleibt unabhängig vom Preissetzungsverhalten konstant.

Intuitiv kann man den Einfluss des Preissetzungsverhaltens folgendermaßen verdeutlichen: Eine Zunahme der Staatskäufe führt in beiden Modellen zunächst unmittelbar zu einer Erhöhung der inländischen Produktion. Jedoch wertet die Inlandswährung in beiden Modellen in gleicher Höhe auf. Im Gegensatz zum Referenzmodell vollzieht sich der Rückgang der Produktionserlöse auf das Ausgangsniveau nun nicht aufgrund einer Verringerung der Exporte, sondern aufgrund des Rückgangs des Preises der inländischen Güter im Ausland, ausgedrückt in Inlandswährung. Die Unternehmen müssen bei

Pricing-to-Market jedoch zusätzliche Arbeitskräfte nachfragen, da die inländische Produktion in Höhe der zusätzlichen Staatskäufe gestiegen ist. Für die Unternehmen bedeutet dies einen Anstieg der Produktionskosten und dementsprechend einen Rückgang ihrer Unternehmensgewinne. Für die Arbeitsanbieter hingegen folgt aus dem Anstieg der Arbeitsnachfrage unmittelbar eine Erhöhung des Lohneinkommens. Die Höhe der Einkommensumverteilung kann somit interpretiert werden als das Lohneinkommen aus den nicht verdrängten Exporten.

Der Vergleich der Leistungsbilanzreaktion ergibt folgendes Bild: Die Verschlechterung der Wettbewerbsfähigkeit auf dem Gütermarkt im Ausland zeigt sich in beiden Modellen in einem Rückgang des Exportwertes in jeweils gleicher Höhe. Da der Importwert unabhängig vom Preissetzungsverhalten unverändert bleibt, führt eine Zunahme der Staatskäufe in beiden Modellen zu einem Leistungsbilanzdefizit in jeweils gleicher Höhe. Es zeigt sich somit kein Einfluss des Preissetzungsverhaltens auf die Leistungsbilanzreaktion.

Ein numerisches Beispiel

Betrachtet wird eine Zunahme der Staatskäufe um 20 Einheiten. Es gilt $P=1$ und $m=0,8$. $\tilde{X}$ beträgt 80 Einheiten. Für den Pricing-to-Market Effekt zeigen sich folgende Ergebnisse: Die inländische Produktion steigt in Höhe der zusätzlichen Staatskäufe. Der Preis der inländischen Güter im Ausland, ausgedrückt in Inlandswährung (Exportpreis in Inlandswährung), sinkt jedoch um $PdG/\tilde{X} = 0,25$, so dass der relative Preis der inländischen Güter zwischen dem Gütermarkt im Ausland und dem Gütermarkt im Inland um $dG/\tilde{X} = 0,25$ verringert wird. Der zusätzliche Produktionseffekt führt zu einer Erhöhung des Lohneinkommens um $mdG = 16$ Einheiten. Der zusätzliche Produktionseffekt führt zu einer Erhöhung des Gewinneinkommens um $(1-m)dG = 4$ Einheiten. Der negative Exportpreiseffekt führt hingegen zu einem Rückgang des Gewinneinkommens um $dG = 20$ Einheiten. Das Gewinneinkommen sinkt damit um insgesamt $mdG = 16$ Einheiten. Pricing-to-Market hat keinen Einfluss auf das Einkommen der Inländer. Tabelle 5.4 fasst die Ergebnisse aus beiden Modellen zusammen und zeigt den Pricing-to-Market Effekt.

Tabelle 5.4
Wirkungen einer Zunahme der Staatskäufe und der Pricing-to-Market Effekt

	PTM	**Referenz**	**PTM-Effekt**
Produktion	20	0	20
Exportpreis (Inl.währ.)	– 0,25	0	– 0,25
Lohneinkommen	**16**	**0**	**16**
Produktionseffekt	4	0	4
Exportpreiseffekt	– 20	0	– 20
Gewinneinkommen	**– 16**	**0**	**– 16**
Produktionseffekt	20	0	20
Exportpreiseffekt	– 20	0	– 20
Einkommen	**0**	**0**	**0**

Die Wirtschaft ohne Kapitalmobilität

Die Überlegungen zum Wirkungsmechanismus von Pricing-to-Market können auf die Wirtschaft ohne Kapitalmobilität übertragen werden. Eine Zunahme der Staatskäufe führt in beiden Modellen zu einer Abwertung der Inlandswährung in jeweils gleicher Höhe, zu einer Erhöhung der inländischen Produktion und zu einer Erhöhung aller drei Einkommensgrößen. Die Pricing-to-Market Strategie inländischer Unternehmen beeinflusst die Wirkungsstärke einer expansiven Fiskalpolitik: Pricing-to-Market dämpft die expansive Wirkung auf die inländische Produktion und verringert dadurch den Rückgang der Arbeitslosigkeit. Pricing-to-Market dämpft die Erhöhung des Lohneinkommens und verstärkt die Erhöhung des Gewinneinkommens. Dadurch sinkt die Lohnquote. Mithin steigt die Gewinnquote. Die Stärke der expansiven Wirkung auf das Einkommen der Inländer ist dagegen unabhängig vom Preissetzungsverhalten.

III Das Zwei-Länder-Modell

Kapitel 6

Das Modell ohne Pricing-to-Market

6.1 Einleitung

Das folgende Kapitel betrachtet ein Zwei-Länder-Modell bei flexiblem Wechselkurs und perfekter Kapitalmobilität. Der Betrachtungshorizont ist die kurze Frist. Die Welt besteht aus zwei großen Ländern. Das Land 1 wird als Europa bezeichnet. Das Land 2 wird als Amerika bezeichnet. Die europäischen Unternehmen produzieren ausschließlich europäische Güter, die von Europäern und Amerikanern nachgefragt werden. Die amerikanischen Unternehmen produzieren ausschließlich amerikanische Güter, die von Amerikanern und Europäern nachgefragt werden. Europäische und amerikanische Güter sind imperfekte Substitute. In beiden Ländern herrscht Unterbeschäftigung.

Im Mittelpunkt der folgenden Betrachtung steht die Frage, wie geld- und fiskalpolitische Maßnahmen in Europa auf die europäische und die amerikanische Wirtschaft wirken, wenn die Unternehmen eine Änderung des nominalen Wechselkurses vollständig auf den Preis der exportierten Güter, ausgedrückt in der Währung des Importlandes, überwälzen. Der Preis der exportierten Güter, ausgedrückt in der Währung des Exportlandes, bleibt dadurch konstant.

Das Kapitel ist in zwei Abschnitte unterteilt. In der grundlegenden Analyse werden geld- und fiskalpolitische Schocks in Europa hinsichtlich ihrer Wirkungen auf Produktion, Einkommen und Leistungsbilanz untersucht.[21] Aufbauend auf der grundlegenden Analyse betrachtet die Analyse der Einkommensverteilung die Lohn- und Gewinneinkommenseffekte wirtschaftspolitischer Schocks, um zusätzliche Einblicke in den Transmissionsmechanismus zu gewinnen.

[21] Die grundlegende Analyse basiert auf der Arbeit von Carlberg (1999), S. 153ff.

6.2 Grundlegende Analyse

6.2.1 Das Modell

Das Modell beschreibt ein Zwei-Länder-Modell bei flexiblem Wechselkurs und perfekter Kapitalmobilität. In der Ausgangssituation haben die beiden Länder die gleiche Größe. Bei perfekter Kapitalmobilität gilt die Zinsparität zwischen europäischem Zins i_1 und amerikanischem Zins i_2. Der europäische Zins und der amerikanische Zins determinieren den Weltmarktzins i. Es gilt demnach $i = i_1 = i_2$. Für die Güterpreise gilt:

$$P_1 = P_2 = 1 \tag{6.1}$$

Dabei bezeichnet P_1 den Preis der europäischen Güter in Euro und P_2 den Preis der amerikanischen Güter in Dollar. Beide Preise sind konstant und auf eins normiert. Das Preisniveau in Europa wird bestimmt durch den Preis der europäischen Güter in Euro. Das Preisniveau in Amerika wird bestimmt durch den Preis der amerikanischen Güter in Dollar.

Die beiden Länder sind gekennzeichnet durch identische Verhaltensparameter sowie durch einen identischen Steuersatz. Es gilt:

$$c = c_1 = c_2 \tag{6.2}$$

$$b = b_1 = b_2 \tag{6.3}$$

$$q = q_1 = q_2 \tag{6.4}$$

$$k = k_1 = k_2 \tag{6.5}$$

$$j = j_1 = j_2 \tag{6.6}$$

c bezeichnet die marginale Konsumneigung aus dem Einkommen, wobei $0 < c < 1$. Es gilt $c = c_d(1-t)$, wobei c_d die marginale Konsumneigung aus dem verfügbaren Einkommen und t den Steuersatz bezeichnet. Dabei sind $0 < c_d < 1$ sowie $0 < t < 1$. b bezeichnet die Zinsempfindlichkeit der Investitionen, wobei $b > 0$. q bezeichnet die marginale Importneigung aus dem Einkommen, wobei $0 < q < 1$. Es gilt $q = q_d(1-t)$, wobei q_d die marginale Importneigung aus dem verfügbaren Einkommen bezeichnet. Dabei ist $0 < q_d < 1$. k bezeichnet die Einkommensempfindlichkeit der Geldnachfrage, wobei $k > 0$. j bezeichnet die Zinsempfindlichkeit der Geldnachfrage, wobei $j > 0$.

Zunächst wird die europäische Wirtschaft näher beschrieben. Zur Analyse des europäischen Gütermarktes werden die folgenden fünf Verhaltensfunktionen zugrunde gelegt:

$$C_1 = \overline{C}_1 + cY_1 \tag{6.7}$$

$$I_1 = \overline{I}_1 - bi \tag{6.8}$$

$$G_1 = \text{const.} \tag{6.9}$$

$$X_1 = \overline{X}_1 + \frac{qeP_2Y_2}{P_1} \tag{6.10}$$

$$Q_1 = \overline{Q}_1 + qY_1 \tag{6.11}$$

C_1 bezeichnet den europäischen Konsum. $\overline{C}_1$ bezeichnet den autonomen europäischen Konsum. Y_1 bezeichnet die europäische Produktion und das Einkommen der Europäer. I_1 bezeichnet die europäischen Investitionen. $\overline{I}_1$ bezeichnet die autonomen europäischen Investitionen. G_1 bezeichnet die europäischen Staatskäufe. X_1 bezeichnet den europäischen Export. Dieser stimmt mit der Nachfrage der Amerikaner nach europäischen Gütern überein. $\overline{X}_1$ bezeichnet den autonomen europäischen Export. e bezeichnet den nominalen Wechselkurs. Dieser ist definiert als der Preis des Dollars, ausgedrückt in Euro. Es gilt im Folgenden, dass der nominale Wechselkurs in der Ausgangssituation eins beträgt. Y_2 bezeichnet die amerikanische Produktion und das Einkommen der Amerikaner. Q_1 bezeichnet den europäischen Import. $\overline{Q}_1$ bezeichnet den autonomen europäischen Import.

Gleichung (6.7) beschreibt die europäische Konsumfunktion. Der europäische Konsum richtet sich auf europäische und amerikanische Güter. Der europäische Konsum ist eine positive Funktion des Einkommens der Europäer. Gleichung (6.8) beschreibt die europäische Investitionsfunktion. Die europäischen Investitionen richten sich ausschließlich auf europäische Güter. Die europäischen Investitionen sind eine negative Funktion des Weltmarktzinses. Gleichung (6.9) beschreibt die europäische Staatsnachfragefunktion. Die europäischen Staatskäufe richten sich ausschließlich auf europäische Güter. Die europäischen Staatskäufe sind exogen gegeben.

Gleichung (6.10) beschreibt die europäische Exportfunktion. Der europäische Export ist eine positive Funktion des nominalen Wechselkurses und eine positive Funktion des Einkommens der Amerikaner. Eine nominale Aufwertung des Euros erhöht den Preis der europäischen Güter in Dollar. Damit werden europäische Güter relativ zu amerikanischen Gütern teurer, so dass die Nachfrage der Amerikaner nach europäischen Gütern sinkt und dadurch der europäische Export zurückgeht. Gleichung (6.11) beschreibt die europäische Importfunktion. Der europäische Import richtet sich auf amerikanische Güter. Der europäische Import ist eine positive Funktion des Einkommens der Europäer.

Die Nachfrage nach europäischen Gütern Z_1 setzt sich zusammen aus der Nachfrage der Europäer nach europäischen Gütern $C_1 + I_1 + G_1 - Q_1$ und der Nachfrage der Amerikaner nach europäischen Gütern X_1. Es gilt somit $Z_1 = C_1 + I_1 + G_1 + X_1 - Q_1$. Im europäischen Gütermarktgleichgewicht stimmen die Nachfrage nach europäischen Gütern und die europäische Produktion überein. Die Nachfrage nach europäischen Gütern bestimmt die europäische Produktion und damit das Einkommen der Europäer. Demnach gilt $Y_1 = Z_1$. Daraus folgt $Y_1 = C_1 + I_1 + G_1 + X_1 - Q_1$. Unter Verwendung der Verhaltensfunktionen (6.7) bis (6.11) und Berücksichtigung von (6.1) lautet damit die Gütermarktgleichung:

$$Y_1 = \overline{C}_1 + cY_1 + \overline{I}_1 - bi + G_1 + \overline{X}_1 + qeY_2 - \overline{Q}_1 - qY_1 \qquad (6.12)$$

Dem europäischen Geldmarkt liegen die folgenden zwei Verhaltensfunktionen zugrunde:

$$L_1 = kY_1 - ji \qquad (6.13)$$

$$M_1 = \text{const.} \qquad (6.14)$$

L_1 bezeichnet die europäische Geldnachfrage. M_1 bezeichnet die europäische Geldmenge. Gleichung (6.13) beschreibt die europäische Geldnachfragefunktion. Die europäische Geldnachfrage ist eine positive Funktion des Einkommens der Europäer und eine negative Funktion des Weltmarktzinses. Gleichung (6.14) beschreibt die europäische Geldangebotsfunktion. Die europäische Geldmenge wird von der europäischen Zentralbank fixiert. Im europäischen Geldmarktgleichgewicht stimmen das europäische Geldangebot und die europäische Geldnachfrage überein. Die Geldmarktgleichung lautet somit:

$$M_1 = kY_1 - ji \qquad (6.15)$$

Abschließend wird der Devisenmarkt betrachtet. Die europäische Zahlungsbilanz erfasst den Devisenzufluss. Devisenzuflüsse ergeben sich durch Kapital- und Güterverkehr mit Amerika. Es gilt:

$$B_1 = F_1 + H_1 \tag{6.16}$$

B_1 bezeichnet den Zahlungsbilanzüberschuss in Europa, ausgedrückt in Euro. F_1 bezeichnet den Kapitalbilanzüberschuss in Europa, ausgedrückt in Euro. H_1 bezeichnet den Leistungsbilanzüberschuss in Europa, ausgedrückt in Euro.

Der Kapitalbilanzüberschuss in Europa ergibt sich aus einem positiven Saldo von Kapitalimporten aus Amerika und Kapitalexporten nach Amerika. Der Leistungsbilanzüberschuss in Europa ergibt sich aus einem positiven Saldo von europäischem Exportwert P_1X_1 und europäischem Importwert P_1Q_1. Unter Verwendung der Verhaltensfunktionen (6.10) und (6.11) sowie Berücksichtigung von (6.1) zeigt sich für die Leistungsbilanz in Europa:

$$H_1 = \overline{X}_1 + eqY_2 - \overline{Q}_1 - qY_1 \tag{6.17}$$

Bei flexiblem Wechselkurs wird der Devisenmarkt jederzeit geräumt. Es gilt somit $B_1 = 0$. Daraus folgt für die Devisenmarktgleichung:

$$F_1 = -H_1 \tag{6.18}$$

Die Betrachtung der amerikanischen Wirtschaft beginnt wiederum mit der Analyse des Gütermarktes. Zur Analyse des amerikanischen Gütermarktes werden die folgenden fünf Verhaltensfunktionen zugrunde gelegt:

$$C_2 = \overline{C}_2 + cY_2 \tag{6.19}$$

$$I_2 = \overline{I}_2 - bi \tag{6.20}$$

$$G_2 = \text{const.} \tag{6.21}$$

$$X_2 = \overline{X}_2 + \frac{qP_1Y_1}{eP_2} \tag{6.22}$$

$$Q_2 = \overline{Q}_2 + qY_2 \tag{6.23}$$

C_2 bezeichnet den amerikanischen Konsum. $\overline{C}_2$ bezeichnet den autonomen amerikanischen Konsum. I_2 bezeichnet die amerikanischen Investitionen. $\overline{I}_2$ bezeichnet die autonomen amerikanischen Investitionen. G_2 bezeichnet die amerikanischen Staatskäufe. X_2 bezeichnet den amerikanischen Export. Dieser stimmt mit der Nachfrage der Europäer nach amerikanischen Gütern überein. $\overline{X}_2$ bezeichnet den autonomen amerikanischen Export. Q_2 bezeichnet den amerikanischen Import. $\overline{Q}_2$ bezeichnet den autonomen amerikanischen Import.

Gleichung (6.19) beschreibt die amerikanische Konsumfunktion. Der amerikanische Konsum richtet sich auf amerikanische und europäische Güter. Der amerikanische Konsum ist eine positive Funktion des Einkommens der Amerikaner. Gleichung (6.20) beschreibt die amerikanische Investitionsfunktion. Die amerikanischen Investitionen richten sich ausschließlich auf amerikanische Güter. Die amerikanischen Investitionen sind eine negative Funktion des Weltmarktzinses. Gleichung (6.21) beschreibt die amerikanische Staatsnachfragefunktion. Die amerikanischen Staatskäufe richten sich ausschließlich auf amerikanische Güter. Die amerikanischen Staatskäufe sind exogen gegeben.

Gleichung (6.22) beschreibt die amerikanische Exportfunktion. Der amerikanische Export ist eine negative Funktion des nominalen Wechselkurses und eine positive Funktion des Einkommens der Europäer. Eine nominale Abwertung des Dollars verringert den Preis der amerikanischen Güter in Euro. Damit werden amerikanische Güter relativ zu europäischen Gütern günstiger, so dass die Nachfrage der Europäer nach amerikanischen Gütern steigt und dadurch der amerikanische Export zunimmt. Gleichung (6.23) beschreibt die amerikanische Importfunktion. Der amerikanische Import richtet sich auf europäische Güter. Der amerikanische Import ist eine positive Funktion des Einkommens der Amerikaner.

Die Nachfrage nach amerikanischen Gütern Z_2 setzt sich zusammen aus der Nachfrage der Amerikaner nach amerikanischen Gütern $C_2 + I_2 + G_2 - Q_2$ und der Nachfrage der Europäer nach amerikanischen Gütern X_2. Es gilt somit $Z_2 = C_2 + I_2 + G_2 + X_2 - Q_2$. Im amerikanischen Gütermarktgleichgewicht stimmen die Nachfrage nach amerikanischen Gütern und die amerikanische Produktion überein. Die Nachfrage nach amerikanischen Gütern bestimmt die amerikanische Produktion und damit das Einkommen der Amerikaner. Demnach gilt $Y_2 = Z_2$. Daraus folgt $Y_2 = C_2 + I_2 + G_2 + X_2 - Q_2$. Unter Verwendung der Verhaltensfunktionen (6.19) bis (6.23) sowie Berücksichtigung von (6.1) lautet damit die Gütermarktgleichung:

$$Y_2 = \bar{C}_2 + cY_2 + \bar{I}_2 - bi + G_2 + \bar{X}_2 + \frac{qY_1}{e} - \bar{Q}_2 - qY_2 \quad (6.24)$$

Dem amerikanischen Geldmarkt liegen die folgenden zwei Verhaltensfunktionen zugrunde:

$$L_2 = kY_2 - ji \quad (6.25)$$

$$M_2 = \text{const.} \quad (6.26)$$

L_2 bezeichnet die amerikanische Geldnachfrage. M_2 bezeichnet die amerikanische Geldmenge. Gleichung (6.25) beschreibt die amerikanische Geldnachfragefunktion. Die amerikanische Geldnachfrage ist eine positive Funktion des Einkommens der Amerikaner und eine negative Funktion des Weltmarktzinses. Gleichung (6.26) beschreibt die amerikanische Geldangebotsfunktion. Die amerikanische Geldmenge wird von der amerikanischen Zentralbank fixiert. Im amerikanischen Geldmarktgleichgewicht stimmen das amerikanische Geldangebot und die amerikanische Geldnachfrage überein. Die Geldmarktgleichung lautet somit:

$$M_2 = kY_2 - ji \quad (6.27)$$

Abschließend wird der Devisenmarkt betrachtet. Die amerikanische Zahlungsbilanz erfasst den Devisenzufluss. Devisenzuflüsse ergeben sich durch Kapital- und Güterverkehr mit Europa. Es gilt:

$$B_2 = F_2 + H_2 \quad (6.28)$$

B_2 bezeichnet den Zahlungsbilanzüberschuss in Amerika, ausgedrückt in Dollar. F_2 bezeichnet den Kapitalbilanzüberschuss in Amerika, ausgedrückt in Dollar. H_2 bezeichnet den Leistungsbilanzüberschuss in Amerika, ausgedrückt in Dollar.

Der Kapitalbilanzüberschuss in Amerika ergibt sich aus einem positiven Saldo von Kapitalimporten aus Europa und Kapitalexporten nach Europa. Der Leistungsbilanzüberschuss in Amerika ergibt sich aus einem positiven Saldo von amerikanischem Exportwert P_2X_2 und amerikanischem Importwert P_2Q_2. Unter Verwendung der Verhaltensfunktionen (6.22) und (6.23) sowie Berücksichtigung von (6.1) zeigt sich für die Leistungsbilanz in Amerika:

$$H_2 = \bar{X}_2 + \frac{qY_1}{e} - \bar{Q}_2 - qY_2 \tag{6.29}$$

Bei flexiblem Wechselkurs wird der Devisenmarkt jederzeit geräumt. Es gilt somit $B_1 = 0$. Daraus folgt für die Devisenmarktgleichung:

$$F_2 = -H_2 \tag{6.30}$$

Das Gesamtmodell

Im Folgenden wird angenommen, dass in Europa und in Amerika der autonome Konsum, der autonome Export und der autonome Import jeweils null betragen. Das Gesamtmodell besteht aus einem System von vier Gleichungen:

$$Y_1 = cY_1 + \bar{I}_1 - bi + G_1 + eqY_2 - qY_1 \tag{6.31}$$

$$Y_2 = cY_2 + \bar{I}_2 - bi + G_2 + \frac{qY_1}{e} - qY_2 \tag{6.32}$$

$$M_1 = kY_1 - ji \tag{6.33}$$

$$M_2 = kY_2 - ji \tag{6.34}$$

Gleichung (6.31) beschreibt den europäischen Gütermarkt. Gleichung (6.32) beschreibt den amerikanischen Gütermarkt. Gleichung (6.33) beschreibt den europäischen Geldmarkt. Gleichung (6.34) beschreibt den amerikanischen Geldmarkt. Die endogenen Variablen lauten Y_1, Y_2, e und i.

Für die europäische und amerikanische Leistungs- und Kapitalbilanz gilt:

$$H_1 = eqY_2 - qY_1 \tag{6.35}$$

$$H_2 = \frac{qY_1}{e} - qY_2 \tag{6.36}$$

$$F_1 = -H_1 \tag{6.37}$$

$$F_2 = -H_2 \tag{6.38}$$

Gleichung (6.35) beschreibt die europäische Leistungsbilanz. Gleichung (6.36) beschreibt die amerikanische Leistungsbilanz. Gleichung (6.37) beschreibt die europäische Kapitalbilanz. Gleichung (6.38) beschreibt die amerikanische Kapitalbilanz.

6.2.2 Geldpolitik in Europa

Untersucht werden die Wirkungen einer Zunahme der europäischen Geldmenge. Das totale Differential des Gleichungssystems (6.31) bis (6.34) lautet:

$$dY_1 = cdY_1 - bdi + qdY_2 + qYde - qdY_1 \tag{6.39}$$

$$dY_2 = cdY_2 - bdi + qdY_1 - qYde - qdY_2 \tag{6.40}$$

$$dM_1 = kdY_1 - jdi \tag{6.41}$$

$$0 = kdY_2 - jdi \tag{6.42}$$

Dabei bezeichnet Y das Einkommen der Europäer respektive das Einkommen der Amerikaner in der Ausgangssituation. Unter Verwendung von (6.41), der Differenz aus (6.41) und (6.42) sowie der Summe aus (6.39) und (6.40) ergibt sich unter Berücksichtigung von $s = 1 - c$:

$$\frac{dY_1}{dM_1} = \frac{2bk + js}{2k(bk + js)} \tag{6.43}$$

Gemäß (6.43) führt eine Zunahme der europäischen Geldmenge zu einer Erhöhung der europäischen Produktion und damit zu einer Erhöhung des Einkommens der Europäer. Unter Verwendung von (6.43) in der Differenz aus (6.41) und (6.42) ergibt sich:

$$\frac{dY_2}{dM_1} = -\frac{js}{2k(bk + js)} \tag{6.44}$$

Gemäß (6.44) führt eine Zunahme der europäischen Geldmenge zu einem Rückgang der amerikanischen Produktion und damit zu einem Rückgang des Einkommens der Amerikaner. Die Veränderung des Welteinkommens Y_W ergibt sich schließlich aus der Summe von (6.43) und (6.44):

$$\frac{dY_W}{dM_1} = \frac{b}{bk + js} \tag{6.45}$$

Gemäß (6.45) führt eine Zunahme der europäischen Geldmenge zu einer Erhöhung der Weltproduktion und damit zu einer Erhöhung des Welteinkommens. Unter Verwendung von (6.44) in (6.42) ergibt sich:

$$\frac{di}{dM_1} = -\frac{s}{2(bk + js)} \tag{6.46}$$

Gemäß (6.46) führt eine Zunahme der europäischen Geldmenge zu einem Rückgang des Weltmarktzinses. Unter Verwendung von (6.43) und (6.44) in der Differenz aus (6.39) und (6.40) ergibt sich:

$$\frac{de}{dM_1} = \frac{s + 2q}{2kqY} \tag{6.47}$$

Gemäß (6.47) führt eine Zunahme der europäischen Geldmenge zu einer Abwertung des Euros.

Zur Vereinfachung der folgenden Darstellung der Anpassungsprozesse wird angenommen, dass die Zinsempfindlichkeit der Investitionen null beträgt. Mithin reagieren die europäischen und amerikanischen Investitionen nicht auf den Rückgang des Weltmarktzinses. Die geldpolitischen Multiplikatoren von Produktion und Einkommen vereinfachen sich damit zu:

$$\frac{dY_1}{dM_1} = -\frac{dY_2}{dM_1} = \frac{1}{2k} \tag{6.48}$$

Gemäß (6.48) steigen die europäische Produktion und das Einkommen der Europäer. In gleicher Höhe sinken die amerikanische Produktion und das Einkommen der Amerikaner. Der Weltmarktzins sinkt stärker als durch Gleichung (6.46) ausgedrückt. Die Reaktion des nominalen Wechselkurses ist weiterhin durch Gleichung (6.47) beschrieben.

Wie lassen sich nun die Produktions- und Einkommenswirkungen begründen? Eine Zunahme der europäischen Geldmenge führt zu einem Rückgang des europäischen Zinses. Da nun der europäische Zins temporär unter dem amerikanischen Zins liegt, fließt europäisches Kapital nach Amerika, so dass der Euro abwertet. Dadurch sinkt der Preis der europäischen Güter in Dollar. Die nun steigende Nachfrage der Amerikaner nach europäischen Gütern erhöht die europäische Produktion und das Einkommen der Europäer. Die Erhöhung des Einkommens der Europäer steigert den europäischen Konsum, so dass die Nachfrage der Europäer nach europäischen und amerikanischen Gütern zunimmt.

Die Abwertung des Euros impliziert eine Aufwertung des Dollars. Dadurch steigt der Preis der amerikanischen Güter in Euro. Die nun sinkende Nachfrage der Europäer nach amerikanischen Gütern verringert die amerikanische Produktion und das Einkommen der Amerikaner. Der Rückgang des Einkommens der Amerikaner verringert den amerikanischen Konsum, so dass die Nachfrage der Amerikaner nach amerikanischen und europäischen Gütern sinkt.

Auf die Nachfrage der Amerikaner nach europäischen Gütern wirkt der Effekt des gesunkenen Preises der europäischen Güter in Dollar stärker als der Effekt des gesunkenen Einkommens der Amerikaner, so dass die Nachfrage der Amerikaner nach europäischen Gütern insgesamt zunimmt. Die europäische Produktion und das Einkommen der Europäer steigen somit aufgrund des Anstiegs der Nachfrage der Europäer und Amerikaner nach europäischen Gütern.

Auf die Nachfrage der Europäer nach amerikanischen Güter wirkt der Effekt des gestiegenen Preises der amerikanischen Güter in Euro stärker als der Effekt des gestiegenen Einkommens der Europäer, so dass die Nachfrage der Europäer nach amerikanischen Gütern insgesamt zurückgeht. Die amerikanische Produktion und das Einkommen der Amerikaner sinken somit aufgrund des Rückgangs der Nachfrage der Amerikaner und Europäer nach amerikanischen Gütern.

Ein numerisches Beispiel

Das Ausgangsgleichgewicht ist durch folgende Situation beschrieben: $\overline{I}_1$ beträgt 2.000 Einheiten. $\overline{I}_2$ beträgt 2.000 Einheiten. G_1 beträgt 2.000 Einheiten. G_2 beträgt 2.000 Einheiten. M_1 beträgt 4.000 Einheiten. M_2 beträgt 4.000 Einheiten. Der Steuersatz t beträgt 0,2. Die Modellparameter lauten $c = 0,6$, $s = 1 - c = 0,4$, $b = 0$, $q = 0,1$, $k = 0,5$ und $j = 200$. Gemäß (6.31) bis (6.34) ergeben sich daraus folgende Werte: Y_1 beträgt 10.000 Einheiten. Y_2 beträgt 10.000 Einheiten. e beträgt 1. i beträgt 5. Betrachtet wird nun eine Zunahme der europäischen Geldmenge um 40 Einheiten. Es zeigen sich folgende Ergebnisse: Die europäische Produktion steigt um 40 Einheiten. Folglich steigt das Einkommen der Europäer um ebenfalls 40 Einheiten. Die amerikanische Produktion sinkt um 40 Einheiten. Folglich sinkt das Einkommen der Amerikaner um ebenfalls 40 Einheiten. Der nominale Wechselkurs steigt um 0,024.

Wirkungen auf Leistungs- und Kapitalbilanz

Abschließend werden die Wirkungen auf die europäische und amerikanische Leistungs- und Kapitalbilanz untersucht. Das totale Differential der Gleichungen (6.35) bis (6.38) lautet:

$$dH_1 = qdY_2 + qYde - qdY_1 \tag{6.49}$$

$$dH_2 = qdY_1 - qYde - qdY_2 \tag{6.50}$$

$$dF_1 = -dH_1 \tag{6.51}$$

$$dF_2 = -dH_2 \tag{6.52}$$

Unabhängig von der Annahme über die Zinsempfindlichkeit der Investitionen zeigen sich unter Verwendung der Einkommensreaktionen und der Reaktion des nominalen Wechselkurses folgende Ergebnisse:

$$\frac{dH_1}{dM_1} = -\frac{dH_2}{dM_1} = \frac{s}{2k} \tag{6.53}$$

$$-\frac{dF_1}{dM_1} = \frac{dF_2}{dM_1} = \frac{s}{2k} \tag{6.54}$$

Gemäß (6.53) führt eine Zunahme der europäischen Geldmenge zu einem Leistungsbilanzüberschuss in Europa und zu einem Leistungsbilanzdefizit in Amerika. Gemäß (6.54) führt eine Zunahme der europäischen Geldmenge zu einem Kapitalbilanzdefizit in Europa und zu einem Kapitalbilanzüberschuss in Amerika.

6.2.3 Fiskalpolitik in Europa

Untersucht werden die Wirkungen einer Zunahme der europäischen Staatskäufe. Das totale Differential des Gleichungssystems (6.31) bis (6.34) lautet:

$$dY_1 = cdY_1 - bdi + dG_1 + qdY_2 + qYde - qdY_1 \tag{6.55}$$

$$dY_2 = cdY_2 - bdi + qdY_1 - qYde - qdY_2 \tag{6.56}$$

$$0 = kdY_1 - jdi \tag{6.57}$$

$$0 = kdY_2 - jdi \tag{6.58}$$

Aus (6.57) und (6.58) folgt unmittelbar:

$$dY_1 = dY_2 \tag{6.59}$$

Unter Verwendung von (6.57) und (6.59) in der Summe aus (6.55) und (6.56) ergibt sich unter Berücksichtigung von $s = 1 - c$:

$$\frac{dY_1}{dG_1} = \frac{dY_2}{dG_1} = \frac{j}{2(bk + js)} \tag{6.60}$$

Gemäß (6.60) führt eine Zunahme der europäischen Staatskäufe zu einer Erhöhung der europäischen Produktion und damit zu einer Erhöhung des Einkommens der Europäer. In gleicher Höhe steigen die amerikanische Produktion und das Einkommen der Amerikaner. Daraus folgt:

$$\frac{dY_W}{dG_1} = \frac{j}{bk + js} \tag{6.61}$$

Gemäß (6.61) führt eine Zunahme der europäischen Staatskäufe zu einer Erhöhung der Weltproduktion und damit zu einer Erhöhung des Welteinkommens. Unter Verwendung von (6.60) in (6.57) ergibt sich:

$$\frac{di}{dG_1} = \frac{k}{2(bk + js)} \tag{6.62}$$

Gemäß (6.62) führt eine Zunahme der europäischen Staatskäufe zu einer Erhöhung des Weltmarktzinses. Unter Verwendung von (6.59) in der Differenz aus (6.55) und (6.56) ergibt sich:

$$\frac{de}{dG_1} = -\frac{1}{2qY} \tag{6.63}$$

Gemäß (6.63) führt eine Zunahme der europäischen Staatskäufe zu einer Aufwertung des Euros.

Zur Vereinfachung der folgenden Darstellung der Anpassungsprozesse wird wiederum angenommen, dass die Zinsempfindlichkeit der Investitionen null beträgt. Die fiskalpolitischen Multiplikatoren auf Produktion und Einkommen vereinfachen sich damit zu:

$$\frac{dY_1}{dG_1} = \frac{dY_2}{dG_1} = \frac{1}{2s} \tag{6.64}$$

Gemäß (6.64) steigen die europäische Produktion und das Einkommen der Europäer. In gleicher Höhe steigen die amerikanische Produktion und das Einkommen der Amerikaner. Der Weltmarktzins steigt stärker als durch Gleichung (6.62) ausgedrückt. Die Reaktion des nominalen Wechselkurses ist weiterhin durch Gleichung (6.63) beschrieben.

Die Produktions- und Einkommenswirkungen lassen sich folgendermaßen erklären: Eine Zunahme der europäischen Staatskäufe führt unmittelbar zu einer Erhöhung der europäischen Produktion und damit zu einer Erhöhung des Einkommens der Europäer in Höhe der zusätzlichen europäischen Staatskäufe. Auf dem europäischen Geldmarkt führt die Erhöhung des Einkommens der Europäer zu einem Anstieg der europäischen Geldnachfrage und dadurch zu einer Erhöhung des europäischen Zinses. Da nun der europäische Zins temporär über dem amerikanischen Zins liegt, fließt amerikanisches Kapital nach Europa, so dass der Euro aufwertet. Dadurch steigt der Preis der europäischen Güter in Dollar. Die nun sinkende Nachfrage der Amerikaner nach europäischen Gütern verringert die europäische Produktion und das Einkommen der Europäer. Dieser Effekt wirkt der ursprünglichen Erhöhung des Einkommens der Europäer allerdings nur partiell entgegen. Die Erhöhung des Einkommens der Europäer steigert den europäischen Konsum, so dass die Nachfrage der Europäer nach europäischen und amerikanischen Gütern zunimmt.

Die Aufwertung des Euros impliziert eine Abwertung des Dollars. Dadurch sinkt der Preis der amerikanischen Güter in Euro. Die nun steigende Nachfrage der Europäer nach amerikanischen Güter erhöht die amerikanische Produktion und das Einkommen der Amerikaner. Die Erhöhung des Einkommens der Amerikaner steigert den amerikanischen Konsum, so dass die Nachfrage der Amerikaner nach amerikanischen und europäischen Gütern zunimmt.

Die Nachfrage der Europäer nach europäischen Gütern steigt stets. Die Nachfrage der Amerikaner nach europäischen Gütern sinkt aufgrund des Anstiegs des Preises der europäischen Güter in Dollar, steigt hingegen aufgrund der Erhöhung des Einkommens der Amerikaner. Die Wirkungsrichtung auf die Nachfrage der Amerikaner nach europäischen Gütern ist nun abhängig von den Parametern s und q. Unter der Bedingung $s > q$ sinkt, unter der Bedingung $s < q$ steigt die Nachfrage der Amerikaner nach europäischen Gütern. Im Gesamteffekt steigt jedoch die Nachfrage nach europäischen Gütern, so dass auch die europäische Produktion und das Einkommen der Europäer steigen. Die amerikanische Produktion und das Einkommen der Amerikaner steigen dagegen stets aufgrund des Anstiegs der Nachfrage der Amerikaner und Europäer nach amerikanischen Gütern.

Ein numerisches Beispiel

Das Ausgangsgleichgewicht ist durch folgende Situation beschrieben: $\overline{I}_1$ beträgt 2.000 Einheiten. $\overline{I}_2$ beträgt 2.000 Einheiten. G_1 beträgt 2.000 Einheiten. G_2 beträgt 2.000 Einheiten. M_1 beträgt 4.000 Einheiten. M_2 beträgt 4.000 Einheiten. Der Steuersatz t beträgt 0,2. Die Modellparameter lauten $c = 0{,}6$ $s = 1 - c = 0{,}4$, $b = 0$, $q = 0{,}1$, $k = 0{,}5$ und $j = 200$. Y_1 beträgt 10.000 Einheiten. Y_2 beträgt 10.000 Einheiten. e beträgt 1. i beträgt 5. Betrachtet wird nun eine Zunahme der europäischen Staatskäufe um 20 Einheiten. Es zeigen sich folgende Ergebnisse:

Die europäische Produktion steigt um 25 Einheiten. Dieser Produktionsanstieg erklärt sich durch die zusätzlichen europäischen Staatskäufe in Höhe von 20 Einheiten, durch die gestiegenen Nachfrage der europäischen Haushalte nach europäischen Gütern in Höhe von 12,5 Einheiten sowie durch die gesunkene Nachfrage der amerikanischen Haushalte nach europäischen Gütern in Höhe von 7,5 Einheiten. Das Einkommen der Europäer steigt damit ebenfalls um 25 Einheiten. Die amerikanische Produktion steigt um 25 Einheiten. Dieser Produktionsanstieg erklärt sich durch die gestiegene Nachfrage der amerikanischen Haushalte nach amerikanischen Gütern in Höhe von 12,5 Einheiten sowie durch die gestiegene Nachfrage der europäischen Haushalte nach amerikanischen Gütern in Höhe von 12,5 Einheiten. Das Einkommen der Amerikaner steigt damit ebenfalls um 25 Einheiten. Der nominale Wechselkurs sinkt um 0,01.

Wirkungen auf Leistungs- und Kapitalbilanz

Abschließend werden die Wirkungen auf die europäische und amerikanische Leistungs- und Kapitalbilanz untersucht. Das totale Differential der Gleichungen (6.35) bis (6.38) lautet:

$$dH_1 = qdY_2 + qYde - qdY_1 \tag{6.65}$$

$$dH_2 = qdY_1 - qYde - qdY_2 \tag{6.66}$$

$$dF_1 = -dH_1 \tag{6.67}$$

$$dF_2 = -dH_2 \tag{6.68}$$

Unabhängig von der Annahme über die Zinsempfindlichkeit der Investitionen zeigen sich unter Verwendung der Einkommensreaktionen und der Reaktion des nominalen Wechselkurses folgende Ergebnisse:

$$-\frac{dH_1}{dG_1} = \frac{dH_2}{dG_1} = \frac{1}{2} \tag{6.69}$$

$$\frac{dF_1}{dG_1} = -\frac{dF_2}{dG_1} = \frac{1}{2} \tag{6.70}$$

Gemäß (6.69) führt eine Zunahme der europäischen Staatskäufe zu einem Leistungsbilanzdefizit in Europa und zu einem Leistungsbilanzüberschuss in Amerika. Gemäß (6.70) führt eine Zunahme der europäischen Staatskäufe zu einem Kapitalbilanzüberschuss in Europa und zu einem Kapitalbilanzdefizit in Amerika.

6.3 Analyse der Einkommensverteilung

6.3.1 Das Modell

Aufbauend auf der grundlegenden Analyse werden im folgenden Abschnitt die Wirkungen von wirtschaftspolitischen Schocks auf das Lohn- und Gewinneinkommen untersucht. Der Analyse der Einkommensverteilung liegen die folgenden Annahmen zugrunde: Das Einkommen der Europäer setzt sich zusammen aus dem Lohn- und Gewinneinkommen der europäischen Haushalte. Das Lohneinkommen der Europäer ergibt sich ausschließlich aus dem Einsatz des Produktionsfaktors Arbeit. Das Gewinneinkommen der Europäer ergibt sich ausschließlich aus den Gewinnen der europäischen Unternehmen, die vollständig an die europäischen Haushalte ausgeschüttet werden. Zur Vereinfachung der Argumentation wird der Produktionsfaktor Kapital dabei nicht explizit ausgewiesen. Die Gewinne der europäischen Unternehmen sind somit zu interpretieren als Gewinne vor Abzug der konstanten Zinskosten für die Nutzung des Produktionsfaktors Kapital. Die marginale Konsumneigung der europäischen Haushalte aus dem Lohneinkommen und aus dem Gewinneinkommen ist identisch. Analoge Annahmen werden auf die amerikanische Wirtschaft übertragen.

Die Grundlage der Preisbildung der europäischen und amerikanischen Unternehmen ist eine Zuschlagskalkulation. Für den Preis der europäischen Güter in Euro P_1 und den Preis der amerikanischen Güter in Dollar P_2 gilt:

$$P_1 = P_2 = aw(1+z) \tag{6.71}$$

Dabei bezeichnet a den Arbeitskoeffizienten. w bezeichnet den konstanten nominalen Lohnsatz. aw bezeichnet aus Sicht der europäischen Unternehmen die konstanten Lohnstückkosten in Euro und aus Sicht der amerikanischen Unternehmen die konstanten Lohnstückkosten in Dollar. z bezeichnet den konstanten Zuschlagssatz. Beide Länder sind mithin gekennzeichnet durch einen identischen Arbeitskoeffizienten, einer identischen Höhe des nominalen Lohnsatzes und durch einen identischen Zuschlagssatz. P_1 und P_2 sind demnach konstant.

Alle im Folgenden betrachteten Einkommensgrößen der Europäer sind zunächst ausgedrückt in Euro. Das Einkommen der Europäer setzt sich zusammen aus dem Lohn- und Gewinneinkommen der Europäer:

$$P_1Y_1 = \phi_1 + \pi_1 \tag{6.72}$$

Dabei bezeichnet P_1Y_1 das nominale Einkommen der Europäer. ϕ_1 bezeichnet das nominale Lohneinkommen der Europäer. π_1 bezeichnet die Gewinne der europäischen Unternehmen und damit das nominale Gewinneinkommen der Europäer.

Für das Lohneinkommen der Europäer gilt:

$$\phi_1 = awA_1 \tag{6.73}$$

A_1 bezeichnet nun die europäische Produktion. Die europäische Produktion wird bestimmt durch die Nachfrage nach europäischen Gütern, welche aus der grundlegenden Analyse bekannt ist. Gemäß (6.73) ist das Lohneinkommen der Europäer eine positive Funktion der europäischen Produktion. Eine Erhöhung der europäischen Produktion erfordert einen Anstieg der Arbeitsnachfrage in Europa und führt damit zu einer Erhöhung des Lohneinkommens der Europäer.

Für das Gewinneinkommen der Europäer gilt:

$$\pi_1 = E_1 - K_1 \tag{6.74}$$

E_1 bezeichnet die Erlöse aus der europäischen Produktion. K_1 bezeichnet die Kosten der europäischen Produktion. Für die Erlöse aus der europäischen Produktion gilt $E_1 = P_1A_1$. Der Term P_1A_1 bezeichnet dabei die Ausgaben für europäische Güter, ausgedrückt in Euro. Für die Kosten der europäischen Produktion gilt $K_1 = awA_1$. Die Kosten der europäischen Produktion sind demnach eine positive Funktion der europäischen Produktion. Damit ergibt sich für das Gewinneinkommen der Europäer:

$$\pi_1 = zawA_1 \tag{6.75}$$

Gemäß (6.75) ist das Gewinneinkommen der Europäer eine positive Funktion der europäischen Produktion. Eine Erhöhung der europäischen Produktion führt aufgrund der Zuschlagskalkulation zu einem Anstieg der Gewinne der europäischen Unternehmen, so dass das Gewinneinkommen der Europäer zunimmt.

Zur weiteren Analyse werden die realen Einkommensgrößen betrachtet. Diese ergeben sich durch Division von (6.73) sowie (6.75) mit $P_1 = aw(1+z)$:

$$\Phi_1 = mA_1 \tag{6.76}$$

$$\Pi_1 = (1-m)A_1 \tag{6.77}$$

Φ_1 bezeichnet das reale Lohneinkommen der Europäer. Π_1 bezeichnet das reale Gewinneinkommen der Europäer. Dabei ist $m = 1/(1+z)$. m kann als Produktionsempfindlichkeit des realen Lohneinkommens interpretiert werden. Es gilt $Y_1 = \Phi_1 + \Pi_1$. Daraus folgt $Y_1 = A_1$.

Die Einkommensverteilung in Europa wird ausgedrückt durch die Lohnquote in Europa LQ_1 respektive durch die Gewinnquote in Europa GQ_1. Es gilt dabei $1 = LQ_1 + GQ_1$. Die Lohnquote in Europa ist definiert durch $LQ_1 = \Phi_1 / Y_1$. Somit ergibt sich die Lohnquote in Europa durch:

$$LQ_1 = \frac{1}{1+z} \tag{6.78}$$

Die Gewinnquote in Europa ist definiert durch $GQ_1 = \Pi_1 / Y_1$. Somit ergibt sich die Gewinnquote in Europa durch:

$$GQ_1 = \frac{z}{1+z} \tag{6.79}$$

Die Höhe des Zuschlagssatzes bestimmt somit die Verteilung des Einkommens der Europäer auf das Lohn- und Gewinneinkommen der Europäer. Folglich sind die Lohnquote in Europa und die Gewinnquote in Europa konstant.

Alle im Folgenden betrachteten Einkommensgrößen der Amerikaner sind zunächst ausgedrückt in Dollar. Das Einkommen der Amerikaner setzt sich zusammen aus dem Lohn- und Gewinneinkommen der Amerikaner:

$$P_2Y_2 = \phi_2 + \pi_2 \tag{6.80}$$

Dabei bezeichnet P_2Y_2 das nominale Einkommen der Amerikaner. ϕ_2 bezeichnet das nominale Lohneinkommen der Amerikaner. π_2 bezeichnet die Gewinne der amerikanischen Unternehmen und damit das nominale Gewinneinkommen der Amerikaner.

Für das Lohneinkommen der Amerikaner gilt:

$$\phi_2 = awA_2 \tag{6.81}$$

A_2 bezeichnet nun die amerikanische Produktion. Gemäß (6.81) ist das Lohneinkommen der Amerikaner eine positive Funktion der amerikanischen Produktion. Die amerikanische Produktion wird bestimmt durch die Nachfrage nach amerikanischen Gütern, welche aus der grundlegenden Analyse bekannt ist.

Für das Gewinneinkommen der Amerikaner gilt:

$$\pi_2 = E_2 - K_2 \tag{6.82}$$

E_2 bezeichnet die Erlöse aus der amerikanischen Produktion. K_2 bezeichnet die Kosten der amerikanischen Produktion. Für die Erlöse aus der amerikanischen Produktion gilt $E_2 = P_2A_2$. Der Term P_2A_2 bezeichnet dabei die Ausgaben für amerikanische Güter, ausgedrückt in Dollar. Für die Kosten der amerikanischen Produktion gilt $K_2 = awA_2$. Die Kosten der amerikanischen Produktion sind demnach eine positive Funktion der amerikanischen Produktion. Damit ergibt sich für das Gewinneinkommen der Amerikaner:

$$\pi_2 = zawA_2 \tag{6.83}$$

Gemäß (6.83) ist das Gewinneinkommen der Amerikaner eine positive Funktion der amerikanischen Produktion.

Die realen Einkommensgrößen ergeben sich nun durch Division von (6.81) sowie (6.83) mit $P_2 = aw(1+z)$:

$$\Phi_2 = mA_2 \tag{6.84}$$

$$\Pi_2 = (1-m)A_2 \tag{6.85}$$

Φ_2 bezeichnet das reale Lohneinkommen der Amerikaner. Π_2 bezeichnet das reale Gewinneinkommen der Amerikaner. Es gilt $Y_2 = \Phi_2 + \Pi_2$. Daraus folgt $Y_2 = A_2$.

Die Einkommensverteilung in Amerika wird ausgedrückt durch die Lohnquote in Amerika LQ_2 respektive durch die Gewinnquote in Amerika GQ_2. Es gilt dabei $1 = LQ_2 + GQ_2$. Die Lohnquote in Amerika ist definiert durch

$LQ_2 = \Phi_2 / Y_2$. Die Gewinnquote in Amerika ist definiert durch $GQ_2 = \Pi_2 / Y_2$. Somit zeigt sich:

$$LQ_2 = \frac{1}{1+z} \tag{6.86}$$

$$GQ_2 = \frac{z}{1+z} \tag{6.87}$$

Die Höhe des Zuschlagssatzes bestimmt somit die Verteilung des Einkommens der Amerikaner auf Lohn- und Gewinneinkommen der Amerikaner. Folglich sind die Lohnquote in Amerika und die Gewinnquote in Amerika konstant.

Ein numerisches Beispiel

Das numerische Beispiel beschreibt die Ausgangssituation vor den in den folgenden Abschnitten betrachteten geld- und fiskalpolitischen Schocks. A_1 beträgt 10.000 Einheiten. A_2 beträgt 10.000 Einheiten. Es gilt $a = 1$, $w = 0,8$ und $z = 0,25$. m beträgt 0,8. Gemäß (6.76) beträgt das Lohneinkommen der Europäer 8.000 Einheiten. Gemäß (6.77) beträgt das Gewinneinkommen der Europäer 2.000 Einheiten. Das Einkommen der Europäer beträgt damit insgesamt 10.000 Einheiten. Gemäß (6.84) beträgt das Lohneinkommen der Amerikaner 8.000 Einheiten. Gemäß (6.85) beträgt das Gewinneinkommen der Amerikaner 2.000 Einheiten. Das Einkommen der Amerikaner beträgt damit insgesamt 10.000 Einheiten. Die Lohnquote in Europa und Amerika beträgt jeweils 0,8. Die Gewinnquote in Europa und Amerika beträgt jeweils 0,2.

Im weiteren Verlauf werden die Wirkungen von geld- und fiskalpolitischen Schocks auf das Lohn- und Gewinneinkommen der Europäer und Amerikaner untersucht. Geld- und fiskalpolitische Schocks in Europa wirken auf die Güterproduktion und induzieren dadurch Veränderungen des Lohn- und Gewinneinkommens. Zur Analyse wird das totale Differential der Gleichungen (6.76), (6.77), (6.84) und (6.85) gebildet:

$$d\Phi_1 = m dA_1 \tag{6.88}$$

$$d\Phi_2 = m dA_2 \tag{6.89}$$

$$d\Pi_1 = (1-m) dA_1 \tag{6.90}$$

$$d\Pi_2 = (1-m)dA_2 \tag{6.91}$$

6.3.2 Geldpolitik in Europa

Untersucht werden die Wirkungen einer Zunahme der europäischen Geldmenge auf das Lohn- und Gewinneinkommen der Europäer und Amerikaner. Dabei wird zur Vereinfachung der Argumentation von den zinsabhängigen Investitionen abgesehen. Die Wirkungen auf die europäische und amerikanische Produktion sind aus Kapitel 6.2.2 bekannt und werden zur Referenz wiederholt:

$$\frac{dA_1}{dM_1} = -\frac{dA_2}{dM_1} = \frac{1}{2k} \tag{6.92}$$

Unter Verwendung von (6.92) in (6.88) bis (6.91) zeigen sich nun folgende Ergebnisse. Für die Reaktion der Lohneinkommen ergibt sich:

$$\frac{d\Phi_1}{dM_1} = -\frac{d\Phi_2}{dM_1} = \frac{m}{2k} \tag{6.93}$$

Gemäß (6.93) führt eine Zunahme der europäischen Geldmenge zu einer Erhöhung des Lohneinkommens der Europäer. In gleicher Höhe sinkt das Lohneinkommen der Amerikaner. Für die Reaktion der Gewinneinkommen ergibt sich:

$$\frac{d\Pi_1}{dM_1} = -\frac{d\Pi_1}{dM_1} = \frac{1-m}{2k} \tag{6.94}$$

Gemäß (6.94) führt eine Zunahme der europäischen Geldmenge zu einer Erhöhung des Gewinneinkommens der Europäer. In gleicher Höhe sinkt das Gewinneinkommen der Amerikaner. Die Summe von (6.93) und (6.94) ergibt die bereits bekannten Einkommensmultiplikatoren $dY_1 / dM_1 = 1/2k$ und $-dY_2 / dM_1 = 1/2k$.

Ein numerisches Beispiel

Betrachtet wird eine Zunahme der europäischen Geldmenge um 40 Einheiten. Unter Verwendung von $m = 0{,}8$ und $k = 0{,}5$ zeigen sich folgende Ergebnisse: Die europäische Produktion steigt um 40 Einheiten. Die Erhöhung der europäischen Produktion führt zu einer Erhöhung des Lohneinkommens der Europäer um 32 Einheiten und zu einer Erhöhung des Gewinneinkommens der Europäer um 8 Einheiten. Das Einkommen der Europäer steigt damit um insgesamt 40 Einheiten. Die amerikanische Produktion sinkt um 40 Einheiten. Der Rückgang der amerikanischen Produktion führt zu einem Rückgang des Lohneinkommens der Amerikaner um 32 Einheiten und zu einem Rückgang des Gewinneinkommens der Amerikaner um 8 Einheiten. Das Einkommen der Amerikaner sinkt damit insgesamt um 40 Einheiten.

6.3.3 Fiskalpolitik in Europa

Untersucht werden die Wirkungen einer Zunahme der europäischen Staatskäufe auf das Lohn- und Gewinneinkommen der Europäer und Amerikaner. Dabei wird zur Vereinfachung der Argumentation von den zinsabhängigen Investitionen abgesehen. Die Wirkungen auf die europäische und amerikanische Produktion sind aus Kapitel 6.2.3 bekannt und werden zur Referenz wiederholt:

$$\frac{dA_1}{dG_1} = \frac{dA_2}{dG_1} = \frac{1}{2s} \tag{6.95}$$

Unter Verwendung von (6.95) in (6.88) bis (6.91) zeigen sich nun folgende Ergebnisse. Für die Reaktion der Lohneinkommen ergibt sich:

$$\frac{d\Phi_1}{dG_1} = \frac{d\Phi_2}{dG_2} = \frac{m}{2s} \tag{6.96}$$

Gemäß (6.96) führt eine Zunahme der europäischen Staatskäufe zu einer Erhöhung des Lohneinkommens der Europäer. In gleicher Höhe steigt das Lohneinkommen der Amerikaner. Für die Reaktion der Gewinneinkommen ergibt sich:

$$\frac{d\Pi_1}{dG_1} = \frac{d\Pi_2}{dG_2} = \frac{1-m}{2s} \tag{6.97}$$

Gemäß (6.97) führt eine Zunahme der europäischen Staatskäufe zu einer Erhöhung des Gewinneinkommens der Europäer. In gleicher Höhe steigt das Gewinneinkommen der Amerikaner. Die Summe von (6.96) und (6.97) ergibt die bereits bekannten Einkommensmultiplikatoren $dY_1 / dG_1 = 1/2s$ und $dY_2 / dG_1 = 1/2s$.

Ein numerisches Beispiel

Betrachtet wird eine Zunahme der europäischen Staatskäufe um 20 Einheiten. Unter Verwendung von $m = 0,8$ und $s = 1 - c = 0,4$ zeigen sich folgende

Ergebnisse: Die europäische Produktion steigt um 25 Einheiten. Die Erhöhung der europäischen Produktion führt zu einer Erhöhung des Lohneinkommens der Europäer um 20 Einheiten und zu einer Erhöhung des Gewinneinkommens der Europäer um 5 Einheiten. Das Einkommen der Europäer steigt damit um insgesamt 25 Einheiten. Die amerikanische Produktion steigt um 25 Einheiten. Die Erhöhung der amerikanischen Produktion führt zu einer Erhöhung des Lohneinkommens der Amerikaner um 20 Einheiten und zu einer Erhöhung des Gewinneinkommens der Amerikaner um 5 Einheiten. Das Einkommen der Amerikaner steigt damit um insgesamt 25 Einheiten.

Kapitel 7

Das Modell mit Pricing-to-Market

7.1 Einleitung

Das folgende Kapitel betrachtet ein Zwei-Länder-Modell bei flexiblem Wechselkurs und perfekter Kapitalmobilität. Der Betrachtungshorizont ist die kurze Frist. Die Welt besteht aus zwei großen Ländern. Das Land 1 wird als Europa bezeichnet. Das Land 2 wird als Amerika bezeichnet. Die europäischen Unternehmen produzieren ausschließlich europäische Güter, die von Europäern und Amerikanern nachgefragt werden. Die amerikanischen Unternehmen produzieren ausschließlich amerikanische Güter, die von Amerikanern und Europäern nachgefragt werden. Europäische und amerikanische Güter sind imperfekte Substitute. In beiden Ländern herrscht Unterbeschäftigung.

Betrachtet werden geld- und fiskalpolitische Schocks in Europa. Aus europäischer Sicht dienen geld- und fiskalpolitische Maßnahmen in Europa der Stabilisierung der europäischen Wirtschaft. Aus amerikanischer Sicht kann eine wirtschaftspolitische Maßnahme in Europa als ein externer Schock interpretiert werden. Zwei Fragen stehen somit im Mittelpunkt der folgenden Betrachtung: Wie wirken geld- und fiskalpolitische Maßnahmen in Europa auf die europäische Wirtschaft, wenn die europäischen Unternehmen eine Pricing-to-Market Strategie verfolgen? Und wie wirken externe Schocks auf die amerikanische Wirtschaft, wenn die amerikanischen Unternehmen eine Pricing-to-Market Strategie verfolgen.

Das Kapitel ist in drei Abschnitte unterteilt. Zunächst wird das Preissetzungsverhalten der Unternehmen genauer dargestellt. Anschließend werden in der grundlegenden Analyse geld- und fiskalpolitische Schocks in Europa hinsichtlich ihrer Wirkungen auf Produktion, Einkommen und Leistungsbilanz untersucht. Aufbauend auf der grundlegenden Analyse betrachtet die Analyse der Einkommensverteilung die Lohn- und Gewinneinkommenseffekte dieser Schocks, um zusätzliche Einblicke in den Transmissionsmechanismus zu gewinnen.

7.2 Preissetzungsverhalten

Die europäischen und amerikanischen Unternehmen verfolgen eine Pricing-to-Market Strategie. Die Voraussetzung für Pricing-to-Market ist ein segmentierter internationaler Gütermarkt. Es muss daher explizit zwischen dem Gütermarkt in Europa und dem Gütermarkt in Amerika unterschieden werden. Auf beiden Gütermärkten werden europäische und amerikanische Güter nachgefragt. Die Arbitragekosten zwischen beiden Gütermärkten sind prohibitiv hoch.

Aus der Annahme eines segmentierten internationalen Gütermarktes folgt, dass Re-Importe und Parallelimporte ausgeschlossen sind. Der Ausschluss von Re-Importen impliziert, dass die europäischen Güter von den Europäern ausschließlich auf dem Gütermarkt in Europa nachgefragt werden. Sie zahlen den Preis der europäischen Güter in Europa, ausgedrückt in Euro. Analog werden die amerikanischen Güter von den Amerikanern ausschließlich auf dem Gütermarkt in Amerika nachgefragt. Sie zahlen den Preis der amerikanischen Güter in Amerika, ausgedrückt in Dollar. Der Ausschluss von Parallelimporten impliziert, dass die europäischen Güter von den Amerikanern ausschließlich auf dem Gütermarkt in Amerika nachgefragt werden. Sie zahlen den Preis der europäischen Güter in Amerika, ausgedrückt in Dollar. Analog werden die amerikanischen Güter von den Europäern ausschließlich auf dem Gütermarkt in Europa nachgefragt. Sie zahlen den Preis der amerikanischen Güter in Europa, ausgedrückt in Euro.

Die Unternehmen beider Länder bestimmen den Güterpreis auf der Grundlage einer Zuschlagskalkulation. Die europäischen Unternehmen bestimmen den Preis der europäischen Güter durch einen marktspezifischen Zuschlag auf ihre Lohnstückkosten, wobei die Lohnkosten in Euro anfallen. Die amerikanischen Unternehmen bestimmen den Preis der amerikanischen Güter durch einen marktspezifischen Zuschlag auf ihre Lohnstückkosten, wobei die Lohnkosten in Dollar anfallen. Für den Preis der europäischen und amerikanischen Güter auf dem jeweiligen Heimatmarkt gilt:

$$P_1 = P_2 = aw(1+z) \tag{7.1}$$

Dabei bezeichnet P_1 den Preis der europäischen Güter in Europa, ausgedrückt in Euro. P_2 bezeichnet den Preis der amerikanischen Güter in Amerika, ausgedrückt in Dollar. a bezeichnet den Arbeitskoeffizienten. w bezeichnet den konstanten nominalen Lohnsatz. aw bezeichnet aus Sicht der europäischen Unternehmen die konstanten Lohnstückkosten der europäischen Güter in Euro und aus Sicht der amerikanischen Unternehmen die konstanten

Lohnstückkosten der amerikanischen Güter in Dollar. z bezeichnet den konstanten Zuschlagssatz auf dem jeweiligen Heimatmarkt. Beide Länder sind mithin gekennzeichnet durch einen identischen Arbeitskoeffizienten, einer identischen Höhe des nominalen Lohnsatzes und durch einen identischen Zuschlagssatz auf dem Heimatmarkt.

Zur Analyse des Preissetzungsverhaltens der europäischen Unternehmen auf dem Gütermarkt in Amerika und der amerikanischen Unternehmen auf dem Gütermarkt in Europa sind zwei Preise näher zu erläutern:

- $\overline{P}_1^X$ bezeichnet den Preis der europäischen Güter in Amerika, ausgedrückt in Dollar. Dies ist der Exportpreis der europäischen Güter in Dollar.
- $\overline{P}_2^X$ bezeichnet den Preis der amerikanischen Güter in Europa, ausgedrückt in Euro. Dies ist der Exportpreis der amerikanischen Güter in Euro.

Für den Preis der europäischen Güter in Amerika, ausgedrückt in Dollar, gilt:

$$\overline{P}_1^X = \frac{P_1}{\tilde{e}} \tag{7.2}$$

Für den Preis der amerikanischen Güter in Europa, ausgedrückt in Euro, gilt:

$$\overline{P}_2^X = \tilde{e} P_2 \tag{7.3}$$

Dabei bezeichnet $\tilde{e}$ den von den Unternehmen langfristig erwarteten nominalen Wechselkurs. Dieser ist definiert als der erwartete Preis des Dollars, ausgedrückt in Euro. $\tilde{e}$ ist kurzfristig konstant. Das Preissetzungsverhalten der Unternehmen auf ihrem jeweiligen Exportmarkt richtet sich am langfristig erwarteten nominalen Wechselkurs aus. Eine Änderung des nominalen Wechselkurses wird damit als temporär betrachtet und nicht auf den Exportpreis, ausgedrückt in der Währung des Importlandes, überwälzt. Beide Preise sind demnach konstant.

Zur Analyse der Auswirkungen dieses Preissetzungsverhaltens auf den Exportpreis, ausgedrückt in der Währung des Exportlandes, sind nun folgende Preise genauer zu erläutern:

- P_1^X bezeichnet den Preis der europäischen Güter in Amerika, ausgedrückt in Euro. Dies ist der Exportpreis der europäischen Güter in Euro.

- P_2^X bezeichnet den Preis der amerikanischen Güter in Europa, ausgedrückt in Dollar. Dies ist der Exportpreis der amerikanischen Güter in Dollar.

Für den Preis der europäischen Güter in Amerika, ausgedrückt in Euro, ergibt sich:

$$P_1^X = \frac{eP_1}{\tilde{e}} \tag{7.4}$$

Dabei bezeichnet e den nominalen Wechselkurs. Dieser ist definiert als der Preis des Dollars, ausgedrückt in Euro. Der Preis der europäischen Güter in Amerika, ausgedrückt in Euro, ist eine positive Funktion des nominalen Wechselkurses. Es gilt im Folgenden, dass der nominale Wechselkurs in der Ausgangssituation eins beträgt. Zur Vereinfachung wird im weiteren Verlauf des Kapitels der langfristig erwartete nominale Wechselkurs auf eins normiert. Es ergibt sich nun durch Einsetzen von (7.1) in (7.4):

$$P_1^X = aw(1+z_1) \tag{7.5}$$

wobei

$$z_1 = e(1+z)-1 \tag{7.6}$$

Dabei bezeichnet z_1 den Zuschlagssatz auf die Lohnstückkosten der europäischen Exporte.

Das Preissetzungsverhalten der europäischen Unternehmen lässt sich nun folgendermaßen verdeutlichen: In der Ausgangssituation beträgt der nominale Wechselkurs eins und liegt damit auf dem langfristig erwarteten Niveau. Der Zuschlagssatz, den die europäischen Unternehmen auf die Lohnstückkosten ihrer Exporte erheben, unterscheidet sich folglich nicht vom Zuschlagssatz auf die Lohnstückkosten der europäischen Güter in Europa. Demnach findet zunächst keine Preisdiskriminierung zwischen beiden Gütermärkten statt. Exemplarisch betrachtet sei nun eine nominale Aufwertung des Euros. Die europäischen Unternehmen erwarten, dass die Aufwertung des Euros nur temporär ist. Sie verringern daher den Zuschlagssatz auf die Lohnstückkosten der europäischen Exporte und halten dadurch den Preis der europäischen Güter in Amerika, ausgedrückt in Dollar, konstant. Die Verschlechterung der Wettbewerbsfähigkeit der europäischen Unternehmen auf dem Gütermarkt in Amerika führt durch die Reaktion des Zuschlagssatzes zu einem Rückgang des Preises der europäischen Güter in Amerika, ausgedrückt in Euro. Nach einer Aufwertung des Euros gilt demnach $z_1 < z$ und folglich $P_1^X < P_1$.

Für den Preis der amerikanischen Güter in Europa, ausgedrückt in Dollar, ergibt sich:

$$P_2^X = \frac{\tilde{e}P_2}{e} \tag{7.7}$$

Der Preis der amerikanischen Güter in Europa, ausgedrückt in Dollar, ist eine negative Funktion des nominalen Wechselkurses. Damit ergibt sich durch Einsetzen von (7.1) in (7.7):

$$P_2^X = aw(1 + z_2) \tag{7.8}$$

wobei

$$z_2 = \frac{1}{e}(1 + z) - 1 \tag{7.9}$$

Dabei bezeichnet z_2 den Zuschlagssatz auf die Lohnstückkosten der amerikanischen Exporte.

Das Preissetzungsverhalten der amerikanischen Unternehmen lässt sich folgendermaßen verdeutlichen: In der Ausgangssituation beträgt der nominale Wechselkurs eins und liegt damit auf dem langfristig erwarteten Niveau. Es gilt dann $z_2 = z$ und folglich $P_2^X = P_2$. Demnach findet zunächst keine Preisdiskriminierung zwischen beiden Gütermärkten statt. Exemplarisch betrachtet sei nun eine nominale Abwertung des Dollars. Die amerikanischen Unternehmen erwarten, dass die Abwertung des Dollars nur temporär ist. Sie erhöhen daher den Zuschlagssatz auf die Lohnstückkosten der amerikanischen Exporte und halten dadurch den Preis der amerikanischen Güter in Europa, ausgedrückt in Euro, konstant. Die Verbesserung der Wettbewerbsfähigkeit der amerikanischen Unternehmen auf dem Gütermarkt in Europa führt durch die Reaktion des Zuschlagssatzes zu einem Anstieg des Preises der amerikanischen Güter in Europa, ausgedrückt in Dollar. Nach einer Abwertung des Dollars gilt demnach $z_2 > z$ und folglich $P_2^X > P_2$.

7.3 Grundlegende Analyse

7.3.1 Das Modell

Betrachtet wird ein Zwei-Länder-Modell bei flexiblem Wechselkurs und perfekter Kapitalmobilität. In der Ausgangssituation haben die beiden Länder die gleiche Größe. Bei perfekter Kapitalmobilität gilt die Zinsparität zwischen europäischem Zins i_1 und amerikanischem Zins i_2. Der europäische und der amerikanische Zins determinieren den Weltmarktzins i. Es gilt demnach

$i = i_1 = i_2$. Das Preisniveau in Europa wird bestimmt durch den Preis der europäischen Güter in Europa, ausgedrückt in Euro. Das Preisniveau in Amerika wird bestimmt durch den Preis der amerikanischen Güter in Amerika, ausgedrückt in Dollar. Beide Preise sind konstant und werden auf eins normiert:

$$P_1 = P_2 = 1 \tag{7.10}$$

Die beiden Länder sind gekennzeichnet durch identische Verhaltensparameter sowie durch einen identischen Steuersatz. Es gilt:

$$c = c_1 = c_2 \tag{7.11}$$

$$b = b_1 = b_2 \tag{7.12}$$

$$q = q_1 = q_2 \tag{7.13}$$

$$k = k_1 = k_2 \tag{7.14}$$

$$j = j_1 = j_2 \tag{7.15}$$

c bezeichnet die marginale Konsumneigung aus dem Einkommen, wobei $0 < c < 1$. Es gilt $c = c_d(1-t)$, wobei c_d die marginale Konsumneigung aus dem verfügbaren Einkommen und t den Steuersatz bezeichnet. Dabei sind $0 < c_d < 1$ sowie $0 < t < 1$. b bezeichnet die Zinsempfindlichkeit der Investitionen, wobei $b > 0$. q bezeichnet die marginale Importneigung aus dem Einkommen, wobei $0 < q < 1$. Es gilt $q = q_d(1-t)$, wobei q_d die marginale Importneigung aus dem verfügbaren Einkommen bezeichnet. Dabei ist $0 < q_d < 1$. k bezeichnet die Einkommensempfindlichkeit der Geldnachfrage, wobei $k > 0$. j bezeichnet die Zinsempfindlichkeit der Geldnachfrage, wobei $j > 0$.

Zunächst wird die europäische Wirtschaft näher beschrieben. Aufgrund der Annahme, dass ein Arbitragehandel ausgeschlossen ist, fragen die Europäer europäische und amerikanische Güter ausschließlich auf dem Gütermarkt in Europa und die Amerikaner amerikanische und europäische Güter ausschließlich auf dem Gütermarkt in Amerika nach. Auf dem im Folgenden betrachteten europäischen Gütermarkt wird dagegen die Nachfrage der Europäer und Amerikaner nach europäischen Gütern bestimmt. Zur Analyse werden die folgenden fünf Verhaltensfunktionen zugrunde gelegt:

$$C_1 = \bar{C}_1 + cY_1 \tag{7.16}$$

$$I_1 = \bar{I}_1 - bi \tag{7.17}$$

$$G_1 = \text{const.} \tag{7.18}$$

$$X_1 = \bar{X}_1 + \frac{q\tilde{e}P_2Y_2}{P_1} \tag{7.19}$$

$$Q_1 = \bar{Q}_1 + qY_1 \tag{7.20}$$

Dabei bezeichnet C_1 den europäischen Konsum. $\bar{C}_1$ bezeichnet den autonomen europäischen Konsum. Y_1 bezeichnet das Einkommen der Europäer. I_1 bezeichnet die europäischen Investitionen. $\bar{I}_1$ bezeichnet die autonomen europäischen Investitionen. G_1 bezeichnet die europäischen Staatskäufe. X_1 bezeichnet den europäischen Export. Dieser stimmt mit der Nachfrage der Amerikaner nach europäischen Gütern überein. $\bar{X}_1$ bezeichnet den autonomen europäischen Export. Y_2 bezeichnet das Einkommen der Amerikaner. Q_1 bezeichnet den europäischen Import. $\bar{Q}_1$ bezeichnet den autonomen europäischen Import.

Gleichung (7.16) beschreibt die europäische Konsumfunktion. Der europäische Konsum richtet sich auf europäische und amerikanische Güter. Der europäische Konsum ist eine positive Funktion des Einkommens der Europäer. Gleichung (7.17) beschreibt die europäische Investitionsfunktion. Die europäischen Investitionen richten sich ausschließlich auf europäische Güter. Die europäischen Investitionen sind eine negative Funktion des Weltmarktzinses. Gleichung (7.18) beschreibt die europäische Staatsnachfragefunktion. Die europäischen Staatskäufe richten sich ausschließlich auf europäische Güter. Die europäischen Staatskäufe sind exogen gegeben.

Gleichung (7.19) beschreibt die europäische Exportfunktion. Der europäische Export ist eine positive Funktion des Einkommens der Amerikaner. Der nominale Wechselkurs hat dagegen keinen unmittelbaren Einfluss auf den europäischen Export. Eine Änderung des nominalen Wechselkurses wird nicht auf den Preis der europäischen Güter in Amerika, ausgedrückt in Dollar, überwälzt. Aus Sicht der Amerikaner bleibt der relative Preis zwischen europäischen und amerikanischen Gütern somit konstant. Damit bleibt auch die Nachfrage der Amerikaner nach europäischen Gütern und mithin der europäische Export unverändert. Gleichung (7.20) beschreibt die europäische Importfunktion. Der europäische Import richtet sich auf amerikanische Güter.

Der europäische Import ist eine positive Funktion des Einkommens der Europäer.

Die Nachfrage nach europäischen Gütern Z_1 setzt sich zusammen aus der Nachfrage der Europäer nach europäischen Gütern $C_1 + I_1 + G_1 - Q_1$ und der Nachfrage der Amerikaner nach europäischen Gütern X_1. Es gilt somit $Z_1 = C_1 + I_1 + G_1 + X_1 - Q_1$. Im europäischen Gütermarktgleichgewicht stimmen die Nachfrage nach europäischen Gütern und die europäische Produktion A_1 überein. Die Nachfrage nach europäischen Gütern bestimmt die europäische Produktion. Demnach gilt $A_1 = Z_1$. Daraus folgt:

$$A_1 = C_1 + I_1 + G_1 + X_1 - Q_1 \tag{7.21}$$

Unter Verwendung der Verhaltensfunktionen (7.16) bis (7.20) in (7.21) und Berücksichtigung von (7.10) lautet damit die Gütermarktgleichung:

$$A_1 = \overline{C}_1 + cY_1 + \overline{I}_1 - bi + G_1 + \overline{X}_1 + qY_2 - \overline{Q}_1 - qY_1 \tag{7.22}$$

Wodurch wird nun das Einkommen der Europäer bestimmt? Das Realeinkommen der Europäer ist Ausdruck der realen Gütermenge, die den Europäern für konsumtive und investive Verwendungen zur Verfügung steht. Bei Pricing-to-Market ist die ausschließliche Betrachtung der europäischen Produktion nicht mehr hinreichend, um die Realeinkommensposition der Europäer zu beschreiben. Zur weiteren Analyse ist es zweckmäßig, zunächst das nominale Einkommen der Europäer P_1Y_1 zu betrachten. Es gilt:

$$P_1Y_1 = P_1(C_1 + I_1 + G_1 - Q_1) + P_1^X X_1 \tag{7.23}$$

Dabei bezeichnet der Term $P_1(C_1 + I_1 + G_1 - Q_1)$ die Ausgaben der Europäer für europäische Güter, ausgedrückt in Euro. Der Term $P_1^X X_1$ bezeichnet die Ausgaben der Amerikaner für europäische Güter, ausgedrückt in Euro. Die Ausgaben für europäische Güter, ausgedrückt in Euro, bestimmen demnach das nominale Einkommen der Europäer. Die Division von (7.23) mit dem Preisniveau in Europa ergibt unter Berücksichtigung von (7.21) das reale Einkommen der Europäer Y_1:

$$Y_1 = A_1 - X_1 + \frac{P_1^X}{P_1} X_1 \tag{7.24}$$

Gemäß (7.24) wird das Einkommen der Europäer bestimmt durch die Nachfrage der Europäer nach europäischen Gütern $A_1 - X_1$, durch die Nachfrage der Amerikaner nach europäischen Gütern X_1 sowie durch den relativen Preis der europäischen Güter zwischen dem Gütermarkt in Amerika und dem Gütermarkt in Europa. Dieses Preisverhältnis zeigt den realen Wert einer exportierten europäischen Gütereinheit, das heißt den Wert einer exportierten europäischen Gütereinheit, ausgedrückt in europäischen Gütereinheiten. Unter Verwendung von (7.4), (7.10) und (7.19) in (7.24) ergibt sich nun:

$$Y_1 = A_1 - (1-e)(\overline{X}_1 + qY_2) \qquad (7.25)$$

Gemäß (7.25) ist das Einkommen der Europäer eine positive Funktion der europäischen Produktion und eine positive Funktion des nominalen Wechselkurses. Der Zusammenhang zwischen europäischer Produktion und Einkommen der Europäer wird im Folgenden als Produktionseffekt auf das Einkommen der Europäer bezeichnet. Der Zusammenhang zwischen nominalem Wechselkurs und Einkommen der Europäer wird dagegen im Folgenden als Exportpreiseffekt auf das Einkommen der Europäer bezeichnet.

Die Wirkung des Exportpreiseffektes auf das Einkommen der Europäer lässt sich folgendermaßen verdeutlichen: In der Ausgangssituation findet zunächst keine Preisdiskriminierung statt. Exemplarisch betrachtet sei nun eine nominale Aufwertung des Euros. Die europäischen Unternehmen halten trotz der Verschlechterung ihrer Wettbewerbsfähigkeit auf dem Gütermarkt in Amerika den Preis der europäischen Güter in Amerika, ausgedrückt in Dollar, konstant. Folglich bleiben die europäischen Exporte konstant. Dieses Preissetzungsverhalten erfordert jedoch einen Rückgang des Zuschlagssatzes auf die Lohnstückkosten der europäischen Exporte, so dass der Preis der europäischen Güter in Amerika, ausgedrückt in Euro, sinkt. Dadurch sinkt der relative Preis der europäischen Güter zwischen dem Gütermarkt in Amerika und dem Gütermarkt in Europa. Dieser Effekt verringert den realen Wert der europäischen Exporte und verringert damit das Einkommen der Europäer. Das Einkommen der Europäer ist somit nach einer Aufwertung des Euros geringer als die europäische Produktion. Dies impliziert, dass ein Teil der realen Güterverfügbarkeit aus der europäischen Produktion nach Amerika transferiert wird. Eine Aufwertung des Euros führt demnach bei Pricing-to-Market der europäischen Unternehmen zu einem Realeinkommenstransfer von Europa nach Amerika.

Dem europäischen Geldmarkt liegen die folgenden zwei Verhaltensfunktionen zugrunde:

$$L_1 = kY_1 - ji \qquad (7.26)$$

$$M_1 = \text{const.} \tag{7.27}$$

L_1 bezeichnet die europäische Geldnachfrage. M_1 bezeichnet die europäische Geldmenge. Gleichung (7.26) beschreibt die europäische Geldnachfragefunktion. Die europäische Geldnachfrage ist eine positive Funktion des Einkommens der Europäer und eine negative Funktion des Weltmarktzinses. Gleichung (7.27) beschreibt die europäische Geldangebotsfunktion. Die europäische Geldmenge wird von der europäischen Zentralbank fixiert. Im europäischen Geldmarktgleichgewicht stimmen das europäische Geldangebot und die europäische Geldnachfrage überein. Die Geldmarktgleichung lautet somit:

$$M_1 = kY_1 - ji \tag{7.28}$$

Abschließend wird der Devisenmarkt betrachtet. Die europäische Zahlungsbilanz erfasst den Devisenzufluss. Devisenzuflüsse ergeben sich durch Kapital- und Güterverkehr mit Amerika. Es gilt:

$$B_1 = F_1 + H_1 \tag{7.29}$$

B_1 bezeichnet den Zahlungsbilanzüberschuss in Europa, ausgedrückt in Euro. F_1 bezeichnet den Kapitalbilanzüberschuss in Europa, ausgedrückt in Euro. H_1 bezeichnet den Leistungsbilanzüberschuss in Europa, ausgedrückt in Euro.

Der Kapitalbilanzüberschuss in Europa ergibt sich aus einem positiven Saldo von Kapitalimporten aus Amerika und Kapitalexporten nach Amerika. Der Leistungsbilanzüberschuss in Europa ergibt sich aus einem positiven Saldo von europäischem Exportwert $P_1^X X_1$ und europäischem Importwert $P_1 Q_1$. Unter Verwendung der Verhaltensfunktionen (7.19) und (7.20) sowie Berücksichtigung von (7.4) und (7.10) zeigt sich für die Leistungsbilanz in Europa:

$$H_1 = \bar{X}_1 e + eqY_2 - \bar{Q}_1 - qY_1 \tag{7.30}$$

Bei flexiblem Wechselkurs wird der Devisenmarkt jederzeit geräumt. Es gilt somit $B_1 = 0$. Daraus folgt für die Devisenmarktgleichung:

$$0 = F_1 + H_1 \tag{7.31}$$

Die Betrachtung der amerikanischen Wirtschaft beginnt wiederum mit der Analyse des Gütermarktes. Auf dem im Folgenden betrachteten amerikanischen Gütermarkt wird die Nachfrage der Amerikaner und Europäer nach amerikanischen Gütern bestimmt. Zur Analyse des amerikanischen Gütermarktes werden die folgenden fünf Verhaltensfunktionen zugrunde gelegt:

$$C_2 = \overline{C}_2 + cY_2 \tag{7.32}$$

$$I_2 = \overline{I}_2 - bi \tag{7.33}$$

$$G_2 = \text{const.} \tag{7.34}$$

$$X_2 = \overline{X}_2 + \frac{qP_1Y_1}{\tilde{e}P_2} \tag{7.35}$$

$$Q_2 = \overline{Q}_2 + qY_2 \tag{7.36}$$

Dabei bezeichnet C_2 den amerikanischen Konsum. $\overline{C}_2$ bezeichnet den autonomen amerikanischen Konsum. I_2 bezeichnet die amerikanischen Investitionen. $\overline{I}_2$ bezeichnet die autonomen amerikanischen Investitionen. G_2 bezeichnet die amerikanischen Staatskäufe. X_2 bezeichnet den amerikanischen Export. Dieser stimmt mit der Nachfrage der Europäer nach amerikanischen Gütern überein. $\overline{X}_2$ bezeichnet den autonomen amerikanischen Export. Q_2 bezeichnet den amerikanischen Import. $\overline{Q}_2$ bezeichnet den autonomen amerikanischen Import.

Gleichung (7.32) beschreibt die amerikanische Konsumfunktion. Der amerikanische Konsum richtet sich auf amerikanische und europäische Güter. Der amerikanische Konsum ist eine positive Funktion des Einkommens der Amerikaner. Gleichung (7.33) beschreibt die amerikanische Investitionsfunktion. Die amerikanischen Investitionen richten sich ausschließlich auf amerikanische Güter. Die amerikanischen Investitionen sind eine negative Funktion des Weltmarktzinses. Gleichung (7.34) beschreibt die amerikanische Staatsnachfragefunktion. Die amerikanischen Staatskäufe richten sich ausschließlich auf amerikanische Güter. Die amerikanischen Staatskäufe sind exogen gegeben.

Gleichung (7.35) beschreibt die amerikanische Exportfunktion. Der amerikanische Export ist eine positive Funktion des Einkommens der Europäer. Der nominale Wechselkurs hat dagegen keinen unmittelbaren Einfluss auf den amerikanischen Export. Eine Änderung des nominalen Wechselkurses wird nicht auf den Preis der amerikanischen Güter in Europa, ausgedrückt in Euro, überwälzt. Aus Sicht der Europäer bleibt der relative Preis zwischen amerikanischen und europäischen Gütern somit unverändert. Damit bleibt auch die Nachfrage der Europäer nach amerikanischen Gütern und mithin der amerikanische Export unverändert. Gleichung (7.36) beschreibt die amerikanische Importfunktion. Der amerikanische Import richtet sich auf europäische Güter. Der amerikanische Import ist eine positive Funktion des Einkommens der Amerikaner.

Die Nachfrage nach amerikanischen Gütern Z_2 setzt sich zusammen aus der Nachfrage der Amerikaner nach amerikanischen Gütern $C_2 + I_2 + G_2 - Q_2$ und der Nachfrage der Europäer nach amerikanischen Gütern X_2. Es gilt somit $Z_2 = C_2 + I_2 + G_2 + X_2 - Q_2$. Im amerikanischen Gütermarktgleichgewicht stimmen die Nachfrage nach amerikanischen Gütern und die amerikanische Produktion überein. Die Nachfrage nach amerikanischen Gütern bestimmt die amerikanische Produktion A_2. Demnach gilt $A_2 = Z_2$. Daraus folgt:

$$A_2 = C_2 + I_2 + G_2 + X_2 - Q_2 \tag{7.37}$$

Unter Verwendung der Verhaltensfunktionen (7.32) bis (7.36) in (7.37) und Berücksichtigung von (7.10) lautet damit die Gütermarktgleichung:

$$A_2 = \overline{C}_2 + cY_2 + \overline{I}_2 - bi + G_2 + \overline{X}_2 + qY_1 - \overline{Q}_2 - qY_2 \tag{7.38}$$

Die Überlegungen zum Einkommen der Europäer können auf das Einkommen der Amerikaner übertragen werden. Für das nominale Einkommen der Amerikaner P_2Y_2 gilt:

$$P_2Y_2 = P_2(C_2 + I_2 + G_2 - Q_2) + P_2^X X_2 \tag{7.39}$$

Dabei bezeichnet der Term $P_2(C_2 + I_2 + G_2 - Q_2)$ die Ausgaben der Amerikaner für amerikanische Güter, ausgedrückt in Dollar. Der Term $P_2^X X_2$ bezeichnet die Ausgaben der Europäer für amerikanische Güter, ausgedrückt in Dollar. Die Division von (7.39) mit dem Preisniveau in Amerika ergibt unter Berücksichtigung von (7.37) das reale Einkommen der Amerikaner Y_2:

$$Y_2 = A_2 - X_2 + \frac{P_2^X}{P_2} X_2 \tag{7.40}$$

Gemäß (7.40) wird das Einkommen der Amerikaner bestimmt durch die Nachfrage der Amerikaner nach amerikanischen Gütern $A_2 - X_2$, durch die

Nachfrage der Europäer nach amerikanischen Gütern X_2 sowie durch den relativen Preis der amerikanischen Güter zwischen dem Gütermarkt in Europa und dem Gütermarkt in Amerika. Dieses Preisverhältnis zeigt den realen Wert einer exportierten amerikanischen Gütereinheit. Unter Verwendung von (7.7), (7.10) und (7.35) in (7.40) ergibt sich nun:

$$Y_2 = A_2 - (1 - \frac{1}{e})(\bar{X}_2 + qY_1) \tag{7.41}$$

Gemäß (7.41) ist das Einkommen der Amerikaner eine positive Funktion der amerikanischen Produktion und eine negative Funktion des nominalen Wechselkurses. Der Zusammenhang zwischen amerikanischer Produktion und Einkommen der Amerikaner wird im Folgenden als Produktionseffekt auf das Einkommen der Amerikaner bezeichnet. Der Zusammenhang zwischen nominalem Wechselkurs und Einkommen der Amerikaner wird dagegen im Folgenden als Exportpreiseffekt auf das Einkommen der Amerikaner bezeichnet.

Die Wirkung des Exportpreiseffektes auf das Einkommen der Amerikaner lässt sich folgendermaßen verdeutlichen: In der Ausgangssituation findet zunächst keine Preisdiskriminierung statt. Betrachtet sei nun eine nominale Abwertung des Dollars. Die amerikanischen Unternehmen halten trotz der Verbesserung ihrer Wettbewerbsfähigkeit auf dem Gütermarkt in Europa den Preis der amerikanischen Güter in Europa, ausgedrückt in Euro, konstant. Folglich bleiben die amerikanischen Exporte konstant. Dieses Preissetzungsverhalten führt jedoch zu einem Anstieg des Zuschlagssatzes auf die Lohnstückkosten der amerikanischen Exporte, so dass der Preis der amerikanischen Güter in Europa, ausgedrückt in Dollar, steigt. Dadurch steigt der relative Preis der amerikanischen Güter zwischen dem Gütermarkt in Europa und dem Gütermarkt in Amerika. Dieser Effekt erhöht den realen Wert der amerikanischen Exporte und erhöht damit das Einkommen der Amerikaner. Das Einkommen der Amerikaner ist somit nach einer Abwertung des Dollars größer als die amerikanische Produktion. Eine Abwertung des Dollars führt demnach bei Pricing-to-Market der amerikanischen Unternehmen zu einem Realeinkommenstransfer aus Europa nach Amerika.

Dem amerikanischen Geldmarkt liegen die folgenden zwei Verhaltensfunktionen zugrunde:

$$L_2 = kY_2 - ji \tag{7.42}$$

$$M_2 = \text{const.} \tag{7.43}$$

L_2 bezeichnet die amerikanische Geldnachfrage. M_2 bezeichnet die amerikanische Geldmenge. Gleichung (7.42) beschreibt die amerikanische Geldnachfragefunktion. Die amerikanische Geldnachfrage ist eine positive Funktion des Einkommens der Amerikaner und eine negative Funktion des Weltmarktzinses. Gleichung (7.43) beschreibt die amerikanische Geldangebotsfunktion. Die amerikanische Geldmenge wird von der amerikanischen Zentralbank fixiert. Im amerikanischen Geldmarktgleichgewicht stimmen das amerikanische Geldangebot und die amerikanische Geldnachfrage überein. Die Geldmarktgleichung lautet somit:

$$M_2 = kY_2 - ji \qquad (7.44)$$

Abschließend wird der Devisenmarkt betrachtet. Die amerikanische Zahlungsbilanz erfasst den Devisenzufluss. Devisenzuflüsse ergeben sich durch Kapital- und Güterverkehr mit Europa. Es gilt:

$$B_2 = F_2 + H_2 \qquad (7.45)$$

B_2 bezeichnet den Zahlungsbilanzüberschuss in Amerika, ausgedrückt in Dollar. F_2 bezeichnet den Kapitalbilanzüberschuss in Amerika, ausgedrückt in Dollar. H_2 bezeichnet den Leistungsbilanzüberschuss in Amerika, ausgedrückt in Dollar.

Der Kapitalbilanzüberschuss in Amerika ergibt sich aus einem positiven Saldo von Kapitalimporten aus Europa und Kapitalexporten nach Europa. Der Leistungsbilanzüberschuss in Amerika ergibt sich aus einem positiven Saldo von amerikanischem Exportwert $P_2^X X_2$ und amerikanischem Importwert $P_2 Q_2$. Unter Verwendung der Verhaltensfunktionen (7.35) und (7.36) sowie Berücksichtigung von (7.7) und (7.10) zeigt sich für die Leistungsbilanz in Amerika:

$$H_2 = \frac{\bar{X}_2}{e} + \frac{qY_1}{e} - \bar{Q}_2 - qY_2 \qquad (7.46)$$

Bei flexiblem Wechselkurs wird der Devisenmarkt jederzeit geräumt. Folglich gilt $B_1 = 0$. Daraus folgt für die Devisenmarktgleichung:

$$F_2 = -H_2 \qquad (7.47)$$

Das Gesamtmodell

Im Folgenden wird angenommen, dass in Europa und in Amerika der autonome Konsum, der autonome Export und der autonome Import jeweils null betragen. Das Gesamtmodell besteht aus einem System von sechs Gleichungen:

$$A_1 = cY_1 + \overline{I}_1 - bi + G_1 + qY_2 - qY_1 \tag{7.48}$$

$$A_2 = cY_2 + \overline{I}_2 - bi + G_2 + qY_1 - qY_2 \tag{7.49}$$

$$Y_1 = A_1 - (1-e)qY_2 \tag{7.50}$$

$$Y_2 = A_2 - \left(1 - \frac{1}{e}\right)qY_1 \tag{7.51}$$

$$M_1 = kY_1 - ji \tag{7.52}$$

$$M_2 = kY_2 - ji \tag{7.53}$$

Gleichung (7.48) beschreibt die europäische Produktion. Gleichung (7.49) beschreibt die amerikanische Produktion. Gleichung (7.50) beschreibt das Einkommen der Europäer. Gleichung (7.51) beschreibt das Einkommen der Amerikaner. Gleichung (7.52) beschreibt den europäischen Geldmarkt. Gleichung (7.53) beschreibt den amerikanischen Geldmarkt. Die endogenen Variablen lauten A_1, A_2, Y_1, Y_2, e und i.

Für die europäische und amerikanische Leistungs- und Kapitalbilanz gilt:

$$H_1 = eqY_2 - qY_1 \tag{7.54}$$

$$H_2 = \frac{qY_1}{e} - qY_2 \tag{7.55}$$

$$F_1 = -H_1 \tag{7.56}$$

$$F_2 = -H_2 \tag{7.57}$$

Gleichung (7.54) beschreibt die europäische Leistungsbilanz. Gleichung (7.55) beschreibt die amerikanische Leistungsbilanz. Gleichung (7.56) beschreibt die europäische Kapitalbilanz. Gleichung (7.57) beschreibt die amerikanische Kapitalbilanz.

7.3.2 Geldpolitik in Europa

Untersucht werden die Wirkungen einer Zunahme der europäischen Geldmenge. Der nominale Wechselkurs beträgt in der Ausgangssituation eins. Das totale Differential des Gleichungssystems (7.48) bis (7.53) lautet:

$$dA_1 = cdY_1 - bdi + qdY_2 - qdY_1 \tag{7.58}$$

$$dA_2 = cdY_2 - bdi + qdY_1 - qdY_2 \tag{7.59}$$

$$dY_1 = dA_1 + qYde \tag{7.60}$$

$$dY_2 = dA_2 - qYde \tag{7.61}$$

$$dM_1 = kdY_1 - jdi \tag{7.62}$$

$$0 = kdY_2 - jdi \tag{7.63}$$

Dabei bezeichnet Y das Einkommen der Europäer respektive das Einkommen der Amerikaner, das jeweils in der Ausgangssituation vorliegt. Durch Einsetzen von (7.58) in (7.60) und (7.59) in (7.61) und anschließender Addition der Gleichungen ergibt sich unter Berücksichtigung von $s = 1 - c$:

$$s(dY_1 + dY_2) = -2bdi \tag{7.64}$$

Unter Verwendung der Differenz von (7.62) und (7.63) sowie Verwendung von (7.62) in (7.64) ergibt sich:

$$\frac{dY_1}{dM_1} = \frac{2bk + js}{2k(bk + js)} \tag{7.65}$$

Gemäß (7.65) führt eine Zunahme der europäischen Geldmenge zu einer Erhöhung des Einkommens der Europäer. Unter Verwendung von (7.63) und (7.65) in (7.64) ergibt sich:

$$\frac{dY_2}{dM_1} = -\frac{js}{2k(bk + js)} \tag{7.66}$$

Gemäß (7.66) führt eine Zunahme der europäischen Geldmenge zu einem Rückgang des Einkommens der Amerikaner. Die Veränderung des Welteinkommens Y_W ergibt sich aus der Summe von (7.65) und (7.66):

$$\frac{dY_W}{dM_1} = \frac{b}{bk + js} \tag{7.67}$$

Gemäß (7.67) führt eine Zunahme der europäischen Geldmenge zu einer Erhöhung des Welteinkommens. Durch Einsetzen von (7.58) in (7.60) und (7.59) in (7.61) und anschließender Subtraktion der Gleichungen ergibt sich unter Verwendung von (7.65) und (7.66):

$$\frac{de}{dM_1} = \frac{s + 2q}{2kqY} \tag{7.68}$$

Gemäß (7.68) führt eine Zunahme der europäischen Geldmenge zu einer Abwertung des Euros. Unter Verwendung von (7.66) in (7.63) ergibt sich:

$$\frac{di}{dM_1} = -\frac{s}{2(bk + js)} \tag{7.69}$$

Gemäß (7.69) verringert eine Zunahme der europäischen Geldmenge den Weltmarktzins.

Für die Veränderung der europäischen Produktion ergibt sich unter Verwendung von (7.65) und (7.68) in (7.60):

$$\frac{dA_1}{dM_1} = \frac{2bk + js}{2k(bk + js)} - \frac{s + 2q}{2k} \tag{7.70}$$

Die Wirkungsrichtung einer Zunahme der europäischen Geldmenge auf die europäische Produktion ist nicht unmittelbar ersichtlich und wird nun genauer analysiert. Aus (7.70) ergibt sich eine Erhöhung der europäischen Produktion unter der Bedingung:

$$\frac{2bk + js}{2k(bk + js)} > \frac{s + 2q}{2k} \tag{7.71}$$

Durch Umformung von (7.71) ergibt sich:

$$\frac{2bk + js}{bk + js} > s + 2q \tag{7.72}$$

Zur Verdeutlichung und besseren Interpretation ist es nun zweckmäßig zu unterscheiden zwischen der marginalen Konsumneigung der Europäer c_1 und der marginalen Konsumneigung der Amerikaner c_2 sowie zwischen der marginalen Importneigung der Europäer q_1 und der marginalen Importneigung der Amerikaner q_2. Weiterhin muss jedoch die Gültigkeit der Identität der jeweiligen Verhaltensparameter beachtet werden.

Die marginale Konsumneigung der Europäer c_1 ist die Summe aus der marginalen Konsumneigung der Europäer in Bezug auf europäische Güter v_1 und der marginalen Importneigung der Europäer q_1, das heißt der marginalen

Konsumneigung der Europäer in Bezug auf amerikanische Güter. Es gilt somit $c_1 = v_1 + q_1$. Die marginale Konsumneigung der Amerikaner c_2 ist die Summe aus der marginalen Konsumneigung der Amerikaner in Bezug auf amerikanische Güter v_2 und der marginalen Importneigung der Amerikaner q_2, das heißt der marginalen Konsumneigung der Amerikaner in Bezug auf europäische Güter. Es gilt somit $c_2 = v_2 + q_2$. Folglich gilt auch $v = v_1 = v_2$. Der rechte Term der Gleichung (7.72) lässt sich unter Verwendung dieser Beziehungen umformen zu $1 - v_1 + q_2$. Dadurch ergibt sich aus Gleichung (7.72) nun der Ausdruck:

$$\frac{bk}{bk + js} > q_2 - v_1 \tag{7.73}$$

Eine Zunahme der europäischen Geldmenge führt unter der Bedingung (7.73) zu einer Erhöhung der europäischen Produktion und unter der Bedingung $bk / (bk + js) < q_2 - v_1$ zu einem Rückgang der europäischen Produktion. Die Interpretation der Bedingung (7.73) erfolgt im Rahmen der Darstellung der Anpassungsprozesse.

Für die Veränderung der amerikanischen Produktion ergibt sich unter Verwendung von (7.66) und (7.68) in (7.61):

$$\frac{dA_2}{dM_1} = -\frac{js}{2k(bk + js)} + \frac{s + 2q}{2k} \tag{7.74}$$

Die Wirkungsrichtung einer Zunahme der europäischen Geldmenge auf die amerikanische Produktion muss nun genauer analysiert werden. Aus (7.74) ergibt sich ein Rückgang der amerikanischen Produktion unter der Bedingung:

$$\frac{js}{2k(bk + js)} > \frac{s + 2q}{2k} \tag{7.75}$$

Durch Umformung von (7.75) ergibt sich:

$$\frac{js}{bk + js} > s + 2q \tag{7.76}$$

Der rechte Term der Gleichung (7.76) lässt sich umformen zu $1 - v_2 + q_1$. Dadurch ergibt sich aus Gleichung (7.76) der Ausdruck:

$$\frac{bk}{bk + js} < v_2 - q_1 \tag{7.77}$$

Eine Zunahme der europäischen Geldmenge führt unter der Bedingung (7.77) zu einem Rückgang der amerikanischen Produktion und unter der Bedingung

$bk / (bk + js) > v_2 - q_1$ zu einer Erhöhung der amerikanischen Produktion. Die Interpretation der Bedingung (7.77) erfolgt im Rahmen der Darstellung der Anpassungsprozesse.

Die Veränderung der Weltproduktion A_W ergibt sich schließlich aus der Summe von (7.70) und (7.74):

$$\frac{dA_W}{dM_1} = \frac{b}{bk + js} \tag{7.78}$$

Gemäß (7.78) führt eine Zunahme der europäischen Geldmenge zu einer Erhöhung der Weltproduktion.

Zur Vereinfachung der folgenden Darstellung der Anpassungsprozesse wird zunächst angenommen, dass die Zinsempfindlichkeit der Investitionen null beträgt. Mithin reagieren die europäischen und amerikanischen Investitionen nicht auf den Rückgang des Weltmarktzinses. Unter Verwendung von $s = 1 - c$ und $c = v + q$ sowie Berücksichtigung von $q = q_1 = q_2$ und $v = v_1 = v_2$ vereinfachen sich die geldpolitischen Multiplikatoren auf Produktion und Einkommen damit zu:

$$\frac{dY_1}{dM_1} = -\frac{dY_2}{dM_1} = \frac{1}{2k} \tag{7.79}$$

$$\frac{dA_1}{dM_1} = -\frac{dA_2}{dM_1} = \frac{v - q}{2k} \tag{7.80}$$

Gemäß (7.79) führt eine Zunahme der europäischen Geldmenge zu einer Erhöhung des Einkommens der Europäer. In gleicher Höhe sinkt das Einkommen der Amerikaner. Gemäß (7.80) führt eine Zunahme der europäischen Geldmenge unter der Bedingung $v > q$ zu einer Erhöhung der europäischen Produktion. In gleicher Höhe sinkt die amerikanische Produktion. Der Weltmarktzins sinkt stärker als durch Gleichung (7.69) ausgedrückt. Die Reaktion des nominalen Wechselkurses ist weiterhin durch Gleichung (7.68) beschrieben, wird jedoch umgeformt zu:

$$\frac{de}{dM_1} = \frac{1 - v + q}{2kqY} \tag{7.81}$$

Wie lassen sich nun die Produktions- und Einkommenswirkungen begründen? Eine Zunahme der europäischen Geldmenge führt zu einem Rückgang des europäischen Zinses. Da nun der europäische Zins temporär unter dem amerikanischen Zins liegt, fließt europäisches Kapital nach Amerika, so dass der Euro abwertet. Die europäischen Unternehmen halten jedoch den Preis der europäischen Güter in Amerika, ausgedrückt in Dollar, konstant. Der Preis der europäischen Güter in Amerika, ausgedrückt in Euro, steigt hingegen. Dieser Effekt erhöht den realen Wert der europäischen Exporte und erhöht damit das Einkommen der Europäer. Die Erhöhung des Einkommens der Europäer steigert den europäischen Konsum, so dass die Nachfrage der Europäer nach europäischen und amerikanischen Gütern steigt.

Die Abwertung des Euros impliziert eine Aufwertung des Dollars. Die amerikanischen Unternehmen halten jedoch den Preis der amerikanischen Güter in Europa, ausgedrückt in Euro, konstant. Der Preis der amerikanischen Güter in Europa, ausgedrückt in Dollar, sinkt hingegen. Dieser Effekt verringert den realen Wert der amerikanischen Exporte und verringert damit das Einkommen der Amerikaner. Der Rückgang des Einkommens der Amerikaner verringert den amerikanischen Konsum, so dass die Nachfrage der Amerikaner nach amerikanischen und europäischen Gütern sinkt.

Auf die europäische Produktion wirken insgesamt folgende Effekte: Der Anstieg der Nachfrage der Europäer nach europäischen Gütern erhöht die europäische Produktion um $vdM_1 / 2k$. Der Rückgang der Nachfrage der Amerikaner nach europäischen Gütern verringert die europäische Produktion um $qdM_1 / 2k$. Die Wirkungsrichtung einer Zunahme der europäischen Geldmenge auf die europäische Produktion ist somit abhängig davon, ob die marginale Konsumneigung der Europäer in Bezug auf europäische Güter v größer oder kleiner ist als die marginale Importneigung der Amerikaner q. Es können damit drei Fälle unterschieden werden:

Im Fall $v > q$ steigt die europäische Produktion. Es wirken hier sowohl der Produktionseffekt als auch der Exportpreiseffekt expansiv auf das Einkommen der Europäer. Im Fall $v = q$ ergibt sich keine Veränderung der europäischen Produktion. Ausschließlich der Exportpreiseffekt führt zu einer Erhöhung des Einkommens der Europäer. Im Fall $v < q$ sinkt die europäische Produktion. Damit wirkt der Produktionseffekt kontraktiv auf das Einkommen der Europäer. Dieser Effekt wird jedoch durch den expansiv wirkenden Exportpreiseffekt überkompensiert, so dass das Einkommen der Europäer im Saldo beider Effekte steigt. Das Ausmaß des Einkommensanstiegs der Europäer ist unabhängig von der Höhe der Verhaltensparameter v und q. Eine Zunahme der europäischen Geldmenge führt demnach bei Pricing-to-Market der europäischen Unternehmen zu einem Realeinkommenstransfer aus Amerika nach Europa.

Analoge Überlegungen können auf Amerika angewendet werden. Der Rückgang der Nachfrage der Amerikaner nach amerikanischen Gütern verringert die amerikanische Produktion. Der Anstieg der Nachfrage der Europäer nach amerikanischen Gütern erhöht die amerikanische Produktion. Die Wirkungsrichtung einer Zunahme der europäischen Geldmenge auf die amerikanische Produktion ist somit abhängig davon, ob die marginale Konsumneigung der Amerikaner in Bezug auf amerikanische Güter v größer oder kleiner ist als die marginale Importneigung der Europäer q.

Im Fall $v > q$ sinkt die amerikanische Produktion. Es wirken hier sowohl der Produktionseffekt als auch der Exportpreiseffekt kontraktiv auf das Einkommen der Amerikaner. Im Fall $v = q$ ergibt sich keine Veränderung der amerikanischen Produktion. Ausschließlich der Exportpreiseffekt führt zu einem Rückgang des Einkommens der Amerikaner. Im Fall $v < q$ steigt die amerikanische Produktion. Damit wirkt der Produktionseffekt expansiv auf das Einkommen der Amerikaner. Dieser Effekt wirkt jedoch durch den kontraktiv wirkenden Exportpreiseffekt überkompensiert, so dass das Einkommen der Amerikaner im Saldo beider Effekte sinkt. Das Ausmaß des Einkommensrückgangs der Amerikaner ist unabhängig von der Höhe der Verhaltensparameter v und q. Eine Zunahme der europäischen Geldmenge führt demnach bei Pricing-to-Market der amerikanischen Unternehmen zu einem Realeinkommenstransfer von Amerika nach Europa.

Numerische Beispiele

Das Ausgangsgleichgewicht ist durch folgende Situation beschrieben: $\overline{I}_1$ beträgt 2.000 Einheiten. $\overline{I}_2$ beträgt 2.000 Einheiten. G_1 beträgt 2.000 Einheiten. G_2 beträgt 2.000 Einheiten. M_1 beträgt 4.000 Einheiten. M_2 beträgt 4.000 Einheiten. Der Steuersatz t beträgt 0,2. Die Modellparameter betragen $c = 0{,}6$, $s = 1 - c = 0{,}4$, $b = 0$, $k = 0{,}5$ und $j = 200$. Gemäß (7.48) bis (7.53) ergeben sich daraus folgende Werte: A_1 beträgt 10.000 Einheiten. A_2 beträgt 10.000 Einheiten. Y_1 beträgt 10.000 Einheiten. Y_2 beträgt 10.000 Einheiten. e beträgt 1. i beträgt 5. Betrachtet wird nun eine Zunahme der europäischen Geldmenge um 40 Einheiten. Es zeigen sich folgende Ergebnisse:

Betrachtet sei zunächst der Fall mit $v = 0{,}5$ und $q = 0{,}1$. Die europäische Produktion steigt um 16 Einheiten. Der Euro wertet um 0,024 ab, so dass der Preis der europäischen Güter in Amerika um 0,024 Euro steigt. Der Produktionseffekt erhöht das Einkommen der Europäer um $(v - q)dM_1 / 2k = 16$ Einheiten. Der Exportpreiseffekt erhöht das Einkommen der Europäer um $(1 - v + q)dM_1 / 2k = 24$ Einheiten. Das Einkommen der Europäer steigt damit um insgesamt 40 Einheiten. Die amerikanische Produktion sinkt um 16 Einheiten. Der Dollar wertet um 0,024 auf, so dass der Preis der amerikanischen Güter in Europa um 0,024 Dollar sinkt. Der Produktionseffekt verringert das Einkommen der Amerikaner um 16 Einheiten Der Exportpreiseffekt verringert das Einkommen der Amerikaner um 24 Einheiten. Das Einkommen der Amerikaner sinkt damit um insgesamt 40 Einheiten. Tabelle 7.1 fasst die Ergebnisse für Europa und Amerika zusammen.

Tabelle 7.1
Wirkungen einer Zunahme der europäischen Geldmenge (v=0,5; q=0,1)

	Europa	**Amerika**
Produktion	16	– 16
Exportpreis	0,024 €	– 0,024 $
Produktionseffekt	16	– 16
Exportpreiseffekt	24	– 24
Einkommen	**40**	**– 40**

Betrachtet sei nun der Fall mit $v = 0{,}3$ und $q = 0{,}3$. Die europäische Produktion bleibt unverändert. Der Euro wertet um 0,013 ab, so dass der Preis der europäischen Güter in Amerika um 0,013 Euro steigt. Dieser Anstieg ist folglich geringer als im Fall einer niedrigeren marginalen Importquote. Dennoch ist der Exportpreiseffekt auf das Einkommen der Europäer hier stärker, da der Effekt auf eine höhere europäische Exportmenge wirkt. Der Anstieg des Einkommens der Europäer wird nun ausschließlich durch den Exportpreiseffekt erklärt. Analoge Überlegungen können auf Amerika angewendet werden. Die amerikanische Produktion bleibt unverändert. Der Dollar wertet um 0,013 auf, so dass der Preis der amerikanischen Güter in Europa um 0,013 Dollar sinkt. Der Rückgang des Einkommens der Amerikaner wird ausschließlich durch den Exportpreiseffekt erklärt. Tabelle 7.2 fasst die Ergebnisse für Europa und Amerika zusammen.

Tabelle 7.2
Wirkungen einer Zunahme der europäischen Geldmenge (v=0,3; q=0,3)

	Europa	**Amerika**
Produktion	0	0
Exportpreis	0,013 €	– 0,013 $
Produktionseffekt	0	0
Exportpreiseffekt	40	– 40
Einkommen	**40**	**– 40**

Berücksichtigt man eine Zinsabhängigkeit der Investitionen, so führt der Rückgang des Weltmarktzinses zu einer Erhöhung der europäischen und amerikanischen Investitionen. Aus den obigen Überlegungen lassen sich nun die Bedingungen (7.73) und (7.77) genauer interpretieren. Eine Zunahme der europäischen Geldmenge führt unter der Bedingung $v_1 \geq q_2$ zu einer Erhöhung der europäischen Produktion, da die Nachfrage der Haushalte nach europäischen Gütern unverändert bleibt oder steigt und die europäischen Investitionen steigen. Gilt dagegen $v_1 < q_2$, so ist die Reaktion der europäischen Produktion abhängig davon, ob der Anstieg der europäischen Investitionen den Rückgang der Nachfrage der Haushalte nach europäischen Gütern kompensieren kann. Eine Zunahme der europäischen Geldmenge führt unter der Bedingung $q_1 \geq v_2$ zu einer Erhöhung der amerikanischen Produktion, da die Nachfrage der Haushalte nach amerikanischen Gütern unverändert bleibt oder steigt und die amerikanischen Investitionen steigen. Gilt dagegen $q_1 < v_2$, so ist die Reaktion der amerikanischen Produktion abhängig davon, ob der Anstieg der amerikanischen Investitionen den Rückgang der Nachfrage der Haushalte nach amerikanischen Gütern kompensieren kann.

Wirkungen auf Leistungs- und Kapitalbilanz

Abschließend werden die Wirkungen auf die europäische und amerikanische Leistungs- und Kapitalbilanz analysiert. Das totale Differential der Gleichungen (7.54) bis (7.57) lautet:

$$dH_1 = qdY_2 + qYde - qdY_1 \tag{7.82}$$

$$dH_2 = qdY_1 - qYde - qdY_2 \tag{7.83}$$

$$dF_1 = -dH_1 \tag{7.84}$$

$$dF_2 = -dH_2 \tag{7.85}$$

Unabhängig von der Annahme über die Zinsempfindlichkeit der Investitionen zeigen sich unter Verwendung der Einkommensreaktionen und der Reaktion des nominalen Wechselkurses folgende Ergebnisse:

$$\frac{dH_1}{dM_1} = -\frac{dH_2}{dM_1} = \frac{s}{2k} \tag{7.86}$$

$$-\frac{dF_1}{dM_1} = \frac{dF_2}{dM_1} = \frac{s}{2k} \tag{7.87}$$

Gemäß (7.86) führt eine Zunahme der europäischen Geldmenge zu einem Leistungsbilanzüberschuss in Europa und zu einem Leistungsbilanzdefizit in Amerika. Gemäß (7.87) führt eine Zunahme der europäischen Geldmenge zu einem Kapitalbilanzdefizit in Europa und zu einem Kapitalbilanzüberschuss in Amerika.

7.3.3 Fiskalpolitik in Europa

Untersucht werden die Wirkungen einer Zunahme der europäischen Staatskäufe. Der nominale Wechselkurs beträgt in der Ausgangssituation eins. Das totale Differential des Gleichungssystems (7.48) bis (7.53) lautet:

$$dA_1 = cdY_1 - bdi + dG_1 + qdY_2 - qdY_1 \tag{7.88}$$

$$dA_2 = cdY_2 - bdi + qdY_1 - qdY_2 \tag{7.89}$$

$$dY_1 = dA_1 + qYde \tag{7.90}$$

$$dY_2 = dA_2 - qYde \tag{7.91}$$

$$0 = kdY_1 - jdi \tag{7.92}$$

$$0 = kdY_2 - jdi \tag{7.93}$$

Aus (7.92) und (7.93) folgt unmittelbar:

$$dY_1 = dY_2 \tag{7.94}$$

Durch Einsetzen von (7.90) in (7.88) sowie (7.91) in (7.89) und anschließender Addition der Gleichungen ergibt sich unter Verwendung von (7.92) und (7.94) sowie Berücksichtigung von $s = 1 - c$:

$$\frac{dY_1}{dG_1} = \frac{dY_2}{dG_1} = \frac{j}{2(bk + js)} \tag{7.95}$$

Gemäß (7.95) führt eine Zunahme der europäischen Staatskäufe zu einer Erhöhung des Einkommens der Europäer. In gleicher Höhe steigt das Einkommen der Amerikaner. Für das Welteinkommen folgt daraus:

$$\frac{dY_W}{dG_1} = \frac{j}{bk + js} \tag{7.96}$$

Gemäß (7.96) führt eine Zunahme der europäischen Staatskäufe zu einer Erhöhung des Welteinkommens. Durch Einsetzen von (7.90) in (7.88) sowie (7.91) in (7.89) und anschließender Subtrahierung der Gleichungen ergibt sich unter Verwendung von (7.94):

$$\frac{de}{dG_1} = -\frac{1}{2qY} \tag{7.97}$$

Gemäß (7.97) führt eine Zunahme der europäischen Staatskäufe zu einer Aufwertung des Euros. Unter Verwendung von (7.95) in (7.92) ergibt sich:

$$\frac{di}{dG_1} = \frac{k}{2(bk + js)} \tag{7.98}$$

Gemäß (7.98) erhöht eine Zunahme der europäischen Staatskäufe den Weltmarktzins.

Unter Verwendung von (7.95) und (7.97) in (7.90) ergibt sich:

$$\frac{dA_1}{dG_1} = \frac{j(1 + s) + bk}{2(bk + js)} \tag{7.99}$$

Gemäß (7.99) führt eine Zunahme der europäischen Staatskäufe zu einer Erhöhung der europäischen Produktion. Unter Verwendung von (7.95) und (7.97) in (7.91) ergibt sich:

$$\frac{dA_2}{dG_1} = \frac{j(1 - s) - bk}{2(bk + js)} \tag{7.100}$$

Gemäß (7.100) führt eine Zunahme der europäischen Staatskäufe unter der Bedingung $c > bk / j$ zu einer Erhöhung der amerikanischen Produktion und unter der Bedingung $c < bk / j$ zu einem Rückgang der amerikanischen Produktion. Die Summe aus (7.99) und (7.100) ergibt:

$$\frac{dA_W}{dG_1} = \frac{j}{bk + js} \tag{7.101}$$

Gemäß (7.101) führt eine Zunahme der europäischen Staatskäufe zu einer Erhöhung der Weltproduktion.

Zur Vereinfachung der folgenden Darstellung der Anpassungsprozesse wird wiederum angenommen, dass die Zinsempfindlichkeit der Investitionen null beträgt. Die fiskalpolitischen Multiplikatoren auf Produktion und Einkommen vereinfachen sich damit zu:

$$\frac{dY_1}{dG_1} = \frac{dY_2}{dG_1} = \frac{1}{2s} \tag{7.102}$$

$$\frac{dA_1}{dG_1} = \frac{1+s}{2s} \tag{7.103}$$

$$\frac{dA_2}{dG_1} = \frac{1-s}{2s} \tag{7.104}$$

Gemäß (7.102) führt eine Zunahme der europäischen Staatskäufe zu einer Erhöhung des Einkommens der Europäer. In gleicher Höhe steigt das Einkommen der Amerikaner. Gemäß (7.103) und (7.104) steigen sowohl die europäische als auch die amerikanische Produktion. Im Vergleich ist jedoch der expansive Effekt auf die europäische Produktion stärker. Der Weltmarktzins steigt stärker als durch Gleichung (7.98) ausgedrückt. Die Reaktion des nominalen Wechselkurses ist weiterhin durch Gleichung (7.97) beschrieben.

Die Produktions- und Einkommenswirkungen lassen sich folgendermaßen erklären: Eine Zunahme der europäischen Staatskäufe führt unmittelbar zu einer Erhöhung der europäischen Produktion und damit im ersten Schritt zu einer Erhöhung des Einkommens der Europäer in Höhe der zusätzlichen europäischen Staatskäufe. Die europäische Geldnachfrage steigt. Dies führt zu einer Erhöhung des europäischen Zinses. Da nun der europäische Zins temporär über dem amerikanischen Zins liegt, fließt amerikanisches Kapital nach Europa, so dass der Euro aufwertet. Die europäischen Unternehmen halten jedoch den Preis der europäischen Güter in Amerika, ausgedrückt in Dollar, konstant. Der Preis der europäischen Güter in Amerika, ausgedrückt in Euro, sinkt hingegen. Dieser Effekt verringert den realen Wert der europäischen Exporte um die Hälfte der zusätzlichen europäischen Staatskäufe und verringert damit das Einkommen der Europäer. Dieser Rückgang des Einkommens der Europäer wirkt der ursprünglichen Erhöhung des Einkommens der Europäer somit nur partiell entgegen, so dass das Einkommen der Europäer insgesamt steigt. Die Erhöhung des Einkommens der Europäer steigert den europäischen Konsum, so dass die Nachfrage der Europäer nach europäischen und amerikanischen Gütern steigt.

Die Aufwertung des Euros impliziert eine Abwertung des Dollars. Die amerikanischen Unternehmen halten jedoch den Preis der amerikanischen Güter in Europa, ausgedrückt in Euro, konstant. Der Preis der amerikanischen Güter in Europa, ausgedrückt in Dollar, steigt hingegen. Dieser Effekt erhöht den realen Wert der amerikanischen Exporte und erhöht damit das Einkommen der Amerikaner. Die Erhöhung des Einkommens der Amerikaner steigert den amerikanischen Konsum, so dass die Nachfrage der Amerikaner nach amerikanischen und europäischen Gütern steigt.

Die europäische Produktion steigt somit insgesamt aufgrund des Anstiegs der Nachfrage der Europäer und Amerikaner nach europäischen Gütern. Auf das Einkommen der Europäer wirken damit insgesamt zwei Effekte: Das Einkommen der Europäer steigt aufgrund des Produktionseffektes, sinkt jedoch aufgrund des Exportpreiseffektes. Zwar steigt insgesamt das Einkommen der Europäer, die Erhöhung des Einkommens der Europäer ist jedoch geringer als die Erhöhung der europäischen Produktion. Eine Zunahme der europäischen Staatskäufe führt demnach bei Pricing-to-Market der europäischen Unternehmen zu einem Realeinkommentransfer von Europa nach Amerika.

Die amerikanische Produktion steigt insgesamt aufgrund des Anstiegs der Nachfrage der Amerikaner und Europäer nach amerikanischen Gütern. Auf das Einkommen der Amerikaner wirken damit insgesamt zwei Effekte: Das Einkommen der Amerikaner steigt sowohl aufgrund des Produktionseffektes als auch aufgrund des Exportpreiseffektes. Die Erhöhung des Einkommens der Amerikaner ist dadurch größer als die Erhöhung der amerikanischen Produktion. Eine Zunahme der europäischen Staatskäufe führt demnach bei Pricing-to-Market der amerikanischen Unternehmen zu einem Realeinkommenstransfer aus Europa nach Amerika.

Ein numerisches Beispiel

Das Ausgangsgleichgewicht ist durch folgende Situation beschrieben: $\overline{I}_1$ beträgt 2.000 Einheiten. $\overline{I}_2$ beträgt 2.000 Einheiten. G_1 beträgt 2.000 Einheiten. G_2 beträgt 2.000 Einheiten. M_1 beträgt 4.000 Einheiten. M_2 beträgt 4.000 Einheiten. Der Steuersatz t beträgt 0,2. Die Modellparameter lauten

$c = 0{,}6$ $s = 1 - c = 0{,}4$, $b = 0$, $q = 0{,}1$, $k = 0{,}5$ und $j = 200$. A_1 beträgt 10.000 Einheiten. A_2 beträgt 10.000 Einheiten. Y_1 beträgt 10.000 Einheiten. Y_2 beträgt 10.000 Einheiten. e beträgt 1. i beträgt 5. Betrachtet wird eine Zunahme der europäischen Staatskäufe um 20 Einheiten. Es zeigen sich folgende Ergebnisse:

Die europäische Produktion steigt um 35 Einheiten. Dieser Produktionsanstieg erklärt sich durch die zusätzlichen europäischen Staatskäufe in Höhe von 20 Einheiten, durch die gestiegenen Nachfrage der europäischen Haushalte nach europäischen Gütern in Höhe von 12,5 Einheiten sowie durch die gestiegene Nachfrage der amerikanischen Haushalte nach europäischen Gütern in Höhe von 2,5 Einheiten. Der Euro wertet um 0,01 auf, so dass der Preis der europäischen Güter in Amerika um 0,01 Euro sinkt. Der Produktionseffekt erhöht das Einkommen der Europäer um $(1+s)dG_1 / 2s = 35$ Einheiten. Der Exportpreiseffekt verringert das Einkommen der Europäer um $dG_1 / 2 = 10$ Einheiten. Das Einkommen der Europäer steigt damit um insgesamt 25 Einheiten.

Die amerikanische Produktion steigt um 15 Einheiten. Dieser Produktionsanstieg erklärt sich durch die gestiegene Nachfrage der amerikanischen Haushalte nach amerikanischen Gütern in Höhe von 12,5 Einheiten sowie durch die gestiegene Nachfrage der europäischen Haushalte nach amerikanischen Gütern in Höhe von 2,5 Einheiten. Der Dollar wertet um 0,01 ab, so dass der Preis der amerikanischen Güter in Europa um 0,01 Dollar steigt. Der Produktionseffekt erhöht das Einkommen der Amerikaner um $(1-s)dG_1 / 2s = 15$ Einheiten. Der Exportpreiseffekt erhöht das Einkommen der Amerikaner um $dG_1 / 2 = 10$ Einheiten. Das Einkommen der Amerikaner steigt damit um insgesamt 25 Einheiten. Tabelle 7.3 fasst die Ergebnisse für Europa und Amerika zusammen.

Tabelle 7.3
Wirkungen einer Zunahme der europäischen Staatskäufe

	Europa	Amerika
Produktion	35	15
Exportpreis	– 0,01 €	0,01 $
Produktionseffekt	35	15
Exportpreiseffekt	– 10	10
Einkommen	**25**	**25**

Berücksichtigt man eine Zinsabhängigkeit der Investitionen, so führt die Erhöhung des Weltmarktzinses zu einem Rückgang der Investitionen in Europa und Amerika und damit zu einem kontraktiven Effekt auf die europäische und amerikanische Produktion. Genauer betrachtet sei nun der Gesamteffekt einer Zunahme der europäischen Staatskäufe auf die amerikanische Produktion. Es gilt für die Veränderung der amerikanischen Investitionen $dI_2 / dG_1 = -bk / (2bk + 2js)$. Mit zunehmender Zinsempfindlichkeit der Investitionen zeigt sich, dass die amerikanischen Investitionen maximal in Höhe der Hälfte der zusätzlichen europäischen Staatskäufe verdrängt werden. Die amerikanische Produktion steigt somit infolge einer Zunahme der europäischen Staatskäufe nur dann, wenn der Multiplikatoreffekt groß genug ist, um den gegenläufigen Effekt des Rückgangs der zinsabhängigen Investitionen zu kompensieren.

Wirkungen auf Leistungs- und Kapitalbilanz

Abschließend werden die Wirkungen auf die europäische und amerikanische Leistungs- und Kapitalbilanz analysiert. Das totale Differential der Gleichungen (7.54) bis (7.57) lautet:

$$dH_1 = qdY_2 + qYde - qdY_1 \tag{7.105}$$

$$dH_2 = qdY_1 - qYde - qdY_2 \tag{7.106}$$

$$dF_1 = -dH_1 \tag{7.107}$$

$$dF_2 = -dH_2 \tag{7.108}$$

Unabhängig von der Annahme über die Zinsempfindlichkeit der Investitionen zeigen sich unter Verwendung der Einkommensreaktionen und der Reaktion des nominalen Wechselkurses folgende Ergebnisse:

$$-\frac{dH_1}{dG_1} = \frac{dH_2}{dG_1} = \frac{1}{2} \tag{7.109}$$

$$\frac{dF_1}{dG_1} = -\frac{dF_2}{dG_1} = \frac{1}{2} \tag{7.110}$$

Gemäß (7.109) führt eine Zunahme der europäischen Staatskäufe zu einem Leistungsbilanzdefizit im Europa und zu einem Leistungsbilanzüberschuss in Amerika. Gemäß (7.110) führt eine Zunahme der europäischen Staatskäufe zu einem Kapitalbilanzüberschuss in Europa und zu einem Kapitalbilanzdefizit in Amerika.

7.4 Analyse der Einkommensverteilung

7.4.1 Das Modell

Aufbauend auf der grundlegenden Analyse werden im folgenden Abschnitt die Wirkungen von wirtschaftspolitischen Schocks auf das Lohn- und Gewinneinkommen untersucht. Der Analyse der Einkommensverteilung liegen die folgenden Annahmen zugrunde: Das Einkommen der Europäer setzt sich zusammen aus dem Lohn- und Gewinneinkommen der europäischen Haushalte. Das Lohneinkommen der Europäer ergibt sich ausschließlich aus dem Einsatz des Produktionsfaktors Arbeit. Das Gewinneinkommen der Europäer ergibt sich ausschließlich aus den Gewinnen der europäischen Unternehmen, die vollständig an die europäischen Haushalte ausgeschüttet werden. Zur Vereinfachung der Argumentation wird der Produktionsfaktor Kapital dabei nicht explizit ausgewiesen. Die Gewinne der europäischen Unternehmen sind somit zu interpretieren als Gewinne vor Abzug der konstanten Zinskosten für die Nutzung des Produktionsfaktors Kapital. Die marginale Konsumneigung der europäischen Haushalte aus dem Lohneinkommen und aus dem Gewinneinkommen ist identisch. Analoge Annahmen werden auf die amerikanische Wirtschaft übertragen.

Das Preissetzungsverhalten der europäischen und amerikanischen Unternehmen auf ihrem Heimatmarkt wird zur Referenz wiederholt:

$$P_1 = P_2 = aw(1+z) \tag{7.111}$$

P_1 und P_2 sind demnach konstant.

Das Preissetzungsverhalten der europäischen Unternehmen auf dem Gütermarkt in Amerika wird zur Referenz wiederholt. Die europäischen Unternehmen verfolgen eine Pricing-to-Market Strategie. Der Preis der europäischen Güter in Amerika, ausgedrückt in Dollar, ist damit konstant. Für den Preis der europäischen Güter in Amerika, ausgedrückt in Euro, folgt daraus:

$$P_1^X = aw(1+z_1) \tag{7.112}$$

wobei

$$z_1 = e(1+z)-1 \tag{7.113}$$

Der Preis der europäischen Güter in Amerika, ausgedrückt in Euro, ist demnach eine positive Funktion des nominalen Wechselkurses.

Alle im Folgenden betrachteten Einkommensgrößen der Europäer sind zunächst ausgedrückt in Euro. Das Einkommen der Europäer setzt sich zusammen aus dem Lohneinkommen der Europäer und dem Gewinneinkommen der Europäer:

$$P_1Y_1 = \phi_1 + \pi_1 \tag{7.114}$$

Dabei bezeichnet P_1Y_1 das nominale Einkommen der Europäer. ϕ_1 bezeichnet das nominale Lohneinkommen der Europäer. π_1 bezeichnet die Gewinne der europäischen Unternehmen und damit das nominale Gewinneinkommen der Europäer.

Für das Lohneinkommen der Europäer gilt:

$$\phi_1 = awA_1 \tag{7.115}$$

Gemäß (7.115) ist das Lohneinkommen der Europäer eine positive Funktion der europäischen Produktion. Die europäische Produktion wird bestimmt durch die Nachfrage nach europäischen Gütern, welche aus der grundlegenden Analyse bekannt ist. Eine Erhöhung der europäischen Produktion erfordert einen Anstieg der Arbeitsnachfrage in Europa und führt damit zu einer Erhöhung des Lohneinkommens der Europäer. Dieser Zusammenhang wird im Folgenden als Produktionseffekt auf das Lohneinkommen der Europäer bezeichnet.

Für das Gewinneinkommen der Europäer gilt:

$$\pi_1 = E_1 - K_1 \tag{7.116}$$

E_1 bezeichnet die Erlöse aus der europäischen Produktion. K_1 bezeichnet die Kosten der europäischen Produktion. Für die Erlöse aus der europäischen Produktion gilt $E_1 = P_1(A_1 - X_1) + P_1^X X_1$. Der Term $P_1(A_1 - X_1)$ bezeichnet dabei die Ausgaben der Europäer für europäische Güter, ausgedrückt in Euro. Der Term $P_1^X X_1$ bezeichnet die Ausgaben der Amerikaner für europäische Güter, ausgedrückt in Euro. Für die Kosten der europäischen Produktion gilt $K_1 = awA_1$. Die Kosten der europäischen Produktion sind demnach eine positive Funktion der europäischen Produktion. Damit ergibt sich für das Gewinneinkommen der Europäer:

$$\pi_1 = zawA_1 - P_1(1-e)X_1 \tag{7.117}$$

Gemäß (7.117) ist das Gewinneinkommen der Europäer eine positive Funktion der europäischen Produktion und eine positive Funktion des nominalen Wechselkurses. Der Zusammenhang zwischen europäischer Produktion und Gewinneinkommen der Europäer wird im Folgenden als Produktionseffekt auf das Gewinneinkommen der Europäer bezeichnet. Eine Erhöhung der europäischen Produktion führt aufgrund der Zuschlagskalkulation zu einem Anstieg der Gewinne der europäischen Unternehmen, so dass das Gewinneinkommen der Europäer zunimmt. Der Zusammenhang zwischen nominalem Wechselkurs und Gewinneinkommen der Europäer wird dagegen im Folgenden als Exportpreiseffekt auf das Gewinneinkommen der Europäer bezeichnet.

Die Wirkung des Exportpreiseffektes auf das Gewinneinkommen der Europäer lässt sich folgendermaßen verdeutlichen: Exemplarisch betrachtet sei eine nominale Aufwertung des Euros. Die europäischen Unternehmen halten den Preis der europäischen Güter in Amerika, ausgedrückt in Dollar, konstant. Folglich bleiben die europäischen Exporte konstant. Dieses Preissetzungsverhalten führt jedoch zu einem Rückgang des Zuschlagssatzes auf die Lohnstückkosten der europäischen Exporte, so dass der Preis der europäischen Güter in Amerika, ausgedrückt in Euro, sinkt. Dadurch sinken bei unveränderten Kosten der europäischen Produktion die Erlöse aus der europäischen Produktion, so dass die Gewinne der europäischen Unternehmen und damit das Gewinneinkommen der Europäer in gleicher Höhe sinken.

Zur weiteren Analyse werden die realen Einkommensgrößen betrachtet. Diese ergeben sich durch Division von (7.115) sowie (7.117) mit $P_1 = aw(1+z)$. Unter Berücksichtigung von $X_1 = qY_2$ zeigt sich:

$$\Phi_1 = mA_1 \qquad (7.118)$$

$$\Pi_1 = (1-m)A_1 - (1-e)qY_2 \qquad (7.119)$$

Φ_1 bezeichnet das reale Lohneinkommen der Europäer. Π_1 bezeichnet das reale Gewinneinkommen der Europäer. Dabei ist $m = 1/(1+z)$. m kann als Produktionsempfindlichkeit des realen Lohneinkommens interpretiert werden. Es gilt $Y_1 = \Phi_1 + \Pi_1$. Die aus der grundlegenden Analyse bekannte Gleichung für das Einkommen der Europäer lautet damit $Y_1 = A_1 - (1-e)qY_2$.

Die Einkommensverteilung in Europa wird ausgedrückt durch die Lohnquote in Europa LQ_1 respektive durch die Gewinnquote in Europa GQ_1. Es gilt dabei $1 = LQ_1 + GQ_1$. Die Lohnquote in Europa ist definiert durch $LQ_1 = \Phi_1 / Y_1$. Somit ergibt sich die Lohnquote in Europa durch:

$$LQ_1 = \frac{A_1}{(1+z)Y_1} \qquad (7.120)$$

Die Gewinnquote in Europa ist definiert durch $GQ_1 = \Pi_1 / Y_1$. Somit ergibt sich die Gewinnquote in Europa durch:

$$GQ_1 = 1 - \frac{A_1}{(1+z)Y_1} \qquad (7.121)$$

Wodurch wird nun die Einkommensverteilung bestimmt? Ein Anstieg der europäischen Produktion erhöht das Lohn- und Gewinneinkommen der Europäer, so dass das Einkommen der Europäer steigt. Die Einkommensverteilung bleibt in diesem Fall unverändert. Der Exportpreiseffekt wirkt dagegen ausschließlich auf das Gewinneinkommen und begründet dadurch sowohl eine wechselkursinduzierte Einkommensumverteilung als auch den Realeinkommenseffekt. Dies lässt sich folgendermaßen verdeutlichen: Eine Aufwertung des Euros verringert nur den Zuschlagssatz auf die Lohnstückkosten der europäischen Exporte, so dass ausschließlich der Preis der europäischen Güter in Amerika, ausgedrückt in Euro, sinkt. Dadurch sinkt der relative Preis der europäischen Güter zwischen dem Gütermarkt in Amerika und dem Gütermarkt in Europa in Höhe des Rückgangs des nominalen Wechselkurses. Dieser Effekt verringert den realen Wert der europäischen Exporte. In gleicher Höhe sinken damit das Gewinneinkommen der Europäer und das Einkommen der Europäer, ohne dass das Lohneinkommen der Europäer verringert wird. Eine Aufwertung des Euros führt folglich zu einem Anstieg der Lohnquote in Europa. Mithin sinkt die Gewinnquote in Europa.

Die Überlegungen zur Einkommensverteilung lassen sich analog auf die amerikanische Wirtschaft übertragen. Das Preissetzungsverhalten der amerikanischen Unternehmen auf dem Gütermarkt in Europa wird zur Referenz wiederholt. Die amerikanischen Unternehmen verfolgen eine Pricing-to-Market Strategie. Der Preis der amerikanischen Güter in Europa, ausgedrückt in Euro, ist damit konstant. Für den Preis der amerikanischen Güter in Europa, ausgedrückt in Dollar, folgt daraus:

$$P_2^X = aw(1+z_2) \qquad (7.122)$$

wobei

$$z_2 = \frac{1}{e}(1+z) - 1 \qquad (7.123)$$

Der Preis der amerikanischen Güter in Europa, ausgedrückt in Dollar, ist demnach eine negative Funktion des nominalen Wechselkurses.

Alle im Folgenden betrachteten Einkommensgrößen der Amerikaner sind zunächst ausgedrückt in Dollar. Das Einkommen der Amerikaner setzt sich zusammen aus dem Lohneinkommen der Amerikaner und dem Gewinneinkommen der Amerikaner:

$$P_2Y_2 = \phi_2 + \pi_2 \qquad (7.124)$$

Dabei bezeichnet P_2Y_2 das nominale Einkommen der Amerikaner. ϕ_2 bezeichnet das nominale Lohneinkommen der Amerikaner. π_2 bezeichnet die Gewinne der amerikanischen Unternehmen und damit das nominale Gewinneinkommen der Amerikaner.

Für das Lohneinkommen der Amerikaner gilt:

$$\phi_2 = awA_2 \qquad (7.125)$$

Gemäß (7.125) ist das Lohneinkommen der Amerikaner eine positive Funktion der amerikanischen Produktion. Dieser Zusammenhang wird im Folgenden als Produktionseffekt auf das Lohneinkommen der Amerikaner bezeichnet. Die amerikanische Produktion wird dabei bestimmt durch die Nachfrage nach amerikanischen Gütern, welche aus der grundlegenden Analyse bekannt ist.

Für das Gewinneinkommen der Amerikaner gilt:

$$\pi_2 = E_2 - K_2 \qquad (7.126)$$

E_2 bezeichnet die Erlöse aus der amerikanischen Produktion. K_2 bezeichnet die Kosten der amerikanischen Produktion. Für die Erlöse aus der amerikanischen Produktion gilt $E_2 = P_2(A_2 - X_2) + P_2^X X_2$. Der Term $P_2(A_2 - X_2)$ bezeichnet dabei die Ausgaben der Amerikaner für amerikanische Güter, ausgedrückt in Dollar. Der Term $P_2^X X_2$ bezeichnet die Ausgaben der Europäer für amerikanische Güter, ausgedrückt in Dollar. Für die Kosten der amerikanischen Produktion gilt $K_2 = awA_2$. Die Kosten der amerikanischen Produktion sind demnach eine positive Funktion der amerikanischen Produktion. Damit ergibt sich für das Gewinneinkommen der Amerikaner:

$$\pi_2 = zawA_2 - P_2(1 - \frac{1}{e})X_2 \tag{7.127}$$

Gemäß (7.127) ist das Gewinneinkommen der Amerikaner eine positive Funktion der amerikanischen Produktion und eine negative Funktion des nominalen Wechselkurses. Der Zusammenhang zwischen amerikanischer Produktion und Gewinneinkommen der Amerikaner wird im Folgenden als Produktionseffekt auf das Gewinneinkommen der Amerikaner bezeichnet. Der Zusammenhang zwischen nominalem Wechselkurs und Gewinneinkommen der Amerikaner wird dagegen im Folgenden als Exportpreiseffekt auf das Gewinneinkommen der Amerikaner bezeichnet.

Die realen Einkommensgrößen ergeben sich nun durch Division von (7.125) sowie (7.127) mit $P_2 = aw(1+z)$. Unter Berücksichtigung von $X_2 = qY_1$ zeigt sich:

$$\Phi_2 = mA_2 \tag{7.128}$$

$$\Pi_2 = (1-m)A_2 - (1 - \frac{1}{e})qY_1 \tag{7.129}$$

Φ_2 bezeichnet das reale Lohneinkommen der Amerikaner Π_2 bezeichnet das reale Gewinneinkommen der Amerikaner. Es gilt $Y_2 = \Phi_2 + \Pi_2$. Die aus der grundlegenden Analyse bekannte Gleichung für das Einkommen der Amerikaner lautet damit $Y_2 = A_2 - (1 - 1/e)qY_1$.

Die Einkommensverteilung in Amerika wird ausgedrückt durch die Lohnquote in Amerika LQ_2 respektive durch die Gewinnquote in Amerika GQ_2. Es gilt dabei $1 = LQ_2 + GQ_2$. Die Lohnquote in Amerika ist definiert durch $LQ_2 = \Phi_2 / Y_2$. Die Gewinnquote in Amerika ist definiert durch $GQ_2 = \Pi_2 / Y_2$. Somit zeigt sich:

$$LQ_2 = \frac{A_2}{(1+z)Y_2} \tag{7.130}$$

$$GQ_2 = 1 - \frac{A_2}{(1+z)Y_2} \tag{7.131}$$

Eine Abwertung des Dollars führt demnach zu einem Rückgang der Lohnquote in Amerika. Mithin steigt die Gewinnquote in Amerika.

Ein numerisches Beispiel

Das numerische Beispiel beschreibt die Ausgangssituation vor den in den folgenden Abschnitten betrachteten geld- und fiskalpolitischen Schocks. A_1 beträgt 10.000 Einheiten. A_2 beträgt 10.000 Einheiten. Es gilt $a = 1$, $w = 0,8$ und $z = 0,25$, so dass $P_1 = P_2 = 1$. m beträgt 0,8. e beträgt 1 und liegt auf dem langfristig erwarteten Niveau. Folglich gilt $P_1^X = P_2^X = 1$. Gemäß (7.118) beträgt das Lohneinkommen der Europäer 8.000 Einheiten. Gemäß (7.128) beträgt das Lohneinkommen der Amerikaner 8.000 Einheiten. Gemäß (7.119) beträgt das Gewinneinkommen der Europäer 2.000 Einheiten. Gemäß (7.129) beträgt das Gewinneinkommen der Amerikaner 2.000 Einheiten. Das Einkommen der Europäer und Amerikaner beträgt damit jeweils 10.000 Einheiten. Die Lohnquote in Europa und Amerika beträgt jeweils 0,8. Die Gewinnquote in Europa und Amerika beträgt jeweils 0,2.

Im weiteren Verlauf werden die Wirkungen von geld- und fiskalpolitischen Schocks in Europa auf das Lohn- und Gewinneinkommen der Europäer und Amerikaner untersucht. Geld- und fiskalpolitische Schocks in Europa wirken auf die Güterproduktion und den nominalen Wechselkurs und induzieren dadurch Veränderungen der Lohn- und Gewinneinkommen. In der Ausgangssituation beträgt der nominale Wechselkurs eins. Zur Analyse wird das totale Differential der Gleichungen (7.118), (7.119), (7.128) und (7.129) gebildet:

$$d\Phi_1 = m dA_1 \tag{7.132}$$

$$d\Phi_2 = m dA_2 \tag{7.133}$$

$$d\Pi_1 = (1-m) dA_1 + qY de \tag{7.134}$$

$$d\Pi_2 = (1-m) dA_2 - qY de \tag{7.135}$$

7.4.2 Geldpolitik in Europa

Untersucht werden die Wirkungen einer Zunahme der europäischen Geldmenge auf das Lohn- und Gewinneinkommen der Europäer und Amerikaner. Dabei wird zur Vereinfachung der Argumentation von den zinsabhängigen Investitionen abgesehen. Die Wirkungen auf die europäische und amerikanische Produktion sowie auf den nominalen Wechselkurs sind aus Kapitel 7.3.2 bekannt und werden zur Referenz wiederholt:[22]

$$\frac{dA_1}{dM_1} = -\frac{dA_2}{dM_1} = \frac{v-q}{2k} \tag{7.136}$$

$$\frac{de}{dM_1} = \frac{1-v+q}{2kqY} \tag{7.137}$$

Unter Verwendung von (7.136) in (7.132) und (7.133) ergibt sich für die Reaktion der Lohneinkommen:

$$\frac{d\Phi_1}{dM_1} = -\frac{d\Phi_2}{dM_1} = \frac{m(v-q)}{2k} \tag{7.138}$$

Gemäß (7.138) ist die Wirkungsrichtung einer Zunahme der europäischen Geldmenge auf die Lohneinkommen abhängig von der Höhe der Parameter v und q. Unter Verwendung von (7.136) und (7.137) in (7.134) und (7.135) ergibt sich für die Veränderung der Gewinneinkommen:

$$\frac{d\Pi_1}{dM_1} = -\frac{d\Pi_2}{dM_1} = \frac{1-m(v-q)}{2k} \tag{7.139}$$

Gemäß (7.139) führt eine Zunahme der europäischen Geldmenge zu einer Erhöhung des Gewinneinkommens der Europäer. In gleicher Höhe sinkt das Gewinneinkommen der Amerikaner. Die Summe von (7.138) und (7.139) ergibt die bereits bekannten Einkommensmultiplikatoren $dY_1 / dM_1 = 1/2k$ und $-dY_2 / dM_1 = 1/2k$.

Die Wirkungsrichtung einer Zunahme der europäischen Geldmenge auf die europäische Produktion ist abhängig von den Parametern v und q, jedoch steigt infolge der Abwertung des Euros stets der Preis der europäischen Güter

[22] Für den geldpolitischen Multiplikator der europäischen Produktion ist v als marginale Konsumneigung der europäischen Haushalte in Bezug auf europäische Güter und q als marginale Importneigung der Amerikaner zu interpretieren. Dagegen ist für den geldpolitischen Multiplikator der amerikanischen Produktion v als marginale Konsumneigung der amerikanischen Haushalte in Bezug auf amerikanische Güter und q als marginale Importneigung der Europäer zu interpretieren.

in Amerika, ausgedrückt in Euro. Zur Analyse der Gesamtwirkungen dieser beiden Effekte auf das Lohn- und Gewinneinkommen der Europäer wird zwischen drei Fällen unterschieden:

Im Fall $v > q$ steigt die europäische Produktion, so dass das Lohneinkommen der Europäer steigt. Das Gewinneinkommen der Europäer steigt hier sowohl aufgrund des Produktionseffektes als auch aufgrund des Exportpreiseffektes. Das Einkommen der Europäer steigt somit aufgrund der Erhöhung des Lohn- und Gewinneinkommens der Europäer. Im Fall $v = q$ ergibt sich keine Veränderung der europäischen Produktion. Das Lohneinkommen der Europäer bleibt mithin unverändert. Das Gewinneinkommen der Europäer steigt nur aufgrund des Exportpreiseffektes. Das Einkommen der Europäer steigt somit ausschließlich aufgrund der Erhöhung des Gewinneinkommens der Europäer. Im Fall $v < q$ sinkt die europäische Produktion, so dass auch das Lohneinkommen der Europäer sinkt. Das Gewinneinkommen der Europäer sinkt hier aufgrund des Produktionseffektes, steigt jedoch aufgrund des Exportpreiseffektes. Insgesamt steigt das Gewinneinkommen der Europäer. Das Einkommen der Europäer steigt in diesem Fall trotz des Rückgangs des Lohneinkommens der Europäer. In allen drei Fällen sinkt die Lohnquote in Europa. Mithin steigt die Gewinnquote in Europa.

Analoge Überlegungen können auf Amerika übertragen werden. Die Wirkungsrichtung einer Zunahme der europäischen Geldmenge auf die amerikanische Produktion ist abhängig von den Parametern v und q, jedoch sinkt infolge der Aufwertung des Dollars stets der Preis der amerikanischen Güter in Europa, ausgedrückt in Dollar. Es können drei Fälle unterschieden werden:

Im Fall $v > q$ sinkt die amerikanische Produktion, so dass das Lohneinkommen der Amerikaner sinkt. Das Gewinneinkommen der Amerikaner sinkt hier sowohl aufgrund des Produktionseffektes als auch aufgrund des Exportpreiseffektes. Das Einkommen der Amerikaner sinkt somit aufgrund des Rückgangs des Lohn- und Gewinneinkommens der Amerikaner. Im Fall $v = q$ ergibt sich keine Veränderung der amerikanischen Produktion. Das Lohneinkommen der Amerikaner bleibt mithin unverändert. Das Gewinneinkommen der Amerikaner sinkt nur aufgrund des Exportpreiseffektes. Das Einkommen der Amerikaner sinkt somit ausschließlich aufgrund des Rückgangs des Gewinneinkommens der Amerikaner. Im Fall $v < q$ steigt die amerikanische Produktion, so dass auch das Lohneinkommen der Amerikaner steigt. Das Gewinneinkommen der Amerikaner steigt hier aufgrund des Produktionseffektes, sinkt jedoch aufgrund des Exportpreiseffektes. Insgesamt sinkt Gewinneinkommen der Amerikaner. Das Einkommen der Amerikaner sinkt in diesem Fall trotz der Erhöhung des Lohneinkommens der Amerikaner. In allen drei Fällen steigt die Lohnquote in Amerika. Mithin sinkt die Gewinnquote in Amerika.

Numerische Beispiele

Betrachtet wird eine Zunahme der europäischen Geldmenge um 40 Einheiten. Unter Verwendung von $m = 0,8$, $c = 0,6$, $k = 0,5$ und $Y = 10.000$ zeigen sich folgende Ergebnisse: Betrachtet sei zunächst der Fall mit $v = 0,5$ und $q = 0,1$. Die europäische Produktion steigt um 16 Einheiten. Der Euro wertet um 0,024 ab, so dass der Preis der europäischen Güter in Amerika um 0,024 Euro steigt. Das Lohneinkommen der Europäer steigt aufgrund des Produktionseffektes um 12,8 Einheiten. Das Gewinneinkommen der Europäer steigt aufgrund des Produktionseffektes um $(1-m)(v-q)dM_1 / 2k$ = 3,2 Einheiten und steigt aufgrund des Exportpreiseffektes um $(1-v+q)dM_1 / 2k$ = 24 Einheiten. Das Gewinneinkommen der Europäer steigt folglich um insgesamt $(1-m(v-q))dM_1 / 2k$ = 27,2 Einheiten. Das Einkommen der Europäer steigt damit um insgesamt 40 Einheiten. Die Lohnquote in Europa sinkt um 0,002. Mithin steigt die Gewinnquote in Europa um 0,002. Die amerikanische Produktion sinkt um 16 Einheiten. Der Dollar wertet um 0,024 auf, so dass der Preis der amerikanischen Güter in Europa um 0,024 Dollar sinkt. Das Lohneinkommen der Amerikaner sinkt aufgrund des Produktionseffektes um 12,8 Einheiten. Das Gewinneinkommen der Amerikaner sinkt aufgrund des Produktionseffektes um 3,2 Einheiten und sinkt aufgrund des Exportpreiseffektes um 24 Einheiten. Das Gewinneinkommen der Amerikaner sinkt folglich um insgesamt 27,2 Einheiten. Das Einkommen der Amerikaner sinkt damit um insgesamt 40 Einheiten. Die Lohnquote in Amerika steigt um 0,002. Mithin sinkt die Gewinnquote in Amerika um 0,002. Tabelle 7.4 fasst die Ergebnisse für Europa und Amerika zusammen.

Betrachtet sei nun der Fall mit $v = 0,3$ und $q = 0,3$. Die europäische Produktion bleibt unverändert. Der Euro wertet um 0,013 ab, so dass der Preis der europäischen Güter in Amerika um 0,013 Euro steigt. Das Lohneinkommen der Europäer bleibt unverändert. Das Gewinneinkommen der Europäer steigt nur aufgrund des Exportpreiseffektes um 40 Einheiten. In gleicher Höhe steigt das Einkommen der Europäer. Die amerikanische Produktion bleibt unverändert. Der Dollar wertet um 0,013 auf, so dass der Preis der amerikanischen Güter in Europa um 0,013 Dollar sinkt. Das Lohneinkommen der Amerikaner bleibt unverändert. Das Gewinneinkommen der Amerikaner sinkt nur aufgrund des Exportpreiseffektes um 40 Einheiten. In gleicher Höhe sinkt das Einkommen der Amerikaner. Tabelle 7.5 fasst die Ergebnisse für Europa und Amerika zusammen.

Tabelle 7.4
Wirkungen einer Zunahme der europäischen Geldmenge (v=0,5; q=0,1)

	Europa	Amerika
Produktion	16	– 16
Exportpreis	0,024 €	– 0,024 $
Lohneinkommen	**12,8**	**– 12,8**
Produktionseffekt	3,2	– 3,2
Exportpreiseffekt	24	– 24
Gewinneinkommen	**27,2**	**– 27,2**
Einkommen	**40**	**– 40**
Lohnquote	– 0,002	0,002
Gewinnquote	0,002	– 0,002

Tabelle 7.5
Wirkungen einer Zunahme der europäischen Geldmenge (v=0,3; q=0,3)

	Europa	Amerika
Produktion	0	0
Exportpreis	0,013 €	– 0,013 $
Lohneinkommen	**0**	**0**
Produktionseffekt	0	0
Exportpreiseffekt	40	– 40
Gewinneinkommen	**40**	**– 40**
Einkommen	**40**	**– 40**
Lohnquote	– 0,003	0,003
Gewinnquote	0,003	– 0,003

7.4.3 Fiskalpolitik in Europa

Untersucht werden die Wirkungen einer Zunahme der europäischen Staatskäufe auf das Lohn- und Gewinneinkommen der Europäer und Amerikaner. Dabei wird zur Vereinfachung der Argumentation von den zinsabhängigen Investitionen abgesehen. Die Wirkungen auf die europäische und amerikanische Produktion sowie auf den nominalen Wechselkurs sind aus Kapitel 7.3.3 bekannt und werden zur Referenz wiederholt:

$$\frac{dA_1}{dG_1} = \frac{1+s}{2s} \tag{7.140}$$

$$\frac{dA_2}{dG_1} = \frac{1-s}{2s} \tag{7.141}$$

$$\frac{de}{dG_1} = -\frac{1}{2qY} \tag{7.142}$$

Unter Verwendung von (7.140) in (7.132) ergibt sich für die Reaktion des Lohneinkommens der Europäer:

$$\frac{d\Phi_1}{dG_1} = \frac{m(1+s)}{2s} \tag{7.143}$$

Gemäß (7.143) führt eine Zunahme der europäischen Staatskäufe zu einer Erhöhung des Lohneinkommens der Europäer. Unter Verwendung von (7.141) in (7.133) ergibt sich für die Reaktion des Lohneinkommens der Amerikaner:

$$\frac{d\Phi_2}{dG_1} = \frac{m(1-s)}{2s} \tag{7.144}$$

Gemäß (7.144) führt eine Zunahme der europäischen Staatskäufe zu einer Erhöhung des Lohneinkommens der Amerikaner. Unter Verwendung von (7.140) und (7.142) in (7.134) ergibt sich für die Reaktion des Gewinneinkommens der Europäer:

$$\frac{d\Pi_1}{dG_1} = \frac{1-m(1+s)}{2s} \tag{7.145}$$

Gemäß (7.145) führt eine Zunahme der europäischen Staatskäufe unter der Bedingung $z > s$ zu einer Erhöhung des Gewinneinkommens der Europäer und unter der Bedingung $z < s$ zu einem Rückgang des Gewinneinkommens der Europäer. Unter Verwendung von (7.141) und (7.142) in (7.135) ergibt sich für die Reaktion des Gewinneinkommens der Amerikaner:

$$\frac{d\Pi_2}{dG_1} = \frac{1 - m(1 - s)}{2s} \tag{7.146}$$

Gemäß (7.146) führt eine Zunahme der europäischen Staatskäufe zu einer Erhöhung des Gewinneinkommens der Amerikaner. Die Summe von (7.143) und (7.145) respektive die Summe von (7.144) und (7.146) ergibt die bereits bekannten Einkommensmultiplikatoren $dY_1 / dG_1 = 1 / 2s$ und $dY_2 / dG_1 = 1 / 2s$.

Eine Zunahme der europäischen Staatskäufe führt zu einer Erhöhung der europäischen Produktion, jedoch sinkt infolge der Aufwertung des Euros der Preis der europäischen Güter in Amerika, ausgedrückt in Euro. Aus diesen beiden Effekten ergeben sich folgende Wirkungen auf das Lohn- und Gewinneinkommen der Europäer: Das Lohneinkommen der Europäer steigt aufgrund des Produktionseffektes. Das Gewinneinkommen der Europäer steigt aufgrund des Produktionseffektes, sinkt jedoch aufgrund des Exportpreiseffektes. Der Exportpreiseffekt führt dabei zu einem Rückgang des Gewinneinkommens der Europäer in Höhe der Hälfte der zusätzlichen Staatskäufe ist somit unabhängig von z und s. Entscheidend für die Wirkungsrichtung auf das Gewinneinkommen der Europäer ist mithin ausschließlich die Stärke des expansiv wirkenden Produktionseffektes.

Je höher der Zuschlagssatz, umso stärker wirkt der Produktionseffekt auf das Gewinneinkommen der Europäer. Je höher der Parameter s, umso geringer ist der Multiplikatoreffekt auf die europäische Produktion und umso geringer ist damit der Produktionseffekt auf das Gewinneinkommen der Europäer. Im Fall $z < s$ ist, gegeben einer bestimmten Höhe des Zuschlagssatzes, der Multiplikatoreffekt zu gering damit der Produktionseffekt den kontraktiv wirkenden Exportpreiseffekt ausgleichen kann. Folglich sinkt das Gewinneinkommen der Europäer unter dieser Bedingung. Im Fall $z > s$ wirkt der Produktionseffekt stärker als der Exportpreiseffekt auf das Gewinneinkommen der Europäer, so dass dieses steigt. Trotz der Möglichkeit eines sinkenden Gewinneinkommens der Europäer steigt das Einkommen der Europäer stets. Je geringer die marginale Konsumneigung, umso geringer ist jedoch der Anstieg des Einkommens der Europäer, da einerseits der Anstieg des Lohneinkommens der Europäer nur gering ausfällt, andererseits die Wahrscheinlichkeit zunimmt, dass das Gewinneinkommen der Europäer zurückgeht. Für die Einkommensverteilung gilt stets, dass die Lohnquote in Europa steigt. Mithin sinkt die Gewinnquote in Europa.

Eine Zunahme der europäischen Staatskäufe führt zu einer Erhöhung der amerikanischen Produktion und, infolge der Abwertung des Dollars, zu einem Anstieg des Preises der amerikanischen Güter in Europa, ausgedrückt in

Dollar. Aus diesen beiden Effekten ergeben sich folgende Wirkungen auf das Lohn- und Gewinneinkommen der Amerikaner: Das Lohneinkommen der Amerikaner steigt aufgrund des Produktionseffektes. Das Gewinneinkommen der Amerikaner steigt sowohl aufgrund des Produktionseffektes als auch aufgrund des Exportpreiseffektes. Das Einkommen der Amerikaner steigt somit aufgrund des Anstiegs des Lohn- und Gewinneinkommens der Amerikaner. Die Lohnquote in Amerika sinkt. Mithin steigt die Gewinnquote in Amerika.

Ein numerisches Beispiel

Betrachtet wird eine Zunahme der europäischen Staatskäufe um 20 Einheiten. Unter Verwendung von $m = 0{,}8$, $s = 1 - c = 0{,}4$, $q = 0{,}1$ und $Y = 10.000$ zeigen sich folgende Ergebnisse: Die europäische Produktion steigt um 35 Einheiten. Der Euro wertet um 0,01 auf, so dass der Preis der europäischen Güter in Amerika um 0,01 Euro sinkt. Das Lohneinkommen der Europäer steigt aufgrund des Produktionseffektes um 28 Einheiten. Das Gewinneinkommen der Europäer steigt aufgrund des Produktionseffektes um $(1 - m)(1 + s)dG_1 / 2s = 7$ Einheiten, sinkt jedoch aufgrund des Exportpreiseffektes um $dG_1 / 2 = 10$ Einheiten. Das Gewinneinkommen der Europäer sinkt folglich um insgesamt $(1 - m(1 + s))dG_1 / 2s = 3$ Einheiten. Das Einkommen der Europäer steigt damit um insgesamt 25 Einheiten. Die Lohnquote in Europa steigt um 0,001. Mithin sinkt die Gewinnquote in Europa um 0,001.

Die amerikanische Produktion, steigt um 15 Einheiten. Der Dollar wertet um 0,01 ab, so dass der Preis der amerikanischen Güter in Europa um 0,01 Dollar steigt. Das Lohneinkommen der Amerikaner steigt aufgrund des Produktionseffektes um 12 Einheiten. Das Gewinneinkommen der Amerikaner steigt aufgrund des Produktionseffektes um $(1 - m)(1 - s)dG_1 / 2s = 3$ Einheiten und steigt aufgrund des Exportpreiseffektes um $dG_1 / 2 = 10$ Einheiten. Das Gewinneinkommen der Amerikaner steigt folglich um insgesamt $(1 - m(1 - s))dG_1 / 2s = 13$ Einheiten. Das Einkommen der Amerikaner steigt damit um insgesamt 25 Einheiten. Die Lohnquote in Amerika sinkt um 0,001. Mithin steigt die Gewinnquote in Amerika um 0,001. Tabelle 7.6 fasst die Ergebnisse für Europa und Amerika zusammen.

Tabelle 7.6
Wirkungen einer Zunahme der europäischen Staatskäufe

	Europa	Amerika
Produktion	35	15
Exportpreis	– 0,01 €	0,01 $
Lohneinkommen	**28**	**12**
Produktionseffekt	7	3
Exportpreiseffekt	– 10	10
Gewinneinkommen	**– 3**	**13**
Einkommen	**25**	**25**
Lohnquote	0,001	– 0,001
Gewinnquote	– 0,001	0,001

Kapitel 8

Vergleich der Modelle

8.1 Einleitung

Das folgende Kapitel untersucht den Einfluss von Pricing-to-Market auf die Wirkungen der Geld- und Fiskalpolitik. Dieser Einfluss zeigt sich durch den Vergleich der geld- und fiskalpolitischen Multiplikatoren bei unterschiedlichen Annahmen über das Preissetzungsverhalten exportierender Unternehmen.

Im Modell mit Pricing-to-Market erwarten die Unternehmen, dass eine Änderung des nominalen Wechselkurses nur temporär ist. Sie halten daher den Preis der exportierten Güter, ausgedrückt in der Währung des Importlandes, konstant. Dieses Preissetzungsverhalten führt jedoch zu einer Änderung des Preises der exportierten Güter, ausgedrückt in der Währung des Exportlandes, und induziert dadurch eine Veränderung des relativen Güterpreises zwischen dem Exportmarkt und dem Heimatmarkt der exportierenden Unternehmen. Im Referenzmodell ohne Pricing-to-Market wird eine Änderung des nominalen Wechselkurses vollständig auf den Preis der exportierten Güter, ausgedrückt in der Währung des Importlandes, überwälzt. Der Preis der exportierten Güter, ausgedrückt in der Währung des Exportlandes, bleibt dadurch konstant.

Der Wirkungsmechanismus der Pricing-to-Market Strategie europäischer Unternehmen auf die makroökonomischen Größen in Europa wird zunächst durch den Vergleich der Effekte einer exogenen Änderung des nominalen Wechselkurses veranschaulicht. Die Nachfrage der Europäer wird dazu als konstant angenommen. Ex ante stimmen das Einkommen der Europäer und die europäische Produktion überein. Welche Konsequenzen ergeben sich nun aus einer nominalen Aufwertung des Euros? In beiden Modellen verschlechtert die Aufwertung des Euros die Wettbewerbsfähigkeit der europäischen Unternehmen auf dem Gütermarkt in Amerika. Im Gegensatz zum Referenzmodell zeigt sich die verschlechterte Wettbewerbsfähigkeit jedoch nicht in einem Rückgang der europäischen Exporte, sondern in einem Rückgang des Preises der europäischen Güter in Amerika, ausgedrückt in Euro. Im Vergleich zum Referenzmodell führt Pricing-to-Market demnach zwar zu einem zusätzlichen Produktionseffekt, der auf das Lohn- und Gewinneinkommen der Europäer wirkt. Demgegenüber steht jedoch auch ein negativ wirkender Exportpreiseffekt, der ausschließlich auf das Gewinneinkommen der Europäer wirkt.

Das Lohneinkommen der Europäer ist nach einer Aufwertung des Euros höher als im Referenzmodell. Das Gewinneinkommen der Europäer ist nach einer Aufwertung des Euros geringer als im Referenzmodell. Pricing-to-Market der europäischen Unternehmen hat dagegen keinen Einfluss auf das Einkommen der Europäer und dadurch auch keinen Einfluss auf die Nachfrage der Europäer. Im Gegensatz zum Referenzmodell sinkt jedoch das Einkommen der Europäer, ohne dass die reale Verfügbarkeit europäischer Güter zurückgeht. Das bedeutet, dass die Amerikaner im Vergleich zum Referenzmodell mehr europäische Gütereinheiten konsumieren. Pricing-to-Market der europäischen Unternehmen führt demnach bei einer Aufwertung des Euros zu einem Realeinkommenstransfer von Europa nach Amerika. Dieser Realeinkommenstransfer hat jedoch keine Auswirkungen auf das amerikanische Gütermarktgleichgewicht.

Analoge Überlegungen können auf den Wirkungsmechanismus übertragen werden, durch den die Pricing-to-Market Strategie amerikanischer Unternehmen die makroökonomischen Größen in Amerika beeinflusst. Betrachtet sei dazu eine Abwertung des Dollars. Im Vergleich zum Referenzmodell führt Pricing-to-Market zwar zu einem geringeren Produktionseffekt, jedoch auch zu einem positiv wirkenden Exportpreiseffekt. Das Lohneinkommen der Amerikaner ist nach einer Abwertung des Dollars geringer als im Referenzmodell. Das Gewinneinkommen der Amerikaner ist nach einer Abwertung des Dollars höher als im Referenzmodell. Pricing-to-Market der amerikanischen Unternehmen hat dagegen keinen Einfluss auf das Einkommen der Amerikaner. Im Gegensatz zum Referenzmodell steigt jedoch das Einkommen der Amerikaner, ohne dass die reale Verfügbarkeit amerikanischer Güter zunimmt. Das bedeutet, dass die Europäer im Vergleich zum Referenzmodell weniger amerikanische Gütereinheiten konsumieren. Pricing-to-Market der amerikanischen Unternehmen führt demnach bei einer Abwertung des Dollars zu einem Realeinkommenstransfer aus Europa nach Amerika. Dieser Realeinkommenstransfer hat jedoch keine Auswirkungen auf das europäische Gütermarktgleichgewicht.

8.2 Geldpolitik in Europa

Betrachtet wird ein geldpolitischer Schock in Europa. Der Gegenstand der Analyse der europäischen Wirtschaft ist der Einfluss der Pricing-to-Market Strategie europäischer Unternehmen auf die Wirksamkeit einer geldpolitischen Maßnahme. Aus amerikanischer Sicht kann eine wirtschaftspolitische Maßnahme in Europa als ein externer Schock interpretiert werden. Der Gegenstand der Analyse der amerikanischen Wirtschaft ist demnach der Einfluss der Pricing-to-Market Strategie amerikanischer Unternehmen auf die Auswirkungen eines externen Schocks.

Die Tabelle 8.1 zeigt zunächst die bereits bekannten Wirkungen auf die makroökonomischen Größen in Europa bei unterschiedlichen Annahmen über das Preissetzungsverhalten der europäischen Unternehmen. Es gilt die Annahme, dass die Zinsempfindlichkeit der Investitionen null beträgt. A_1 bezeichnet die europäische Produktion. P_1^X bezeichnet den Preis der europäischen Güter in Amerika, ausgedrückt in Euro. Φ_1 bezeichnet das Lohneinkommen der Europäer. Π_1 bezeichnet die Gewinne der europäischen Unternehmen und damit das Gewinneinkommen der Europäer. Y_1 bezeichnet das Einkommen der Europäer. Untersucht wird eine Zunahme der europäischen Geldmenge.

Tabelle 8.1
Europa: Geldpolitische Multiplikatoren und der Pricing-to-Market Effekt

	PTM	Referenz	PTM-Effekt
$\frac{dA_1}{dM_1}$	$\frac{v-q}{2k}$	$\frac{1}{2k}$	$-\frac{1-v+q}{2k}$
$\frac{dP_1^X}{dM_1}$	$\frac{P_1(1-v+q)}{2kqY}$	0	$\frac{P_1(1-v+q)}{2kqY}$
$\frac{d\Phi_1}{dM_1}$	$\frac{m(v-q)}{2k}$	$\frac{m}{2k}$	$-\frac{m(1-v+q)}{2k}$
$\frac{d\Pi_1}{dM_1}$	$\frac{1-m(v-q)}{2k}$	$\frac{1-m}{2k}$	$\frac{m(1-v+q)}{2k}$
$\frac{dY_1}{dM_1}$	$\frac{1}{2k}$	$\frac{1}{2k}$	0

Betrachtet werden die Wirkungen im Modell mit Pricing-to-Market. Ausgangspunkt sei zunächst die Annahme, dass die marginale Konsumneigung der Europäer in Bezug auf europäische Güter v größer ist als die marginale Importneigung der Amerikaner q. Eine Zunahme der europäischen Geldmenge führt zu einer Abwertung des Euros. Die europäischen Unternehmen halten jedoch den Preis der europäischen Güter in Amerika, ausgedrückt in Dollar, konstant. Dadurch steigt der Preis der europäischen Güter in Amerika, ausgedrückt in Euro. Die europäische Produktion steigt, da der Anstieg der Nachfrage der Europäer nach europäischen Gütern größer ist als der Rückgang der Nachfrage der Amerikaner nach europäischen Gütern. Der Anstieg der europäischen Produktion verringert die Arbeitslosigkeit in Europa.

Das Lohneinkommen der Europäer steigt aufgrund der Erhöhung der europäischen Produktion. Das Gewinneinkommen der Europäer steigt sowohl aufgrund der Erhöhung der europäischen Produktion als auch aufgrund des Anstiegs des Preises der europäischen Güter in Amerika, ausgedrückt in Euro. Das Einkommen der Europäer steigt somit aufgrund der Erhöhung des Lohn- und Gewinneinkommens der Europäer. Dabei sinkt die Lohnquote in Europa. Mithin steigt die Gewinnquote in Europa. Die Erhöhung des Einkommens der Europäer ist größer als die Erhöhung der europäischen Produktion. Eine Zunahme der europäischen Geldmenge führt demnach bei Pricing-to-Market der europäischen Unternehmen zu einem Realeinkommenstransfer aus Amerika nach Europa.

Betrachtet werden die Wirkungen im Referenzmodell. Eine Zunahme der europäischen Geldmenge führt zu einer Abwertung des Euros, so dass der Preis der europäischen Güter in Amerika, ausgedrückt in Dollar, sinkt. Der Preis der europäischen Güter in Amerika, ausgedrückt in Euro, bleibt hingegen konstant. Die europäische Produktion steigt aufgrund des Anstiegs der Nachfrage der Europäer und Amerikaner nach europäischen Gütern. Der Anstieg der europäischen Produktion verringert die Arbeitslosigkeit in Europa. Das Lohn- und Gewinneinkommen der Europäer steigt aufgrund der Erhöhung der europäischen Produktion. Das Einkommen der Europäer steigt somit aufgrund der Erhöhung des Lohn- und Gewinneinkommens der Europäer. Die Einkommensverteilung in Europa bleibt unverändert.

Betrachtet sei nun in Tabelle 8.1 der Pricing-to-Market Effekt in Europa. Dieser zeigt den Einfluss der Pricing-to-Market Strategie europäischer Unternehmen auf die Wirksamkeit der Geldpolitik im Vergleich zum Referenzmodell. Der Pricing-to-Market Effekt berechnet sich durch die Differenz zwischen dem Multiplikator im Modell mit Pricing-to-Market und dem Multiplikator im Referenzmodell. Ein negatives Vorzeichen bedeutet im vorliegenden

Fall einer Zunahme der europäischen Geldmenge, dass Pricing-to-Market die expansive Wirkung des Schocks dämpft. Ein positives Vorzeichen bedeutet dagegen, dass die expansive Wirkung verstärkt wird. Es zeigen sich die folgenden Ergebnisse:

Die Nachfrage der Europäer nach europäischen Gütern steigt in beiden Modellen in jeweils gleicher Höhe. Im Gegensatz zum Referenzmodell sinkt jedoch die Nachfrage der Amerikaner nach europäischen Gütern. Pricing-to-Market dämpft somit die expansive Wirkung auf die europäische Produktion und verringert dadurch den Rückgang der Arbeitslosigkeit in Europa. Pricing-to-Market führt jedoch auch zu einem Anstieg des Preises der europäischen Güter in Amerika, ausgedrückt in Euro. Dadurch steigt der relative Preis der europäischen Güter zwischen dem Gütermarkt in Amerika und dem Gütermarkt in Europa, so dass der reale Wert der europäischen Exporte zunimmt. Pricing-to-Market dämpft durch den geringeren Produktionseffekt die Erhöhung des Lohneinkommens der Europäer, verstärkt dagegen die Erhöhung des Gewinneinkommens der Europäer, da der geringere Produktionseffekt schwächer auf das Gewinneinkommen der Europäer wirkt als der positiv wirkende Exportpreiseffekt. Folglich sinkt die Lohnquote in Europa. Mithin steigt die Gewinnquote in Europa. Pricing-to-Market hat dagegen keinen Einfluss auf die Erhöhung des Einkommens der Europäer.

Der Vergleich der Leistungsbilanzreaktion ergibt folgendes Bild: Die Verbesserung der Wettbewerbsfähigkeit der europäischen Unternehmen auf dem Gütermarkt in Amerika zeigt sich in beiden Modellen in einem Anstieg des europäischen Exportwertes in jeweils gleicher Höhe. Das Preissetzungsverhalten hat keinen Einfluss auf die Erhöhung des Einkommens der Europäer und damit auch keinen Einfluss auf den Anstieg des europäischen Importwertes. Eine Zunahme der europäischen Geldmenge führt damit in beiden Modellen zu einem Leistungsbilanzüberschuss in Europa in jeweils gleicher Höhe.

Als Ergebnis wird festgehalten, dass die Pricing-to-Market Strategie europäischer Unternehmen die Stärke der expansiven Wirkungen in Europa beeinflusst: Pricing-to-Market dämpft die expansive Wirkung auf die europäische Produktion und verringert dadurch den Rückgang der Arbeitslosigkeit in Europa. Pricing-to-Market dämpft die Erhöhung des Lohneinkommens der Europäer und verstärkt die Erhöhung des Gewinneinkommens der Europäer. Folglich sinkt die Lohnquote in Europa. Mithin steigt die Gewinnquote in Europa. Die Stärke der expansiven Wirkung auf das Einkommen der Europäer ist dagegen ebenso unabhängig vom Preissetzungsverhalten der europäischen Unternehmen wie die Reaktion der europäischen Leistungsbilanz.

Die Tabelle 8.2 zeigt nun die bereits bekannten Wirkungen auf die makroökonomischen Größen in Amerika bei unterschiedlichen Annahmen über das Preissetzungsverhalten der amerikanischen Unternehmen. Es gilt die Annahme, dass die Zinsempfindlichkeit der Investitionen null beträgt. A_2 bezeichnet die amerikanische Produktion. P_2^X bezeichnet den Preis der amerikanischen Güter in Europa, ausgedrückt in Dollar. Φ_2 bezeichnet das Lohneinkommen der Amerikaner. Π_2 bezeichnet die Gewinne der amerikanischen Unternehmen und damit das Gewinneinkommen der Amerikaner. Y_2 bezeichnet das Einkommen der Amerikaner. Untersucht wird eine Zunahme der europäischen Geldmenge.

Tabelle 8.2
Amerika: Geldpolitische Multiplikatoren und der Pricing-to-Market Effekt

	PTM	**Referenz**	**PTM-Effekt**
$\frac{dA_2}{dM_1}$	$-\frac{v-q}{2k}$	$-\frac{1}{2k}$	$\frac{1-v+q}{2k}$
$\frac{dP_2^X}{dM_1}$	$-\frac{P_2(1-v+q)}{2kqY}$	0	$-\frac{P_2(1-v+q)}{2kqY}$
$\frac{d\Phi_2}{dM_1}$	$-\frac{m(v-q)}{2k}$	$-\frac{m}{2k}$	$\frac{m(1-v+q)}{2k}$
$\frac{d\Pi_2}{dM_1}$	$-\frac{1-m(v-q)}{2k}$	$-\frac{1-m}{2k}$	$-\frac{m(1-v+q)}{2k}$
$\frac{dY_2}{dM_1}$	$-\frac{1}{2k}$	$-\frac{1}{2k}$	0

Betrachtet werden die Wirkungen im Modell mit Pricing-to-Market. Die marginale Konsumneigung der Amerikaner in Bezug auf amerikanische Güter v sei zunächst größer als die marginale Importneigung der Europäer q. Eine Zunahme der europäischen Geldmenge führt zu einer Aufwertung des Dollars. Die amerikanischen Unternehmen halten jedoch den Preis der amerikanischen Güter in Europa, ausgedrückt in Euro, konstant. Dadurch sinkt der Preis der amerikanischen Güter in Europa, ausgedrückt in Dollar. Die amerikanische Produktion sinkt, da der Rückgang der Nachfrage der Amerikaner nach amerikanischen Gütern größer ist als der Anstieg der Nachfrage der

Europäer nach amerikanischen Gütern. Der Rückgang der amerikanischen Produktion erhöht die Arbeitslosigkeit in Amerika.

Das Lohneinkommen der Amerikaner sinkt aufgrund des Rückgangs der amerikanischen Produktion. Das Gewinneinkommen der Amerikaner sinkt sowohl aufgrund des Rückgangs der amerikanischen Produktion als auch aufgrund des Rückgangs des Preises der amerikanischen Güter in Europa, ausgedrückt in Dollar. Das Einkommen der Amerikaner sinkt somit aufgrund des Rückgangs des Lohn- und Gewinneinkommens der Amerikaner. Dabei steigt die Lohnquote in Amerika. Mithin sinkt die Gewinnquote in Amerika. Der Rückgang des Einkommens der Amerikaner ist größer als der Rückgang der amerikanischen Produktion. Eine Zunahme der europäischen Geldmenge führt demnach bei Pricing-to-Market der amerikanischen Unternehmen zu einem Realeinkommentransfer von Amerika nach Europa.

Betrachtet werden die Wirkungen im Referenzmodell. Eine Zunahme der europäischen Geldmenge führt zu einer Aufwertung des Dollars, so dass der Preis der amerikanischen Güter in Europa, ausgedrückt in Euro, steigt. Der Preis der amerikanischen Güter in Europa, ausgedrückt in Dollar, bleibt hingegen konstant. Die amerikanische Produktion sinkt aufgrund des Rückgangs der Nachfrage der Europäer und Amerikaner nach amerikanischen Gütern. Der Rückgang der amerikanischen Produktion erhöht die Arbeitslosigkeit in Amerika. Das Lohn- und Gewinneinkommen der Amerikaner sinkt aufgrund des Rückgangs der amerikanischen Produktion. Das Einkommen der Amerikaner sinkt somit aufgrund des Rückgangs des Lohn- und Gewinneinkommens der Amerikaner. Die Einkommensverteilung in Amerika bleibt unverändert.

Betrachtet sei nun in Tabelle 8.2 der Pricing-to-Market Effekt in Amerika. Dieser zeigt den Einfluss der Pricing-to-Market Strategie amerikanischer Unternehmen auf die Auswirkungen eines externen Schocks. Ein negatives Vorzeichen des Pricing-to-Market Effektes bedeutet im vorliegenden Fall einer Zunahme der europäischen Geldmenge, dass Pricing-to-Market die kontraktive Wirkung des Schocks verstärkt. Ein positives Vorzeichen bedeutet, dass die kontraktive Wirkung gedämpft wird. Es zeigen sich die folgenden Ergebnisse:

Die Nachfrage der Amerikaner nach amerikanischen Gütern sinkt in beiden Modellen in jeweils gleicher Höhe. Im Gegensatz zum Referenzmodell steigt jedoch die Nachfrage der Europäer nach amerikanischen Gütern. Pricing-to-Market dämpft somit die kontraktive Wirkung auf die amerikanische Produktion und verringert dadurch den Anstieg der Arbeitslosigkeit in Amerika. Pricing-to-Market führt jedoch auch zu einem Rückgang des Preises der amerikanischen Güter in Europa, ausgedrückt in Dollar. Dadurch sinkt der relative Preis der amerikanischen Güter zwischen dem Gütermarkt in Europa und dem Gütermarkt in Amerika, so dass der reale Wert der amerikanischen Exporte abnimmt. Pricing-to-Market dämpft durch den zusätzlichen Produktionseffekt den Rückgang des Lohneinkommens der Amerikaner, verstärkt dagegen den Rückgang des Gewinneinkommens der Amerikaner, da der zusätzliche Produktionseffekt schwächer auf das Gewinneinkommen wirkt als der negativ wirkende Exportpreiseffekt. Folglich steigt die Lohnquote in Amerika. Mithin sinkt die Gewinnquote in Amerika. Pricing-to-Market hat keinen Einfluss auf den Rückgang des Einkommens der Amerikaner.

Der Vergleich der Leistungsbilanzreaktion ergibt folgendes Bild: Die Verschlechterung der Wettbewerbsfähigkeit der amerikanischen Unternehmen auf dem Gütermarkt in Europa zeigt sich in beiden Modellen in einem Rückgang des amerikanischen Exportwertes in jeweils gleicher Höhe. Das Preissetzungsverhalten hat keinen Einfluss auf den Rückgang des Einkommens der Amerikaner und folglich auch keinen Einfluss auf den Rückgang des amerikanischen Importwertes. Eine Zunahme der europäischen Geldmenge führt damit in beiden Modellen zu einem Leistungsbilanzdefizit in Amerika in jeweils gleicher Höhe.

Als Ergebnis wird festgehalten, dass die Pricing-to-Market Strategie amerikanischer Unternehmen die Stärke der kontraktiven Wirkungen in Amerika beeinflusst: Pricing-to-Market dämpft die kontraktive Wirkung auf die amerikanische Produktion und verringert dadurch den Anstieg der Arbeitslosigkeit in Amerika. Pricing-to-Market dämpft den Rückgang des Lohneinkommens der Amerikaner und verstärkt den Rückgang des Gewinneinkommens der Amerikaner. Folglich steigt die Lohnquote in Amerika. Mithin sinkt die Gewinnquote in Amerika. Die Stärke der kontraktiven Wirkung auf das Einkommen der Amerikaner ist dagegen ebenso unabhängig vom Preissetzungsverhalten der amerikanischen Unternehmen wie die Reaktion der amerikanischen Leistungsbilanz.

Ein numerisches Beispiel

Betrachtet werden die Wirkungen einer Zunahme der europäischen Geldmenge um 40 Einheiten. Es gilt $P_1 = P_2 = 1$. Y beträgt 10.000 Einheiten. Die Modellparameter lauten $m = 0{,}8$, $c = 0{,}6$, $v = 0{,}5$, $q = 0{,}1$ und $k = 0{,}5$. Für den Pricing-to-Market Effekt in Europa zeigen sich folgende Ergebnisse: Pricing-to-Market dämpft die Erhöhung der europäischen Produktion um $(1 - v + q)dM_1 / 2k$ = 24 Einheiten. Der Preis der europäischen Güter in

Amerika steigt jedoch um $P_1(1-v+q)dM_1 / 2kqY = 0{,}024$ Euro (Exportpreis in Euro), so dass der relative Preis der europäischen Güter zwischen dem Gütermarkt in Amerika und dem Gütermarkt in Europa um $(1-v+q)dM_1 / 2kqY = 0{,}024$ ansteigt. Pricing-to-Market dämpft durch den geringeren Produktionseffekt die Erhöhung des Lohneinkommens der Europäer um $m(1-v+q)dM_1 / 2k = 19{,}2$ Einheiten. Der geringere Produktionseffekt dämpft die Erhöhung des Gewinneinkommens der Europäer um $(1-m)(1-v+q)dM_1 / 2k = 4{,}8$ Einheiten. Der positive Exportpreiseffekt erhöht dagegen das Gewinneinkommen der Europäer um $(1-v+q)dM_1 / 2k = 24$ Einheiten. Pricing-to-Market verstärkt die Erhöhung des Gewinneinkommens der Europäer damit um insgesamt $m(1-v+q)dM_1 / 2k = 19{,}2$ Einheiten. Pricing-to-Market hat keinen Einfluss auf die Erhöhung des Einkommens der Europäer. Tabelle 8.3 zeigt die Ergebnisse aus beiden Modellen und fasst die Wirkungen des Pricing-to-Market Effekts in Europa zusammen.

Für den Pricing-to-Market Effekt in Amerika zeigen sich folgende Ergebnisse: Pricing-to-Market dämpft den Rückgang der amerikanischen Produktion um 24 Einheiten. Der Preis der amerikanischen Güter in Europa sinkt jedoch um 0,024 Dollar (Exportpreis in Dollar). Pricing-to-Market dämpft durch den zusätzlichen Produktionseffekt den Rückgang des Lohneinkommens der Amerikaner um 19,2 Einheiten. Der zusätzliche Produktionseffekt dämpft den Rückgang des Gewinneinkommens der Amerikaner um 4,8 Einheiten. Der negative Exportpreiseffekt verringert dagegen das Gewinneinkommen der Amerikaner um 24 Einheiten. Pricing-to-Market verstärkt den Rückgang des Gewinneinkommens der Amerikaner damit um insgesamt 19,2 Einheiten. Pricing-to-Market hat keinen Einfluss auf den Rückgang des Einkommens der Amerikaner. Tabelle 8.4 zeigt die Ergebnisse aus beiden Modellen und fasst die Wirkungen des Pricing-to-Market Effekts in Amerika zusammen.

Tabelle 8.3
Europa: Pricing-to-Market Effekt einer Zunahme der europäischen Geldmenge

	PTM	Referenz	PTM-Effekt
Produktion	16	40	– 24
Exportpreis in Euro	0,24	0	0,24
Lohneinkommen	**12,8**	**32**	**– 19,2**
Produktionseffekt	3,2	8	– 4,8
Exportpreiseffekt	24	0	24
Gewinneinkommen	**27,2**	**8**	**19,2**
Produktionseffekt	16	40	– 24
Exportpreiseffekt	24	0	24
Einkommen	**40**	**40**	**0**

Tabelle 8.4
Amerika: Pricing-to-Market Effekt einer Zunahme der europäischen Geldmenge

	PTM	Referenz	PTM-Effekt
Produktion	– 16	– 40	24
Exportpreis in Dollar	– 0,24	0	– 0,24
Lohneinkommen	**– 12,8**	**– 32**	**19,2**
Produktionseffekt	– 3,2	– 8	4,8
Exportpreiseffekt	– 24	0	– 24
Gewinneinkommen	**– 27,2**	**– 8**	**– 19,2**
Produktionseffekt	– 16	– 40	24
Exportpreiseffekt	– 24	0	– 24
Einkommen	**– 40**	**– 40**	**0**

Abschließend soll auf die Bedeutung der Verhaltensparameter des Konsums der Europäer und Amerikaner eingegangen werden. Eine geringere marginale Konsumneigung der Haushalte in Bezug auf heimische Güter v impliziert eine höhere marginale Importneigung q und damit einen geringeren Home Bias im einkommensabhängigen Konsum. Der Home Bias besagt, dass der Konsum sich stärker auf die heimischen Güter als auf die importierten Güter richtet. Im Referenzmodell sind die Produktions- und Einkommenswirkungen eines geldpolitischen Schocks unabhängig von den Parametern v und q.[23] Im Modell mit Pricing-to-Market sind diese Parameter dagegen von hervorgehobener Bedeutung für die Beurteilung der Wirkungen auf Produktion, Lohneinkommen und Gewinneinkommen.

Der Vergleich der Modelle zeigt nun, dass der Einfluss der Pricing-to-Market Strategie europäischer Unternehmen auf die Stärke der expansiven Wirkungen in Europa steigt, je geringer der Home Bias im Konsum der europäischen und amerikanischen Haushalte ausgeprägt ist. In diesem Fall nehmen der Dämpfungseffekt auf die europäische Produktion und das Lohneinkommen der Europäer und der Verstärkungseffekt auf das Gewinneinkommen der Europäer zu. Ebenfalls steigt der Einfluss der Pricing-to-Market Strategie amerikanischer Unternehmen auf die Stärke der kontraktiven Wirkungen in Amerika, je geringer der Home Bias im Konsum der amerikanischen und europäischen Haushalte ausgeprägt ist. In diesem Fall nehmen der Dämpfungseffekt auf die amerikanische Produktion und das Lohneinkommen der Amerikaner und der Verstärkungseffekt auf das Gewinneinkommen der Amerikaner zu.

Verfolgen die Unternehmen eine Pricing-to-Market Strategie, so ist die Wirkungsrichtung einer expansiven Geldpolitik auf die Produktion und mithin auf die Beschäftigung maßgeblich von der Struktur der Konsumnachfrage abhängig. Eine expansive Geldpolitik hat nur dann eine expansive Wirkung auf die europäische Produktion und eine kontraktive Wirkung auf die amerikanische Produktion, wenn ein Home Bias im einkommensabhängigen Konsum der europäischen und amerikanischen Haushalte vorliegt. Richtet sich der Konsum der Haushalte beider Länder dagegen überwiegend auf importierte Güter, so führt eine Zunahme der europäischen Geldmenge bei Pricing-to-

[23] Diese Aussage gilt, solange sich der Konsum weiterhin überwiegend auf heimische Güter konzentriert. Nur unter dieser Bedingung kann im Referenzmodell die Annahme eines konstanten Preisniveaus gerechtfertigt werden, so dass keine wechselkursinduzierten Realkasseneffekte eintreten. Diese sind dagegen im Modell mit Pricing-to-Market ausgeschlossen, da das Preisniveau stets konstant ist.

Market der europäischen Unternehmen zu einem Rückgang der europäischen Produktion und folglich zu einem Anstieg der Arbeitslosigkeit in Europa. Dem gesunkenen Lohneinkommen der Europäer steht dann jedoch ein starker Anstieg des Gewinneinkommens der Europäer gegenüber. Entsprechend führt in diesem Fall eine Zunahme der europäischen Geldmenge bei Pricing-to-Market der amerikanischen Unternehmen zu einem Anstieg der amerikanischen Produktion und folglich zu einem Rückgang der Arbeitslosigkeit in Amerika. Dem höheren Lohneinkommen der Amerikaner steht dann jedoch ein starker Rückgang des Gewinneinkommens der Amerikaner gegenüber.

8.3 Fiskalpolitik in Europa

Betrachtet wird ein fiskalpolitischer Schock in Europa. Der Gegenstand der Analyse der europäischen Wirtschaft ist der Einfluss der Pricing-to-Market Strategie europäischer Unternehmen auf die Wirksamkeit einer fiskalpolitischen Maßnahme. Der Gegenstand der Analyse der amerikanischen Wirtschaft ist der Einfluss der Pricing-to-Market Strategie amerikanischer Unternehmen auf die Auswirkungen eines externen Schocks. Die Tabelle 8.5 zeigt zunächst die bereits bekannten Wirkungen eines fiskalpolitischen Schocks auf die makroökonomischen Größen in Europa bei unterschiedlichen Annahmen über das Preissetzungsverhalten der europäischen Unternehmen. Es gilt die Annahme, dass die Zinsempfindlichkeit der Investitionen null beträgt. Untersucht wird eine Zunahme der europäischen Staatskäufe.

Betrachtet werden die Wirkungen im Modell mit Pricing-to-Market. Eine Zunahme der europäischen Staatskäufe führt zu einer Aufwertung des Euros. Die europäischen Unternehmen halten jedoch den Preis der europäischen Güter in Amerika, ausgedrückt in Dollar, konstant. Dadurch sinkt der Preis der europäischen Güter in Amerika, ausgedrückt in Euro. Die europäische Produktion steigt aufgrund des Anstiegs der Nachfrage der Europäer und Amerikaner nach europäischen Gütern. Der Anstieg der europäischen Produktion verringert die Arbeitslosigkeit in Europa. Das Lohneinkommen der Europäer steigt aufgrund der Erhöhung der europäischen Produktion. Das Gewinneinkommen der Europäer steigt aufgrund der Erhöhung der europäischen Produktion, sinkt jedoch aufgrund des Rückgangs des Preises der europäischen Güter in Amerika, ausgedrückt in Euro.

Die Wirkungsrichtung auf das Gewinneinkommen der Europäer ist nun abhängig von der Stärke des Multiplikatoreffektes und damit abhängig von der Höhe der marginalen Konsumneigung c. Mit $s = 1 - c$, $m = 1/(1+z)$ und z als Zuschlagssatz gilt, dass eine Zunahme der europäischen Staatskäufe unter der Bedingung $z > s$ zu einem steigenden, unter der Bedingung $z < s$ hingegen zu einem sinkenden Gewinneinkommen der Europäer führt. Trotz der Möglichkeit eines sinkenden Gewinneinkommens der Europäer steigt im Gesamteffekt das Einkommen der Europäer stets. Dabei steigt die Lohnquote in Europa. Mithin sinkt die Gewinnquote in Europa. Die Erhöhung des Einkommens der Europäer ist geringer als die Erhöhung der europäischen Produktion. Eine Zunahme der europäischen Staatskäufe führt demnach bei Pricing-to-Market der europäischen Unternehmen zu einem Realeinkommenstransfer von Europa nach Amerika.

Tabelle 8.5
Europa: Fiskalpolitische Multiplikatoren und der Pricing-to-Market Effekt

	PTM	Referenz	PTM-Effekt
$\frac{dA_1}{dG_1}$	$\frac{1+s}{2s}$	$\frac{1}{2s}$	$\frac{1}{2}$
$\frac{dP_1^X}{dG_1}$	$-\frac{P_1}{2qY}$	0	$-\frac{P_1}{2qY}$
$\frac{d\Phi_1}{dG_1}$	$\frac{m(1+s)}{2s}$	$\frac{m}{2s}$	$\frac{m}{2}$
$\frac{d\Pi_1}{dG_1}$	$\frac{1-m(1+s)}{2s}$	$\frac{1-m}{2s}$	$-\frac{m}{2}$
$\frac{dY_1}{dG_1}$	$\frac{1}{2s}$	$\frac{1}{2s}$	0

Betrachtet werden die Wirkungen im Referenzmodell. Eine Zunahme der europäischen Staatskäufe führt zu einer Aufwertung des Euros, so dass der Preis der europäischen Güter in Amerika, ausgedrückt in Dollar, steigt. Der Preis der europäischen Güter in Amerika, ausgedrückt in Euro, bleibt hingegen konstant. Die Nachfrage der Europäer nach europäischen Gütern steigt. Die Wirkungsrichtung auf die Nachfrage der Amerikaner nach europäischen Gütern ist abhängig von den Parametern s und q, wobei q die marginale Importneigung bezeichnet. Unter der Bedingung $s > q$ sinkt, unter der Bedingung $s < q$ steigt die Nachfrage der Amerikaner nach europäischen Gütern.

Im Gesamteffekt steigt die Nachfrage nach europäischen Gütern stets, so dass auch die europäische Produktion steigt. Das Lohn- und Gewinneinkommen der Europäer steigt aufgrund der Erhöhung der europäischen Produktion. Das Einkommen der Europäer steigt somit aufgrund der Erhöhung des Lohn- und Gewinneinkommens der Europäer. Die Einkommensverteilung in Europa bleibt unverändert.

Betrachtet sei nun in Tabelle 8.5 der Pricing-to-Market Effekt in Europa. Dieser zeigt den Einfluss der Pricing-to-Market Strategie europäischer Unternehmen auf die Wirksamkeit der Fiskalpolitik im Vergleich zum Referenzmodell. Ein negatives Vorzeichen bedeutet im vorliegenden Fall einer Zunahme der europäischen Staatskäufe, dass Pricing-to-Market die expansive Wirkung des Schocks dämpft. Ein positives Vorzeichen bedeutet dagegen, dass die expansive Wirkung verstärkt wird. Es zeigen sich die folgenden Ergebnisse:

Die Nachfrage der Europäer nach europäischen Gütern steigt in beiden Modellen in jeweils gleicher Höhe. Im Gegensatz zum Referenzmodell steigt jedoch stets die Nachfrage der Amerikaner nach europäischen Gütern. Pricing-to-Market verstärkt somit die expansive Wirkung auf die europäische Produktion und beschleunigt damit den Rückgang der Arbeitslosigkeit in Europa. Pricing-to-Market führt jedoch auch zu einem Rückgang des Preises der europäischen Güter in Amerika, ausgedrückt in Euro, und verringert dadurch den realen Wert der europäischen Exporte. Pricing-to-Market verstärkt durch den zusätzlichen Produktionseffekt die Erhöhung des Lohneinkommens der Europäer, dämpft dagegen die tendenziell expansive Wirkung auf das Gewinneinkommen der Europäer, da der zusätzliche Produktionseffekt schwächer auf das Gewinneinkommen der Europäer wirkt als der negativ wirkende Exportpreiseffekt. Folglich steigt die Lohnquote in Europa. Mithin sinkt die Gewinnquote in Europa. Pricing-to-Market hat dagegen keinen Einfluss auf die Erhöhung des Einkommens der Europäer.

Der Vergleich der Leistungsbilanzreaktion ergibt folgendes Bild: Die Verschlechterung der Wettbewerbsfähigkeit der europäischen Unternehmen auf dem Gütermarkt in Amerika zeigt sich in beiden Modellen in einem Rückgang des europäischen Exportwertes in jeweils gleicher Höhe. Das Preissetzungsverhalten hat keinen Einfluss auf die Erhöhung des Einkommens der Europäer und folglich auch keinen Einfluss auf den Anstieg des europäischen Importwertes. Eine Zunahme der europäischen Staatskäufe führt damit in beiden Modellen zu einem Leistungsbilanzdefizit in Europa in jeweils gleicher Höhe.

Als Ergebnis wird festgehalten, dass die Pricing-to-Market Strategie europäischer Unternehmen die Stärke der expansiven Wirkungen in Europa beeinflusst: Pricing-to-Market verstärkt die expansive Wirkung auf die europäische Produktion und beschleunigt dadurch den Rückgang der Arbeitslosigkeit in Europa. Pricing-to-Market verstärkt die Erhöhung des Lohneinkommens der Europäer und dämpft die Erhöhung des Gewinneinkommens der Europäer. Unter bestimmten Modellparametern ist dieser Dämpfungseffekt so ausgeprägt, dass eine expansive Fiskalpolitik bei Pricing-to-Market der europäischen Unternehmen das Gewinneinkommen der Europäer verringert. Pricing-to-Market führt zu einem Anstieg der Lohnquote in Europa. Mithin sinkt die Gewinnquote in Europa. Die Stärke der expansiven Wirkung auf das Einkommen der Europäer ist dagegen ebenso unabhängig vom Preissetzungsverhalten der europäischen Unternehmen wie die Reaktion der europäischen Leistungsbilanz.

Die Tabelle 8.6 zeigt nun die Wirkungen eines fiskalpolitischen Schocks in Europa auf die makroökonomischen Größen in Amerika bei unterschiedlichen Annahmen über das Preissetzungsverhalten der amerikanischen Unternehmen. Untersucht wird eine Zunahme der europäischen Staatskäufe.

Betrachtet werden die Wirkungen im Modell mit Pricing-to-Market. Eine Zunahme der europäischen Staatskäufe führt zu einer Abwertung des Dollars. Die amerikanischen Unternehmen halten jedoch den Preis der amerikanischen Güter in Europa, ausgedrückt in Euro, konstant. Dadurch steigt der Preis der amerikanischen Güter in Europa, ausgedrückt in Dollar. Die amerikanische Produktion steigt aufgrund des Anstiegs der Nachfrage der Amerikaner und Europäer nach amerikanischen Gütern. Der Anstieg der amerikanischen Produktion verringert die Arbeitslosigkeit in Amerika. Das Lohneinkommen der Amerikaner steigt aufgrund des Anstiegs der amerikanischen Produktion. Das Gewinneinkommen der Amerikaner steigt sowohl aufgrund des Anstiegs der amerikanischen Produktion als auch aufgrund des Anstiegs des Preises der amerikanischen Güter in Europa, ausgedrückt in Dollar. Das Einkommen der Amerikaner steigt somit aufgrund der Erhöhung des Lohn- und Gewinneinkommens der Amerikaner. Dabei sinkt die Lohnquote in Amerika. Mithin steigt die Gewinnquote in Amerika. Die Erhöhung des Einkommens der Amerikaner ist größer als die Erhöhung der amerikanischen Produktion. Eine Zunahme der europäischen Staatskäufe führt demnach bei Pricing-to-Market der amerikanischen Unternehmen zu einem Realeinkommenstransfer aus Europa nach Amerika.

Tabelle 8.6
Amerika: Fiskalpolitische Multiplikatoren und der Pricing-to-Market Effekt

	PTM	Referenz	PTM-Effekt
$\frac{dA_2}{dG_1}$	$\frac{1-s}{2s}$	$\frac{1}{2s}$	$-\frac{1}{2}$
$\frac{dP_2^X}{dG_1}$	$\frac{P_2}{2qY}$	0	$\frac{P_2}{2qY}$
$\frac{d\Phi_2}{dG_1}$	$\frac{m(1-s)}{2s}$	$\frac{m}{2s}$	$-\frac{m}{2}$
$\frac{d\Pi_2}{dG_1}$	$\frac{1-m(1-s)}{2s}$	$\frac{1-m}{2s}$	$\frac{m}{2}$
$\frac{dY_2}{dG_1}$	$\frac{1}{2s}$	$\frac{1}{2s}$	0

Betrachtet werden die Wirkungen im Referenzmodell. Eine Zunahme der europäischen Staatskäufe führt zu einer Abwertung des Dollars, so dass der Preis der amerikanischen Güter in Europa, ausgedrückt in Euro, sinkt. Der Preis der amerikanischen Güter in Europa, ausgedrückt in Dollar, bleibt hingegen konstant. Die amerikanische Produktion steigt aufgrund des Anstiegs der Nachfrage der Amerikaner und Europäer nach amerikanischen Gütern. Der Anstieg der amerikanischen Produktion verringert die Arbeitslosigkeit in Amerika. Das Lohn- und Gewinneinkommen der Amerikaner steigt aufgrund der Erhöhung der amerikanischen Produktion. Das Einkommen der Amerikaner steigt somit aufgrund der Erhöhung des Lohn- und Gewinneinkommens der Amerikaner. Die Einkommensverteilung in Amerika bleibt unverändert.

Betrachtet sei nun in Tabelle 8.6 der Pricing-to-Market Effekt in Amerika. Dieser zeigt den Einfluss der Pricing-to-Market Strategie amerikanischer Unternehmen auf die Auswirkungen eines externen Schocks. Ein negatives Vorzeichen bedeutet im vorliegenden Fall einer Zunahme der europäischen Staatskäufe, dass Pricing-to-Market die expansive Wirkung des Schocks dämpft. Ein positives Vorzeichen bedeutet dagegen, dass die expansive Wirkung des Schocks verstärkt wird. Es zeigen sich die folgenden Ergebnisse:

Die Nachfrage der Amerikaner nach amerikanischen Gütern steigt in beiden Modellen in jeweils gleicher Höhe. Im Gegensatz zum Referenzmodell steigt die Nachfrage der Europäer nach amerikanischen Gütern nur aufgrund der Erhöhung des Einkommens der Europäer, nicht jedoch aufgrund der Verbesserung der Wettbewerbsfähigkeit der amerikanischen Unternehmen auf dem Gütermarkt in Europa. Pricing-to-Market dämpft somit die expansive Wirkung auf die amerikanische Produktion und verringert damit den Rückgang der Arbeitslosigkeit in Amerika. Pricing-to-Market führt jedoch auch zu einem Anstieg des Preises der amerikanischen Güter in Europa, ausgedrückt in Dollar, und erhöht dadurch den realen Wert der amerikanischen Exporte. Pricing-to-Market dämpft durch den geringeren Produktionseffekt die Erhöhung des Lohneinkommens der Amerikaner, verstärkt dagegen die Erhöhung des Gewinneinkommens der Amerikaner, da der geringere Produktionseffekt schwächer auf das Gewinneinkommen der Amerikaner wirkt als der positiv wirkende Exportpreiseffekt. Folglich sinkt die Lohnquote in Amerika. Mithin steigt die Gewinnquote in Amerika. Pricing-to-Market hat dagegen keinen Einfluss auf die Erhöhung des Einkommens der Amerikaner.

Der Vergleich der Leistungsbilanzreaktion ergibt folgendes Bild: Die Verbesserung der Wettbewerbsfähigkeit der amerikanischen Unternehmen auf dem Gütermarkt in Europa zeigt sich in beiden Modellen in einem Anstieg des amerikanischen Exportwertes in jeweils gleicher Höhe. Das Preissetzungsverhalten hat keinen Einfluss auf die Erhöhung des Einkommens der Amerikaner und folglich auch keinen Einfluss auf den Anstieg des amerikanischen Importwertes. Eine Zunahme der europäischen Staatskäufe führt damit in beiden Modellen zu einem Leistungsbilanzüberschuss in Amerika in jeweils gleicher Höhe.

Als Ergebnis wird festgehalten, dass die Pricing-to-Market Strategie amerikanischer Unternehmen die Stärke der expansiven Wirkungen in Amerika beeinflusst: Pricing-to-Market dämpft die expansive Wirkung auf die amerikanische Produktion und verringert dadurch den Rückgang der Arbeitslosigkeit in Amerika. Pricing-to-Market dämpft die Erhöhung des Lohneinkommens der Amerikaner und verstärkt die Erhöhung des Gewinneinkommens der Amerikaner. Folglich sinkt die Lohnquote in Amerika. Mithin steigt die Gewinnquote in Amerika. Die Stärke der expansiven Wirkung auf das Einkommen der Amerikaner ist dagegen ebenso unabhängig vom Preissetzungsverhalten der amerikanischen Unternehmen wie die Reaktion der amerikanischen Leistungsbilanz.

Ein numerisches Beispiel

Betrachtet werden die Wirkungen einer Zunahme der europäischen Staatskäufe um 20 Einheiten. Es gilt $P_1 = P_2 = 1$. Y beträgt 10.000 Einheiten. Die Modellparameter lauten $m = 0{,}8$, $c = 0{,}6$, $s = 1 - c = 0{,}4$ und $q = 0{,}1$. Für den Pricing-to-Market Effekt in Europa zeigen sich folgende Ergebnisse: Pricing-to-Market verstärkt die Erhöhung der europäischen Produktion um $dG_1 / 2 = 10$ Einheiten. Der Preis der europäischen Güter in Amerika sinkt jedoch um $P_1 dG_1 / 2qY = 0{,}01$ Euro (Exportpreis in Euro), so dass der relative Preis der europäischen Güter zwischen dem Gütermarkt in Amerika und dem Gütermarkt in Europa um $dG_1 / 2qY = 0{,}01$ fällt. Pricing-to-Market verstärkt durch den zusätzlichen Produktionseffekt die Erhöhung des Lohneinkommens der Europäer um $m dG_1 / 2 = 8$ Einheiten. Der zusätzliche Produktionseffekt verstärkt die Erhöhung des Gewinneinkommens der Europäer um $(1 - m) dG_1 / 2 = 2$ Einheiten. Der negative Exportpreiseffekt führt dagegen zu einem Rückgang des Gewinneinkommens der Europäer um $dG_1 / 2 = 10$ Einheiten. Pricing-to-Market verringert das Gewinneinkommen der Europäer damit im Vergleich zum Referenzmodell um insgesamt $m dG_1 / 2 = 8$ Einheiten, so dass das Gewinneinkommen der Europäer im Modell mit Pricing-to-Market um 3 Einheiten sinkt. Tabelle 8.7 zeigt die Ergebnisse aus beiden Modellen und fasst die Wirkungen des Pricing-to-Market Effektes in Europa zusammen.

Für den Pricing-to-Market Effekt in Amerika zeigen sich folgende Ergebnisse: Pricing-to-Market dämpft die Erhöhung der amerikanischen Produktion um 10 Einheiten. Der Preis der amerikanischen Güter in Europa steigt jedoch um 0,01 Dollar (Exportpreis in Dollar). Pricing-to-Market dämpft durch den geringeren Produktionseffekt die Erhöhung des Lohneinkommens der Amerikaner um 8 Einheiten. Der geringere Produktionseffekt dämpft die Erhöhung des Gewinneinkommens der Amerikaner um 2 Einheiten. Der positive Exportpreiseffekt führt dagegen zu einer Erhöhung des Gewinneinkommens der Amerikaner um 10 Einheiten. Pricing-to-Market verstärkt die Erhöhung des Gewinneinkommens der Amerikaner damit um insgesamt 8 Einheiten. Tabelle 8.8 zeigt die Ergebnisse aus beiden Modellen und fasst die Wirkungen des Pricing-to-Market Effektes in Amerika zusammen.

Tabelle 8.7
Europa: Pricing-to-Market Effekt
einer Zunahme der europäischen Staatskäufe

	PTM	**Referenz**	**PTM-Effekt**
Produktion	35	25	10
Exportpreis in Euro	– 0,1	0	– 0,1
Lohneinkommen	**28**	**20**	**8**
Produktionseffekt	7	5	2
Exportpreiseffekt	– 10	0	– 10
Gewinneinkommen	**– 3**	**5**	**– 8**
Produktionseffekt	35	25	10
Exportpreiseffekt	– 10	0	– 10
Einkommen	**25**	**25**	**0**

Tabelle 8.8
Amerika: Pricing-to-Market Effekt
einer Zunahme der europäischen Staatskäufe

	PTM	**Referenz**	**PTM-Effekt**
Produktion	15	25	– 10
Exportpreis in Dollar	0,1	0	0,1
Lohneinkommen	**12**	**20**	**– 8**
Produktionseffekt	3	5	– 2
Exportpreiseffekt	10	0	10
Gewinneinkommen	**13**	**5**	**8**
Produktionseffekt	15	25	– 10
Exportpreiseffekt	10	0	10
Einkommen	**25**	**25**	**0**

IV Schlussbetrachtung

Kapitel 9

Zusammenfassung

9.1 Gegenstand der Arbeit

Die vorliegende Arbeit untersucht die makroökonomischen Wirkungen von Pricing-to-Market im Rahmen eines erweiterten Mundell-Fleming Modells. Pricing-to-Market bezeichnet ein strategisches Preissetzungsverhalten exportierender Unternehmen, bei dem in Reaktion auf eine Wechselkursänderung der Zuschlagssatz auf die Lohnstückkosten der Exporte angepasst wird. Die Unternehmen verfolgen dadurch das Ziel, den Preis der exportierten Güter, ausgedrückt in der Währung des Importlandes, von einer Veränderung ihrer Wettbewerbsfähigkeit partiell oder vollständig zu isolieren. Dieses Preissetzungsverhalten ist somit einer der Gründe für eine unvollständige Überwälzung von Wechselkursänderungen auf die Preise importierter Güter.

Die makroökonomischen Wirkungen von Pricing-to-Market werden analysiert unter dem Aspekt des Einflusses von Pricing-to-Market auf die Wirkungen der Geld- und Fiskalpolitik. Es wird dabei zwischen dem Modell der kleinen offenen Volkswirtschaft und dem Zwei-Länder-Modell unterschieden. In beiden Modellen wird die folgende Vorgehensweise gewählt: Zunächst werden die Effekte geld- und fiskalpolitischer Schocks bei unterschiedlichen Annahmen über das Preissetzungsverhalten exportierender Unternehmen untersucht. Im Referenzmodell ohne Pricing-to-Market wird eine Änderung des nominalen Wechselkurses vollständig auf den Preis der exportierten Güter, ausgedrückt in der Währung des Importlandes, überwälzt. Der Preis der exportierten Güter, ausgedrückt in der Währung des Exportlandes, bleibt dadurch konstant.

Im Modell mit Pricing-to-Market erwarten die Unternehmen, dass eine Änderung des nominalen Wechselkurses nur temporär ist. Sie halten daher den Preis der exportierten Güter, ausgedrückt in der Währung des Importlandes, konstant. Dieses Preissetzungsverhalten führt jedoch zu einer Änderung des Preises der exportierten Güter, ausgedrückt in der Währung des Exportlandes, und induziert dadurch eine Veränderung des relativen Güterpreises zwischen dem Exportmarkt und dem Heimatmarkt der exportierenden Unternehmen. Der Einfluss von Pricing-to-Market auf die Wirkungen der Geld- und Fiskalpolitik zeigt sich schließlich durch den Vergleich der geld- und fiskalpolitischen Multiplikatoren im Modell mit Pricing-to-Market mit den Referenzwirkungen im Modell ohne Pricing-to-Market.

Das Preissetzungsverhalten exportierender Unternehmen kann über zwei Transmissionswege Einfluss auf eine inländische Wirtschaft nehmen. Exportseitig beeinflusst das Preissetzungsverhalten inländischer Exporteure, importseitig das Preissetzungsverhalten ausländischer Exporteure die makroökonomischen Größen eines Inlands. Der Untersuchungsgegenstand dieser Arbeit konzentriert sich auf die Analyse der exportseitigen Effekte von Pricing-to-Market.

9.2 Das Modell der kleinen offenen Volkswirtschaft

Die kleine offene Volkswirtschaft wird als Inland, der Rest der Welt als Ausland bezeichnet. Es herrscht Unterbeschäftigung. Betrachtet werden geld- und fiskalpolitische Schocks im Inland. Der Gegenstand der Analyse ist der Einfluss der Pricing-to-Market Strategie inländischer Unternehmen auf die Wirksamkeit geld- und fiskalpolitischer Maßnahmen.

9.2.1 Geldpolitik

Das Modell ohne Pricing-to-Market

Betrachtet werden die Wirkungen einer Zunahme der Geldmenge in einer Wirtschaft mit Kapitalmobilität. Eine Zunahme der Geldmenge führt zu einer Abwertung der Inlandswährung, so dass der Preis der inländischen Güter im Ausland, ausgedrückt in Auslandswährung, sinkt. Der Preis der inländischen Güter im Ausland, ausgedrückt in Inlandswährung, bleibt hingegen konstant. Die inländische Produktion steigt aufgrund des Anstiegs der Nachfrage der Inländer und Ausländer nach inländischen Gütern. Der Anstieg der inländischen Produktion verringert die Arbeitslosigkeit. Das Lohn- und Gewinneinkommen steigt aufgrund der Erhöhung der inländischen Produktion. Das Einkommen der Inländer steigt somit aufgrund der Erhöhung des Lohn- und Gewinneinkommens. Die Einkommensverteilung bleibt unverändert.

Das Modell mit Pricing-to-Market

Betrachtet werden die Wirkungen einer Zunahme der Geldmenge in einer Wirtschaft mit Kapitalmobilität. Eine Zunahme der Geldmenge führt zu einer

Abwertung der Inlandswährung. Die Unternehmen halten jedoch den Preis der inländischen Güter im Ausland, ausgedrückt in Auslandswährung, konstant. Dadurch steigt der Preis der inländischen Güter im Ausland, ausgedrückt in Inlandswährung. Die inländische Produktion steigt aufgrund des Anstiegs der Nachfrage der Inländer nach inländischen Gütern. Der Anstieg der inländischen Produktion verringert die Arbeitslosigkeit. Das Lohneinkommen steigt aufgrund der Erhöhung der inländischen Produktion. Das Gewinneinkommen steigt sowohl aufgrund der Erhöhung der inländischen Produktion als auch aufgrund des Anstiegs des Preises der inländischen Güter im Ausland, ausgedrückt in Inlandswährung. Das Einkommen der Inländer steigt somit aufgrund der Erhöhung des Lohn- und Gewinneinkommens. Dabei sinkt die Lohnquote. Mithin steigt die Gewinnquote. Die Erhöhung des Einkommens der Inländer ist größer als die Erhöhung der inländischen Produktion. Eine Zunahme der Geldmenge führt demnach bei Pricing-to-Market zu einem Realeinkommenstransfer ins Inland.

Vergleich der Modelle

Die Pricing-to-Market Strategie inländischer Unternehmen beeinflusst die Wirkungsstärke einer expansiven Geldpolitik: Pricing-to-Market dämpft die expansive Wirkung auf die inländische Produktion und verringert dadurch den Rückgang der Arbeitslosigkeit. Pricing-to-Market dämpft die Erhöhung des Lohneinkommens und verstärkt die Erhöhung des Gewinneinkommens. Folglich sinkt die Lohnquote. Mithin steigt die Gewinnquote. Die Stärke der expansiven Wirkung auf das Einkommen der Inländer ist dagegen ebenso unabhängig vom Preissetzungsverhalten wie die Reaktion der Leistungsbilanz. Die Analyse der Wirtschaft ohne Kapitalmobilität zeigt, dass der Einfluss der Pricing-to-Market Strategie inländischer Unternehmen auf die Wirkungsstärke einer expansiven Geldpolitik mit abnehmender Kapitalmobilität zurückgeht.

Im numerischen Beispiel wird eine Zunahme der Geldmenge um 40 Einheiten untersucht. Die Tabelle 9.1 fasst die Ergebnisse aus beiden Modellen zusammen und zeigt den Einfluss der Pricing-to-Market Strategie inländischer Unternehmen auf die Wirkungsstärke einer expansiven Geldpolitik (PTM-Effekt). Pricing-to-Market dämpft die Erhöhung der inländischen Produktion um 35 Einheiten. Pricing-to-Market dämpft die Erhöhung des Lohneinkommens um 28 Einheiten, verstärkt jedoch die Erhöhung des Gewinneinkommens um 28 Einheiten und hat somit insgesamt keinen Einfluss auf die Erhöhung des Einkommens der Inländer.

Tabelle 9.1
Wirkungen einer Zunahme der Geldmenge und der Pricing-to-Market Effekt

	PTM	Referenz	PTM-Effekt
Produktion	45	80	– 35
Lohneinkommen	36	64	– 28
Gewinneinkommen	44	16	28
Einkommen	80	80	0

9.2.2 Fiskalpolitik

Das Modell ohne Pricing-to-Market

Betrachtet werden die Wirkungen einer Zunahme der Staatskäufe in einer Wirtschaft mit Kapitalmobilität. Eine Zunahme der Staatskäufe führt zu einer Aufwertung der Inlandswährung, so dass der Preis der inländischen Güter im Ausland, ausgedrückt in Auslandswährung, steigt. Der Preis der inländischen Güter im Ausland, ausgedrückt in Inlandswährung, bleibt hingegen konstant. Die zusätzlichen Staatskäufe verdrängen Exporte in gleicher Höhe, so dass die inländische Produktion konstant bleibt. Somit bleiben auch die Arbeitslosigkeit, das Lohn- und Gewinneinkommen und das Einkommen der Inländer unverändert. Die Einkommensverteilung bleibt ebenfalls unverändert.

Das Modell mit Pricing-to-Market

Betrachtet werden die Wirkungen einer Zunahme der Staatskäufe in einer Wirtschaft mit Kapitalmobilität. Eine Zunahme der Staatskäufe führt zu einer Aufwertung der Inlandswährung. Die Unternehmen halten jedoch den Preis der inländischen Güter im Ausland, ausgedrückt in Auslandswährung, konstant. Dadurch sinkt der Preis der inländischen Güter im Ausland, ausgedrückt in Inlandswährung. Die inländische Produktion steigt in Höhe der zusätzlichen Staatskäufe. Der Anstieg der inländischen Produktion verringert die Arbeitslosigkeit. Das Lohneinkommen steigt aufgrund der Erhöhung der inländischen Produktion. Das Gewinneinkommen steigt aufgrund der Erhöhung der inländischen Produktion, sinkt jedoch aufgrund des Rückgangs des Preises der inländischen Güter im Ausland, ausgedrückt in Inlandswährung.

Insgesamt sinkt das Gewinneinkommen. Dem höheren Lohneinkommen steht ein verringertes Gewinneinkommen in gleicher Höhe gegenüber, so dass das Einkommen der Inländer insgesamt unverändert bleibt. Die Lohnquote steigt. Mithin sinkt die Gewinnquote. Ex post ist die inländische Produktion höher als das Einkommen der Inländer. Eine Zunahme der Staatskäufe führt demnach bei Pricing-to-Market zu einem Realeinkommenstransfer ins Ausland.

Vergleich der Modelle

Die Pricing-to-Market Strategie inländischer Unternehmen beeinflusst unmittelbar die Wirksamkeit einer expansiven Fiskalpolitik: Die inländische Produktion steigt, so dass die Arbeitslosigkeit sinkt. Fiskalpolitik ist nun nicht mehr unwirksam im Hinblick auf die Erreichung beschäftigungspolitischer Ziele. Das Lohneinkommen steigt. In gleicher Höhe sinkt das Gewinneinkommen. Folglich steigt die Lohnquote. Mithin sinkt die Gewinnquote. Das Einkommen der Inländer bleibt dagegen unabhängig vom Preissetzungsverhalten konstant. Zudem zeigt sich kein Einfluss des Preissetzungsverhaltens auf die Reaktion der Leistungsbilanz.

Im numerischen Beispiel wird eine Zunahme der Staatskäufe um 20 Einheiten untersucht. Die Tabelle 9.2 fasst die Ergebnisse aus beiden Modellen zusammen und zeigt den Einfluss der Pricing-to-Market Strategie inländischer Unternehmen auf die Wirksamkeit einer expansiven Fiskalpolitik (PTM-Effekt). Die inländische Produktion steigt um 20 Einheiten. Dem Anstieg des Lohneinkommens um 16 Einheiten steht ein Rückgang des Gewinneinkommens in gleicher Höhe gegenüber. Pricing-to-Market hat somit insgesamt keinen Einfluss auf das Einkommen der Inländer.

In der Wirtschaft ohne Kapitalmobilität zeigt sich, dass die Pricing-to-Market Strategie inländischer Unternehmen die Wirkungsstärke einer expansiven Fiskalpolitik beeinflusst: Pricing-to-Market dämpft die expansive Wirkung auf die inländische Produktion und verringert dadurch den Rückgang der Arbeitslosigkeit. Pricing-to-Market dämpft die Erhöhung des Lohneinkommens und verstärkt die Erhöhung des Gewinneinkommens. Folglich sinkt die Lohnquote. Mithin steigt die Gewinnquote. Die Stärke der expansiven Wirkung auf das Einkommen der Inländer ist jedoch unabhängig vom Preissetzungsverhalten.

Tabelle 9.2
Wirkungen einer Zunahme der Staatskäufe und der Pricing-to-Market Effekt

	PTM	Referenz	PTM-Effekt
Produktion	20	0	20
Lohneinkommen	16	0	16
Gewinneinkommen	– 16	0	– 16
Einkommen	0	0	0

9.3 Das Zwei-Länder-Modell

Die Welt besteht aus zwei großen Ländern, Europa und Amerika, die durch identische Verhaltensparameter gekennzeichnet sind. In beiden Ländern herrscht Unterbeschäftigung. Betrachtet werden geld- und fiskalpolitische Schocks in Europa. Es wird angenommen, dass die Zinsempfindlichkeit der Investitionen null beträgt. Der Gegenstand der Analyse der europäischen Wirtschaft ist der Einfluss der Pricing-to-Market Strategie europäischer Unternehmen auf die Wirksamkeit geld- und fiskalpolitischer Maßnahmen. Aus amerikanischer Sicht kann eine wirtschaftspolitische Maßnahme in Europa als ein externer Schock interpretiert werden. Der Gegenstand der Analyse der amerikanischen Wirtschaft ist demnach der Einfluss der Pricing-to-Market Strategie amerikanischer Unternehmen auf die Auswirkungen externer Schocks.

9.3.1 Geldpolitik in Europa

Das Modell ohne Pricing-to-Market

Eine Zunahme der europäischen Geldmenge führt zu einer Abwertung des Euros, so dass der Preis der europäischen Güter in Amerika, ausgedrückt in Dollar, sinkt. Der Preis der europäischen Güter in Amerika, ausgedrückt in Euro, bleibt hingegen konstant. Die europäische Produktion steigt aufgrund des Anstiegs der Nachfrage der Europäer und Amerikaner nach europäischen Gütern. Der Anstieg der europäischen Produktion verringert die Arbeitslosigkeit in Europa. Das Lohn- und Gewinneinkommen der Europäer steigt aufgrund der Erhöhung der europäischen Produktion. Das Einkommen der Europäer steigt somit aufgrund der Erhöhung des Lohn- und Gewinneinkommens der Europäer. Die Einkommensverteilung in Europa bleibt unverändert.

Eine Zunahme der europäischen Geldmenge führt zu einer Aufwertung des Dollars, so dass der Preis der amerikanischen Güter in Europa, ausgedrückt in Euro, steigt. Der Preis der amerikanischen Güter in Europa, ausgedrückt in Dollar, bleibt hingegen konstant. Die amerikanische Produktion sinkt aufgrund des Rückgangs der Nachfrage der Amerikaner und Europäer nach amerikanischen Gütern. Der Rückgang der amerikanischen Produktion erhöht die Arbeitslosigkeit in Amerika. Das Lohn- und Gewinneinkommen der Amerikaner sinkt aufgrund des Rückgangs der amerikanischen Produktion. Das Einkommen der Amerikaner sinkt somit aufgrund des Rückgangs des Lohn- und Gewinneinkommens der Amerikaner. Die Einkommensverteilung in Amerika bleibt unverändert.

Das Modell mit Pricing-to-Market

Ausgangspunkt sei zunächst die Annahme, dass ein Home Bias im Konsum der europäischen und amerikanischen Haushalte vorliegt. Der Konsum richtet sich mithin stärker auf die heimischen Güter als auf die importierten Güter. Eine Zunahme der europäischen Geldmenge führt zu einer Abwertung des Euros. Die europäischen Unternehmen halten jedoch den Preis der europäischen Güter in Amerika, ausgedrückt in Dollar, konstant. Dadurch steigt der Preis der europäischen Güter in Amerika, ausgedrückt in Euro. Die europäische Produktion steigt, da der Anstieg der Nachfrage der Europäer nach europäischen Gütern größer ist als der Rückgang der Nachfrage der Amerikaner nach europäischen Gütern. Der Anstieg der europäischen Produktion verringert die Arbeitslosigkeit in Europa.

Das Lohneinkommen der Europäer steigt aufgrund der Erhöhung der europäischen Produktion. Das Gewinneinkommen der Europäer steigt sowohl aufgrund der Erhöhung der europäischen Produktion als auch aufgrund des Anstiegs des Preises der europäischen Güter in Amerika, ausgedrückt in Euro. Das Einkommen der Europäer steigt somit aufgrund der Erhöhung des Lohn- und Gewinneinkommens der Europäer. Dabei sinkt die Lohnquote in Europa. Mithin steigt die Gewinnquote in Europa. Die Erhöhung des Einkommens der Europäer ist größer als die Erhöhung der europäischen Produktion. Eine Zunahme der europäischen Geldmenge führt demnach bei Pricing-to-Market der europäischen Unternehmen zu einem Realeinkommenstransfer aus Amerika nach Europa.

Eine Zunahme der europäischen Geldmenge führt zu einer Aufwertung des Dollars. Die amerikanischen Unternehmen halten jedoch den Preis der amerikanischen Güter in Europa, ausgedrückt in Euro, konstant. Dadurch sinkt der Preis der amerikanischen Güter in Europa, ausgedrückt in Dollar. Die amerikanische Produktion sinkt, da der Rückgang der Nachfrage der Amerikaner nach amerikanischen Gütern größer ist als der Anstieg der Nachfrage der Europäer nach amerikanischen Gütern. Der Rückgang der amerikanischen Produktion erhöht die Arbeitslosigkeit in Amerika.

Das Lohneinkommen der Amerikaner sinkt aufgrund des Rückgangs der amerikanischen Produktion. Das Gewinneinkommen der Amerikaner sinkt sowohl aufgrund des Rückgangs der amerikanischen Produktion als auch aufgrund des Rückgangs des Preises der amerikanischen Güter in Europa, ausgedrückt in Dollar. Das Einkommen der Amerikaner sinkt somit aufgrund des Rückgangs des Lohn- und Gewinneinkommens der Amerikaner. Dabei steigt die Lohnquote in Amerika. Mithin sinkt die Gewinnquote in Amerika. Der Rückgang des Einkommens der Amerikaner ist größer als der Rückgang der amerikanischen Produktion. Eine Zunahme der europäischen Geldmenge führt demnach bei Pricing-to-Market der amerikanischen Unternehmen zu einem Realeinkommentransfer von Amerika nach Europa.

Vergleich der Modelle

Die Pricing-to-Market Strategie europäischer Unternehmen beeinflusst die Stärke der expansiven Wirkungen in Europa: Pricing-to-Market dämpft die expansive Wirkung auf die europäische Produktion und verringert dadurch den Rückgang der Arbeitslosigkeit in Europa. Pricing-to-Market dämpft die Erhöhung des Lohneinkommens der Europäer und verstärkt die Erhöhung des Gewinneinkommens der Europäer. Folglich sinkt die Lohnquote in Europa. Mithin steigt die Gewinnquote in Europa. Die Stärke der expansiven Wirkung auf das Einkommen der Europäer ist dagegen ebenso unabhängig vom Preissetzungsverhalten der europäischen Unternehmen wie die Reaktion der europäischen Leistungsbilanz.

Der Einfluss der Pricing-to-Market Strategie europäischer Unternehmen auf die Stärke der expansiven Wirkungen in Europa steigt, je geringer der Home Bias im Konsum der europäischen und amerikanischen Haushalte ausgeprägt ist. In diesem Fall nehmen der Dämpfungseffekt auf die europäische Produktion und das Lohneinkommen der Europäer und der Verstärkungseffekt auf das Gewinneinkommen der Europäer zu.

Die Pricing-to-Market Strategie amerikanischer Unternehmen beeinflusst die Stärke der kontraktiven Wirkungen in Amerika: Pricing-to-Market dämpft die kontraktive Wirkung auf die amerikanische Produktion und verringert dadurch den Anstieg der Arbeitslosigkeit in Amerika. Pricing-to-Market dämpft den Rückgang des Lohneinkommens der Amerikaner und verstärkt den Rückgang des Gewinneinkommens der Amerikaner. Folglich steigt die Lohnquote in Amerika. Mithin sinkt die Gewinnquote in Amerika. Die Stärke der kontraktiven Wirkung auf das Einkommen der Amerikaner ist dagegen ebenso unabhängig vom Preissetzungsverhalten der amerikanischen Unternehmen wie die Reaktion der amerikanischen Leistungsbilanz.

Der Einfluss der Pricing-to-Market Strategie amerikanischer Unternehmen auf die Stärke der kontraktiven Wirkungen in Amerika steigt, je geringer der Home Bias im Konsum der amerikanischen und europäischen Haushalte ausgeprägt ist. In diesem Fall nehmen der Dämpfungseffekt auf die amerikanische Produktion und das Lohneinkommen der Amerikaner und der Verstärkungseffekt auf das Gewinneinkommen der Amerikaner zu.

Im numerischen Beispiel wird eine Zunahme der europäischen Geldmenge um 40 Einheiten untersucht. Die Tabellen 9.3 und 9.4 fassen die Ergebnisse aus beiden Modellen zusammen und zeigen den Einfluss von Pricing-to-Market auf die Wirkungen einer Zunahme der europäischen Geldmenge (PTM-Effekt). Für Europa ergeben sich folgende Resultate: Pricing-to-Market dämpft die Erhöhung der europäischen Produktion um 24 Einheiten. Pricing-to-Market dämpft die Erhöhung des Lohneinkommens der Europäer um 19,2 Einheiten, verstärkt jedoch die Erhöhung des Gewinneinkommens der Europäer um 19,2 Einheiten und hat somit insgesamt keinen Einfluss auf die Erhöhung des Einkommens der Europäer. Für Amerika ergeben sich folgende Resultate: Pricing-to-Market dämpft den Rückgang der amerikanischen Produktion um 24 Einheiten. Pricing-to-Market dämpft den Rückgang des Lohneinkommens der Amerikaner um 19,2 Einheiten, verstärkt jedoch den Rückgang des Gewinneinkommens der Amerikaner um 19,2 Einheiten und hat somit insgesamt keinen Einfluss auf den Rückgang des Einkommens der Amerikaner.

Tabelle 9.3
Europa: Wirkungen einer Zunahme der europäischen Geldmenge und der Pricing-to-Market Effekt

	PTM	Referenz	PTM-Effekt
Produktion	16	40	– 24
Lohneinkommen	12,8	32	– 19,2
Gewinneinkommen	27,2	8	19,2
Einkommen	40	40	0

Tabelle 9.4
Amerika: Wirkung einer Zunahme der europäischen Geldmenge und der Pricing-to-Market Effekt

	PTM	Referenz	PTM-Effekt
Produktion	– 16	– 40	24
Lohneinkommen	– 12,8	– 32	19,2
Gewinneinkommen	– 27,2	– 8	– 19,2
Einkommen	– 40	– 40	0

Verfolgen die Unternehmen eine Pricing-to-Market Strategie, so ist die Wirkungsrichtung einer expansiven Geldpolitik auf die Produktion und mithin auf die Beschäftigung maßgeblich von der Struktur der Konsumnachfrage abhängig. Eine expansive Geldpolitik hat nur dann eine expansive Wirkung auf die europäische Produktion und eine kontraktive Wirkung auf die amerikanische Produktion, wenn ein Home Bias im einkommensabhängigen Konsum der europäischen und amerikanischen Haushalte vorliegt. Richtet sich der Konsum der Haushalte beider Länder dagegen überwiegend auf importierte Güter, so führt eine Zunahme der europäischen Geldmenge bei Pricing-to-Market der europäischen Unternehmen zu einem Rückgang der europäischen Produktion und folglich zu einem Anstieg der Arbeitslosigkeit in Europa. Dem gesunkenen Lohneinkommen der Europäer steht dann jedoch ein starker Anstieg des Gewinneinkommens der Europäer gegenüber. Entsprechend führt eine Zunahme der europäischen Geldmenge bei Pricing-to-Market der amerikanischen Unternehmen zu einem Anstieg der amerikanischen Produktion und folglich zu einem Rückgang der Arbeitslosigkeit in Amerika. Dem höheren Lohneinkommen der Amerikaner steht dann jedoch ein starker Rückgang des Gewinneinkommens der Amerikaner gegenüber.

9.3.2 Fiskalpolitik in Europa

Das Modell ohne Pricing-to-Market

Eine Zunahme der europäischen Staatskäufe führt zu einer Aufwertung des Euros, so dass der Preis der europäischen Güter in Amerika, ausgedrückt in Dollar steigt. Der Preis der europäischen Güter in Amerika, ausgedrückt in Euro, bleibt hingegen konstant. Die Nachfrage der Europäer nach europäischen Gütern steigt, jedoch kann die Nachfrage der Amerikaner nach europäischen Gütern unter bestimmten Modellparametern sinken. Im Gesamteffekt steigt die Nachfrage nach europäischen Gütern stets, so dass auch die europäische Produktion steigt. Das Lohn- und Gewinneinkommen der Europäer steigt aufgrund der Erhöhung der europäischen Produktion. Das Einkommen der Europäer steigt somit aufgrund der Erhöhung des Lohn- und Gewinneinkommens der Europäer. Die Einkommensverteilung in Europa bleibt unverändert.

Eine Zunahme der europäischen Staatskäufe führt zu einer Abwertung des Dollars, so dass der Preis der amerikanischen Güter in Europa, ausgedrückt in Euro, sinkt. Der Preis der amerikanischen Güter in Europa, ausgedrückt in Dollar, bleibt hingegen konstant. Die amerikanische Produktion steigt aufgrund des Anstiegs der Nachfrage der Amerikaner und Europäer nach amerikanischen Gütern. Der Anstieg der amerikanischen Produktion verringert die Arbeitslosigkeit in Amerika. Das Lohn- und Gewinneinkommen der Amerikaner steigt aufgrund der Erhöhung der amerikanischen Produktion. Das Einkommen der Amerikaner steigt somit aufgrund der Erhöhung des Lohn- und Gewinneinkommens der Amerikaner. Die Einkommensverteilung in Amerika bleibt unverändert.

Das Modell mit Pricing-to-Market

Eine Zunahme der europäischen Staatskäufe führt zu einer Aufwertung des Euros. Die europäischen Unternehmen halten jedoch den Preis der europäischen Güter in Amerika, ausgedrückt in Dollar, konstant. Dadurch sinkt der Preis der europäischen Güter in Amerika, ausgedrückt in Euro. Die europäische Produktion steigt aufgrund des Anstiegs der Nachfrage der Europäer und Amerikaner nach europäischen Gütern. Der Anstieg der europäischen Produktion verringert die Arbeitslosigkeit in Europa. Das Lohneinkommen der Europäer steigt aufgrund der Erhöhung der europäischen Produktion.

Das Gewinneinkommen der Europäer steigt aufgrund der Erhöhung der europäischen Produktion, sinkt jedoch aufgrund des Rückgangs des Preises der europäischen Güter in Amerika, ausgedrückt in Euro. Unter bestimmten Modellparametern kann im Gesamteffekt das Gewinneinkommen der Europäer sinken. Trotz der Möglichkeit eines sinkenden Gewinneinkommens der Europäer steigt das Einkommen der Europäer stets. Dabei steigt die Lohnquote in Europa. Mithin sinkt die Gewinnquote in Europa. Die Erhöhung des Einkommens der Europäer ist geringer als die Erhöhung der europäischen Produktion. Eine Zunahme der europäischen Staatskäufe führt demnach bei Pricing-to-Market der europäischen Unternehmen zu einem Realeinkommenstransfer von Europa nach Amerika.

Eine Zunahme der europäischen Staatskäufe führt zu einer Abwertung des Dollars. Die amerikanischen Unternehmen halten jedoch den Preis der amerikanischen Güter in Europa, ausgedrückt in Euro, konstant. Dadurch steigt der Preis der amerikanischen Güter in Europa, ausgedrückt in Dollar. Die amerikanische Produktion steigt aufgrund des Anstiegs der Nachfrage der Amerikaner und Europäer nach amerikanischen Gütern. Der Anstieg der amerikanischen Produktion verringert die Arbeitslosigkeit in Amerika. Das Lohneinkommen der Amerikaner steigt aufgrund des Anstiegs der amerikanischen Produktion. Das Gewinneinkommen der Amerikaner steigt sowohl aufgrund des Anstiegs der amerikanischen Produktion als auch aufgrund des Anstiegs des Preises der amerikanischen Güter in Europa, ausgedrückt in Dollar. Das Einkommen der Amerikaner steigt somit aufgrund der Erhöhung des Lohn- und Gewinneinkommens der Amerikaner. Die Lohnquote in Amerika sinkt. Mithin steigt die Gewinnquote in Amerika. Die Erhöhung des Einkommens der Amerikaner ist größer als die Erhöhung der amerikanischen Produktion. Eine Zunahme der europäischen Staatskäufe führt demnach bei Pricing-to-Market der amerikanischen Unternehmen zu einem Realeinkommenstransfer aus Europa nach Amerika.

Vergleich der Modelle

Die Pricing-to-Market Strategie europäischer Unternehmen beeinflusst die Stärke der expansiven Wirkungen in Europa: Pricing-to-Market verstärkt die expansive Wirkung auf die europäische Produktion und beschleunigt dadurch den Rückgang der Arbeitslosigkeit in Europa. Pricing-to-Market verstärkt die Erhöhung des Lohneinkommens der Europäer und dämpft die Erhöhung des

Gewinneinkommens der Europäer. Unter bestimmten Modellparametern ist dieser Dämpfungseffekt so ausgeprägt, dass eine expansive Fiskalpolitik bei Pricing-to-Market der europäischen Unternehmen das Gewinneinkommen der Europäer verringert. Pricing-to-Market führt zu einem Anstieg der Lohnquote in Europa. Mithin sinkt die Gewinnquote in Europa. Die Stärke der expansiven Wirkung auf das Einkommen der Europäer ist dagegen ebenso unabhängig vom Preissetzungsverhalten der europäischen Unternehmen wie die Reaktion der europäischen Leistungsbilanz.

Die Pricing-to-Market Strategie amerikanischer Unternehmen beeinflusst die Stärke der expansiven Wirkungen in Amerika: Pricing-to-Market dämpft die expansive Wirkung auf die amerikanische Produktion und verringert dadurch den Rückgang der Arbeitslosigkeit in Amerika. Pricing-to-Market dämpft die Erhöhung des Lohneinkommens der Amerikaner und verstärkt die Erhöhung des Gewinneinkommens der Amerikaner. Folglich sinkt die Lohnquote in Amerika. Mithin steigt die Gewinnquote in Amerika. Die Stärke der expansiven Wirkung auf das Einkommen der Amerikaner ist dagegen ebenso unabhängig vom Preissetzungsverhalten der amerikanischen Unternehmen wie die Reaktion der amerikanischen Leistungsbilanz.

Im numerischen Beispiel wird eine Zunahme der europäischen Staatskäufe um 20 Einheiten untersucht. Die Tabellen 9.5 und 9.6 fassen die Ergebnisse aus beiden Modellen zusammen und zeigen den Einfluss von Pricing-to-Market auf die Wirkungen einer Zunahme der europäischen Staatskäufe (PTM-Effekt). Für Europa ergeben sich folgende Resultate: Pricing-to-Market verstärkt die Erhöhung der europäischen Produktion um 10 Einheiten. Pricing-to-Market verstärkt die Erhöhung des Lohneinkommens der Europäer um 8 Einheiten, dämpft jedoch die tendenziell expansive Wirkung einer Zunahme der europäischen Staatskäufe auf das Gewinneinkommen der Europäer um 8 Einheiten, so dass dieses im Modell mit Pricing-to-Market sinkt. Pricing-to-Market hat somit insgesamt keinen Einfluss auf die Erhöhung des Einkommens der Europäer. Für Amerika ergeben sich folgende Resultate: Pricing-to-Market dämpft die Erhöhung der amerikanischen Produktion um 10 Einheiten. Pricing-to-Market dämpft die Erhöhung des Lohneinkommens der Amerikaner um 8 Einheiten, verstärkt jedoch die Erhöhung des Gewinneinkommens der Amerikaner um 8 Einheiten und hat somit insgesamt keinen Einfluss auf die Erhöhung des Einkommens der Amerikaner.

Tabelle 9.5
Europa: Wirkungen einer Zunahme der europäischen Staatskäufe und der Pricing-to-Market Effekt

	PTM	Referenz	PTM-Effekt
Produktion	35	25	10
Lohneinkommen	28	20	8
Gewinneinkommen	– 3	5	– 8
Einkommen	25	25	0

Tabelle 9.6
Amerika: Wirkungen einer Zunahme der europäischen Staatskäufe und der Pricing-to-Market Effekt

	PTM	Referenz	PTM-Effekt
Produktion	15	25	– 10
Lohneinkommen	12	20	– 8
Gewinneinkommen	13	5	8
Einkommen	25	25	0

Kapitel 10

Ergebnis

10.1 Das Modell der kleinen offenen Volkswirtschaft

Die kleine offene Volkswirtschaft wird als Inland, der Rest der Welt als Ausland bezeichnet. Es herrscht Unterbeschäftigung. Betrachtet werden geld- und fiskalpolitische Schocks im Inland. Der Gegenstand der Analyse ist der Einfluss der Pricing-to-Market Strategie inländischer Unternehmen auf die Wirksamkeit geld- und fiskalpolitischer Maßnahmen.

Geldpolitik

Betrachtet sei eine Zunahme der Geldmenge in einer Wirtschaft mit Kapitalmobilität. Die Pricing-to-Market Strategie inländischer Unternehmen beeinflusst die Wirkungsstärke einer expansiven Geldpolitik: Pricing-to-Market dämpft die expansive Wirkung auf die inländische Produktion und verringert dadurch den Rückgang der Arbeitslosigkeit. Pricing-to-Market dämpft die Erhöhung des Lohneinkommens und verstärkt die Erhöhung des Gewinneinkommens. Folglich sinkt die Lohnquote. Mithin steigt die Gewinnquote. Die Stärke der expansiven Wirkung auf das Einkommen der Inländer ist dagegen ebenso unabhängig vom Preissetzungsverhalten wie die Reaktion der Leistungsbilanz. Die Analyse der Wirtschaft ohne Kapitalmobilität zeigt, dass der Einfluss der Pricing-to-Market Strategie inländischer Unternehmen auf die Wirkungsstärke einer expansiven Geldpolitik mit abnehmender Kapitalmobilität zurückgeht.

Fiskalpolitik

Betrachtet sei eine Zunahme der Staatskäufe in einer Wirtschaft mit Kapitalmobilität. Die Pricing-to-Market Strategie inländischer Unternehmen beeinflusst unmittelbar die Wirksamkeit einer expansiven Fiskalpolitik: Die inländische Produktion steigt, so dass die Arbeitslosigkeit sinkt. Das Lohneinkommen steigt. In gleicher Höhe sinkt das Gewinneinkommen. Folglich steigt die Lohnquote. Mithin sinkt die Gewinnquote. Das Einkommen der Inländer bleibt dagegen unabhängig vom Preissetzungsverhalten konstant. Zudem zeigt sich kein Einfluss des Preissetzungsverhaltens auf die Reaktion der Leistungsbilanz.

In der Wirtschaft ohne Kapitalmobilität zeigt sich, dass die Pricing-to-Market Strategie inländischer Unternehmen die Wirkungsstärke einer expansiven Fiskalpolitik beeinflusst: Pricing-to-Market dämpft die expansive Wirkung auf die inländische Produktion und verringert dadurch den Rückgang der Arbeitslosigkeit. Pricing-to-Market dämpft die Erhöhung des Lohneinkommens und verstärkt die Erhöhung des Gewinneinkommens. Folglich sinkt die Lohnquote. Mithin steigt die Gewinnquote. Die Stärke der expansiven Wirkung auf das Einkommen der Inländer ist jedoch unabhängig vom Preissetzungsverhalten.

10.2 Das Zwei-Länder-Modell

Die Welt besteht aus zwei großen Ländern, Europa und Amerika, die durch identische Verhaltensparameter gekennzeichnet sind. In beiden Ländern herrscht Unterbeschäftigung. Betrachtet werden geld- und fiskalpolitische Schocks in Europa. Es wird angenommen, dass die Zinsempfindlichkeit der Investitionen null beträgt. Der Gegenstand der Analyse der europäischen Wirtschaft ist der Einfluss der Pricing-to-Market Strategie europäischer Unternehmen auf die Wirksamkeit geld- und fiskalpolitischer Maßnahmen. Aus amerikanischer Sicht kann eine wirtschaftspolitische Maßnahme in Europa als ein externer Schock interpretiert werden. Der Gegenstand der Analyse der amerikanischen Wirtschaft ist demnach der Einfluss der Pricing-to-Market Strategie amerikanischer Unternehmen auf die Auswirkungen externer Schocks.

Geldpolitik in Europa

Betrachtet sei eine Zunahme der europäischen Geldmenge. Die Pricing-to-Market Strategie europäischer Unternehmen beeinflusst die Stärke der expansiven Wirkungen in Europa: Pricing-to-Market dämpft die expansive Wirkung auf die europäische Produktion und verringert dadurch den Rückgang der Arbeitslosigkeit in Europa. Pricing-to-Market dämpft die Erhöhung des Lohneinkommens der Europäer und verstärkt die Erhöhung des Gewinneinkommens der Europäer. Folglich sinkt die Lohnquote in Europa. Mithin steigt die Gewinnquote in Europa. Die Stärke der expansiven Wirkung auf das Einkommen der Europäer ist dagegen ebenso unabhängig vom Preissetzungsverhalten der europäischen Unternehmen wie die Reaktion der europäischen Leistungsbilanz.

Der Einfluss der Pricing-to-Market Strategie europäischer Unternehmen auf die Stärke der expansiven Wirkungen in Europa steigt, je geringer der Home Bias im Konsum der europäischen und amerikanischen Haushalte ausgeprägt ist. In diesem Fall nehmen der Dämpfungseffekt auf die europäische Produktion und das Lohneinkommen der Europäer und der Verstärkungseffekt auf das Gewinneinkommen der Europäer zu. Richtet sich der Konsum der Haushalte beider Länder überwiegend auf importierte Güter, so führt eine Zunahme der europäischen Geldmenge bei Pricing-to-Market der europäischen Unternehmen zu einem Rückgang der europäischen Produktion und folglich zu einem Anstieg der Arbeitslosigkeit in Europa. Dem gesunkenen Lohneinkommen der Europäer steht dann jedoch ein starker Anstieg des Gewinneinkommens der Europäer gegenüber.

Die Pricing-to-Market Strategie amerikanischer Unternehmen beeinflusst die Stärke der kontraktiven Wirkungen in Amerika: Pricing-to-Market dämpft die kontraktive Wirkung auf die amerikanische Produktion und verringert dadurch den Anstieg der Arbeitslosigkeit in Amerika. Pricing-to-Market dämpft den Rückgang des Lohneinkommens der Amerikaner und verstärkt den Rückgang des Gewinneinkommens der Amerikaner. Folglich steigt die Lohnquote in Amerika. Mithin sinkt die Gewinnquote in Amerika. Die Stärke der kontraktiven Wirkung auf das Einkommen der Amerikaner ist dagegen ebenso unabhängig vom Preissetzungsverhalten der amerikanischen Unternehmen wie die Reaktion der amerikanischen Leistungsbilanz.

Der Einfluss der Pricing-to-Market Strategie amerikanischer Unternehmen auf die Stärke der kontraktiven Wirkungen in Amerika steigt, je geringer der Home Bias im Konsum der amerikanischen und europäischen Haushalte ausgeprägt ist. In diesem Fall nehmen der Dämpfungseffekt auf die amerikanische Produktion und das Lohneinkommen der Amerikaner und der Verstärkungseffekt auf das Gewinneinkommen der Amerikaner zu. Richtet sich der Konsum der Haushalte beider Länder überwiegend auf importierte Güter, so führt eine Zunahme der europäischen Geldmenge bei Pricing-to-Market der amerikanischen Unternehmen zu einem Anstieg der amerikanischen Produktion und folglich zu einem Rückgang der Arbeitslosigkeit in Amerika. Dem höheren Lohneinkommen der Amerikaner steht dann jedoch ein starker Rückgang des Gewinneinkommens der Amerikaner gegenüber.

Fiskalpolitik in Europa

Betrachtet sei eine Zunahme der europäischen Staatskäufe. Die Pricing-to-Market Strategie europäischer Unternehmen beeinflusst die Stärke der expansiven Wirkungen in Europa: Pricing-to-Market verstärkt die expansive Wirkung auf die europäische Produktion und beschleunigt dadurch den Rückgang der Arbeitslosigkeit in Europa. Pricing-to-Market verstärkt die Erhöhung des Lohneinkommens der Europäer und dämpft die Erhöhung des Gewinneinkommens der Europäer. Unter bestimmten Modellparametern ist dieser Dämpfungseffekt so ausgeprägt, dass eine expansive Fiskalpolitik bei Pricing-to-Market der europäischen Unternehmen das Gewinneinkommen der Europäer verringert. Pricing-to-Market führt zu einem Anstieg der Lohnquote in Europa. Mithin sinkt die Gewinnquote in Europa. Die Stärke der expansiven Wirkung auf das Einkommen der Europäer ist dagegen ebenso unabhängig vom Preissetzungsverhalten der europäischen Unternehmen wie die Reaktion der europäischen Leistungsbilanz.

Die Pricing-to-Market Strategie amerikanischer Unternehmen beeinflusst die Stärke der expansiven Wirkungen in Amerika: Pricing-to-Market dämpft die expansive Wirkung auf die amerikanische Produktion und verringert dadurch den Rückgang der Arbeitslosigkeit in Amerika. Pricing-to-Market dämpft die Erhöhung des Lohneinkommens der Amerikaner und verstärkt die Erhöhung des Gewinneinkommens der Amerikaner. Folglich sinkt die Lohnquote in Amerika. Mithin steigt die Gewinnquote in Amerika. Die Stärke der expansiven Wirkung auf das Einkommen der Amerikaner ist dagegen ebenso unabhängig vom Preissetzungsverhalten der amerikanischen Unternehmen wie die Reaktion der amerikanischen Leistungsbilanz.

A Symbolverzeichnis

Das Modell der kleinen offenen Volkswirtschaft

A	inländische Produktion
B	Zahlungsbilanzüberschuss
C	Konsum
$\bar{C}$	autonomer Konsum
E	Produktionserlöse
F	Kapitalbilanzüberschuss
G	Staatskäufe
H	Leistungsbilanzüberschuss
I	Investitionen
$\bar{I}$	autonome Investitionen
K	Produktionskosten
L	Geldnachfrage
M	Geldmenge
N	Arbeitsnachfrage
P	Preis der inländischen Güter im Inland, ausgedrückt in Inlandswährung
$\bar{P}_X$	Preis der inländischen Güter im Ausland, ausgedrückt in Auslandswährung
P_X	Preis der inländischen Güter im Ausland, ausgedrückt in Inlandswährung
P^*	Preis der ausländischen Güter im Ausland, ausgedrückt in Auslandswährung
Q	Import
$\bar{Q}$	autonomer Import
X	Export
$\bar{X}$	autonomer Export
$\tilde{X}$	konstanter Export
Y	Einkommen der Inländer
Z	Nachfrage nach inländischen Gütern
GQ	Gewinnquote
LQ	Lohnquote

a	Arbeitskoeffizient
b	Zinsempfindlichkeit der Investitionen
c	marginale Konsumneigung aus dem Einkommen der Inländer
c^d	marginale Konsumneigung aus dem verfügbaren Einkommen der Inländer
e	nominaler Wechselkurs
$\tilde{e}$	langfristig erwarteter nominaler Wechselkurs
h	Wechselkursempfindlichkeit des Exports
i	Inlandszins
i^*	Auslandszins
j	Zinsempfindlichkeit der Geldnachfrage
k	Einkommensempfindlichkeit der Geldnachfrage
m	Produktionsempfindlichkeit des realen Lohneinkommens
q	marginale Importneigung aus dem Einkommen der Inländer
q^d	marginale Importneigung aus dem verfügbaren Einkommen der Inländer
t	Steuersatz
w	Nominallohn
z	Zuschlagssatz (Modell ohne Pricing-to-Market)
z	Inlandsmarkt-Zuschlagssatz (Modell mit Pricing-to-Market)
z_X	Auslandsmarkt-Zuschlagssatz (Modell mit Pricing-to-Market)
Π	reales Gewinneinkommen
Φ	reales Lohneinkommen
π	nominales Gewinneinkommen
ϕ	nominales Lohneinkommen

Das Zwei-Länder-Modell

A_1	europäische Produktion
A_2	amerikanische Produktion
A_W	Weltproduktion
B_1	Zahlungsbilanzüberschuss in Europa
B_2	Zahlungsbilanzüberschuss in Amerika
C_1	europäischer Konsum
$\overline{C}_1$	autonomer europäischer Konsum
C_2	amerikanischer Konsum
$\overline{C}_2$	autonomer amerikanischer Konsum

E_1 Erlöse aus der europäischen Produktion
E_2 Erlöse aus der amerikanischen Produktion
F_1 Kapitalbilanzüberschuss in Europa
F_2 Kapitalbilanzüberschuss in Amerika
G_1 europäische Staatskäufe
G_2 amerikanische Staatskäufe
H_1 Leistungsbilanzüberschuss in Europa
H_2 Leistungsbilanzüberschuss in Amerika
I_1 europäische Investitionen
$\bar{I}_1$ autonome europäische Investitionen
I_2 amerikanische Investitionen
$\bar{I}_2$ autonome amerikanische Investitionen
K_1 Kosten der europäischen Produktion
K_2 Kosten der amerikanischen Produktion
L_1 europäische Geldnachfrage
L_2 amerikanische Geldnachfrage
M_1 europäische Geldmenge
M_2 amerikanische Geldmenge
P_1 Preis der europäischen Güter in Europa, ausgedrückt in Euro
$\bar{P}_1^X$ Preis der europäischen Güter in Amerika, ausgedrückt in Dollar
P_1^X Preis der europäischen Güter in Amerika, ausgedrückt in Euro
P_2 Preis der amerikanischen Güter in Amerika, ausgedrückt in Dollar
$\bar{P}_2^X$ Preis der amerikanischen Güter in Europa, ausgedrückt in Euro
P_2^X Preis der amerikanischen Güter in Europa, ausgedrückt in Dollar
Q_1 europäischer Import
$\bar{Q}_1$ autonomer europäischer Import
Q_2 amerikanischer Import
$\bar{Q}_2$ autonomer amerikanischer Import
X_1 europäischer Export
$\bar{X}_1$ autonomer europäischer Export
X_2 amerikanischer Export
$\bar{X}_2$ autonomer amerikanischer Export
Y_1 Einkommen der Europäer
Y_2 Einkommen der Amerikaner
Y_W Welteinkommen
Z_1 Nachfrage nach europäischen Gütern
Z_2 Nachfrage nach amerikanischen Gütern

GQ_1 Gewinnquote in Europa
GQ_2 Gewinnquote in Amerika

LQ_1 Lohnquote in Europa
LQ_2 Lohnquote in Amerika

a Arbeitskoeffizient
b Zinsempfindlichkeit der Investitionen
c marginale Konsumneigung
c^d marginale Konsumneigung aus dem verfügbaren Einkommen
e nominaler Wechselkurs (€/$)
$\tilde{e}$ langfristig erwarteter nominaler Wechselkurs (€/$)
i Weltmarktzins
i_1 europäischer Zins
i_2 amerikanischer Zins
j Zinsempfindlichkeit der Geldnachfrage
k Einkommensempfindlichkeit der Geldnachfrage
m Produktionsempfindlichkeit des realen Lohneinkommens
q marginale Importneigung
q^d marginale Importneigung aus dem verfügbaren Einkommen
t Steuersatz
v marginale Konsumneigung in Bezug auf heimische Güter
w Nominallohn
z Zuschlagssatz (Modell ohne Pricing-to-Market)
z Zuschlagssatz auf dem Heimatmarkt (Modell mit Pricing-to-Market)
z_1 Zuschlagssatz auf die Lohnstückkosten der europäischen Exporte (Modell mit Pricing-to-Market)
z_2 Zuschlagssatz auf die Lohnstückkosten der amerikanischen Exporte (Modell mit Pricing-to-Market)

Π_1 reales Gewinneinkommen der Europäer
Π_2 reales Gewinneinkommen der Amerikaner
Φ_1 reales Lohneinkommen der Europäer
Φ_2 reales Lohneinkommen der Amerikaner

π_1 nominales Gewinneinkommen der Europäer
π_2 nominales Gewinneinkommen der Amerikaner
ϕ_1 nominales Lohneinkommen der Europäer
ϕ_2 nominales Lohneinkommen der Amerikaner

B Literaturverzeichnis

AIZENMAN, J. (1985), Monopolistic Competition and Deviations from PPP, NBER Working Paper No. 1552.

AIZENMAN, J. (2004), Endogenous Pricing to Market and Financing Costs, Journal of Monetary Economics 51, 691–712.

AKERLOF, G. (2007), The Missing Motivation in Macroeconomics, American Economic Review 97, 3–36.

ALESSANDRIA, G. (2004), International Deviations from the Law of One Price: The Role of Search Frictions and Market Share, International Economic Review 45, 1263–1291.

ARESTIS, P., MILBERG, W. (1993), Degree of Monopoly, Pricing, and Flexible Exchange Rates, Journal of Post Keynesian Economics, 167–188.

ARGY, V. (1994), International Macroeconomics: Theory and Policy, Routledge, London/New York.

ARGY, V., SALOP, J. (1983), Price and Output Effects of Monetary and Fiscal Expansion in a Two-Country World under Flexible Exchange Rates, Oxford Economic Papers 35, 228–246.

ATKESON, A., BURSTEIN, A. (2008), Pricing-to-Market, Trade Costs, and International Relative Prices, American Economic Review 98, 1998–2031.

BACCHETTA, P., VAN WINCOOP, E. (2005), A Theory of the Currency Denomination of International Trade, Journal of International Economics 67, 295–319.

BALDWIN, R. (1988), Hysteresis in Import Prices: The Beachhead Effect, American Economic Review 78, 773–785.

BALDWIN, R., KRUGMAN, P. (1989), Persistent Trade Effects of Large Exchange Rate Shocks, Quarterly Journal of Economics 54, 635–654.

BALL, L., ROMER, D. (1990), Real Rigidities and the Non-Neutrality of Money, Review of Economic Studies 57, 183–203.

BERGIN, P., FEENSTRA, R. (2001), Pricing-to-Market, Staggered Contracts, and Real Exchange Rate Persistence, Journal of International Economics 54, 333–359.

BETTS, C., DEVEREUX, M. (1996), The Exchange Rate in a Model of Pricing-to-Market, European Economic Review 40, 1007–1021.

BETTS, C., DEVEREUX, M. (2000), Exchange Rate Dynamics in a Model of Pricing-to-Market, Journal of International Economics 50, 215–244.

BILS, M. (1989), Pricing in a Customer Market, Quarterly Journal of Economics 104, 699–718.

BLECKER, R. (1989), International Competition, Income Distribution and Economic Growth, Cambridge Journal of Economics 13, 395–412.

BLECKER, R. (1999): Kaleckian Macro Models for Open Economies, in: Deprez, J., Harvey, J. (Hrsg.), Foundations of International Economics: Post Keynesian Perspectives, Routledge, London/ New York, 116–149.

BLEICH, T. (2006), Makroökonomische Wirkungen eines Importzolls – Ein Mikrofundierter Ansatz, Peter Lang Verlag, Frankfurt am Main.

BORONDO, C. (2003), International Transmission of Monetary Shocks: Mundell-Fleming vs Obstfeld-Rogoff, in: Bajo-Rubio, O. (Hrsg.), Macroeconomic Policy in an Open Economy – Applications of the Mundell-Fleming Model, Nova Science Publishers, New York, 127–169.

CAMPA, J, GOLDBERG, L. (2002), Exchange Rate Pass-Through into Import Prices: A Macro or Micro Phenomenon?, NBER Working Paper No. 8934.

CARLBERG, M. (1988), Theorie der Arbeitslosigkeit: Angebotspolitik versus Nachfragepolitik, Verlag Vahlen, München.

CARLBERG, M. (1989), Makroökonomik der offenen Wirtschaft, Verlag Vahlen, München.

CARLBERG, M. (1999), European Monetary Union – Theory, Policy, and Evidence, Physica Verlag, Heidelberg.

CARLBERG, M. (2000), Economic Policy in a Monetary Union, Springer Verlag, Berlin.

CARLBERG, M. (2002), Inflation in a Monetary Union, Springer Verlag, Berlin.

CHARI, V., KEHOE, P., MCGRATTAN, E. (2002), Can Sticky Price Models Generate Volatile and Persistent Real Exchange Rates?, Review of Economic Studies 69, 533–563.

CHOUDHRI, E., HAKURA, D. (2006), Exchange Rate Pass-Through to Domestic Prices: Does the Inflationary Environment Matter, Journal of International Money and Finance 25, 614–639.

CLARK, P., FARUQEE, H. (1997), Exchange Rate Volatility, Pricing to Market and Trade Smoothing, IMF Working Paper 97/126.

CORSETTI, G., DEDOLA, L. (2005), A Macroeconomic Model of International Price Discrimination, Journal of International Economics 67, 129–155.

CORSETTI, G., PESENTI, P. (2001), Welfare and Macroeconomic Interdependence, Quarterly Journal of Economics 116, 421–445.

DELGADO, F. (1991), Hysteresis, Menu Costs, and Pricing with Random Exchange Rates, Journal of Monetary Economics 28, 461–484.

DEVEREUX, M. (1997), Real Exchange Rates and Macroeconomics: Evidence and Theory, Canadian Journal of Economics 30, 773–808.

DEVEREUX, M., ENGEL, C. (2002), Exchange Rate Pass-Through, Exchange Rate Volatility, and Exchange Rate Disconnect, Journal of Monetary Economics 49, 913–940.

DEVEREUX, M., ENGEL, C., STORGAARD, P. (2004), Endogenous Exchange Rate Pass-Through when Nominal Prices are Set in Advance, Journal of International Economics 63, 263–291.

DIECKHEUER, G. (2001), Internationale Wirtschaftsbeziehungen, 5. Auflage, Oldenbourg Verlag, München.

DILLER, H. (2008), Preispolitik, 4. Auflage, Kohlhammer, Stuttgart.

DIXIT, A. (1989), Hysteresis, Import Penetration, and Exchange Rate Pass-Through, Quarterly Journal of Economics 104, 205–228.

DOHNER, R. (1984), Export Pricing, Flexible Exchange Rates, and Divergence in the Prices of Traded Goods, Journal of International Economics 16, 79–101.

DONNENFELD, S., ZILCHA, I. (1991), Pricing of Exports and Exchange Rate Uncertainty, International Economic Review 32, 1009–1022.

DORNBUSCH, R. (1985), Purchasing Power Parity, NBER Working Paper No. 1591.

DORNBUSCH, R. (1987), Exchange Rates and Prices, American Economic Review 77, 93–106.

DORNBUSCH, R., FISCHER, S., STARTZ, R. (2001), Makroökonomik, 8. Auflage, Oldenbourg Verlag, München.

DUARTE, M. (2001), International Pricing in New Open-Economy Models, Federal Reserve Bank of Richmond, Economic Quarterly 87/4, 53–70.

ENGEL, C. (1993), Real Exchange Rates and Relative Prices – An Empirical Investigation, Journal of Monetary Economics 32, 35–50.

ENGEL, C. (1999), Accounting for U.S. Real Exchange Rate Changes, Journal of Political Economy 107, 507–538.

ENGEL, C. (2000), Local-Currency Pricing and the Choice of Exchange-Rate Regime, European Economic Review 44, 1449–1472.

ENGEL, C. (2002), The Responsiveness of Consumer Prices to Exchange Rates and the Implications for Exchange-Rate Policy: A Survey of a Few Recent New Open-Economy Macro Models, NBER Working Paper No. 8725.

ENGEL, C., ROGERS, J. (1996), How Wide is the Border?, American Economic Review 86, 1112–1125.

FEENSTRA, R. (1989), Symmetric Pass-Through of Tariffs and Exchange Rates under Imperfect Competition: An Empirical Test, Journal of International Economics 27, 25–45.

FEENSTRA, R., GAGNON, J., KNETTER, M. (1996), Market Share and Exchange Rate Pass-Through in World Automobile Trade, Journal of International Economics 40, 187–207.

FEENSTRA, R., HESTON, A., TIMMER, M., DENG, H. (2009), Estimating Real Production and Expenditures Across Nations: A Proposal for Improving the Penn World Tables, Review of Economics and Statistics 91, 201–212.

FEUERSTEIN, S. (2002), Home Bias, Internationale Preisdifferenzierung und Wirtschaftsintegration, Jahrbücher für Nationalökonomie und Statistik 222, 112–131.

FISHER, E. (1989), A Model of Exchange Rate Pass-Through, Journal of International Economics 26, 119–137.

FLEMING, M. (1962), Domestic Financial Policies under Fixed and under Floating Exchange Rates, IMF Staff Papers 9, 369–379.

FRENKEL, J., RAZIN, A. (1987), The Mundell-Fleming Model: A Quarter Century Later, NBER Working Paper No. 2321.

FRIBERG, R. (1998), In Which Currency Should Exporters Set Their Prices?, Journal of International Economics 45, 59–76.

FROOT, K., KLEMPERER, P. (1989), Exchange Rate Pass-Through when Market Share Matters, American Economic Review 79, 637–654.

FUHRMANN, W. (1991), Makroökonomik, 3. Auflage, Oldenbourg Verlag, München.

GHOSH, A., WOLF, H. (1994), Pricing in International Markets: Lessons from the Economist, NBER Working Paper No. 4806.

GIL-PAREJA, S. (2003), Pricing to Market Behaviour in European Car Markets, European Economic Review 47, 945–962.

GIOVANNINI, A. (1988), Exchange Rates and Traded Goods Prices, Journal of International Economics 24, 45–68.

GOLDBERG, P., KNETTER, M. (1997), Goods Prices and Exchange Rates: What Have We Learned?, Journal of Economic Literature 35, 1243–1272.

GOLDBERG, P., HELLERSTEIN, R. (2008), A Structural Approach to Explaining Incomplete Exchange-Rate Pass-Through and Pricing-to-Market, American Economic Review 98, 423–429.

GORDON, R. (1981), Output Fluctuations and Gradual Price Adjustment, Journal of Economic Literature 19, 493–530.

GOTTFRIES, N. (1986), Price Dynamics of Exporting and Import-Competing Firms, Scandinavian Journal of Economics 88, 417–436.

HARMS, P. (2008), Internationale Makroökonomik, Mohr Siebeck, Tübingen.

HELLERSTEIN, R. (2008), Who Bears the Cost of a Change in the Exchange Rate? Pass-Through Accounting for the Case of Beer, Journal of International Economics 76, 14–32.

HOOPER, P., MANN, C. (1989), Exchange Rate Pass-Through in the 1980s: The Case of U.S. Imports of Manufactures, Brookings Papers on Economic Activity 1, 297–337.

ISARD, P. (1977), How Far Can We Push the "Law of One Price"? American Economic Review 67, 942–948.

KAHNEMAN, D., KNETSCH, J., THALER, R. (1986), Fairness as a Constraint on Profit Seeking: Entitlements in the Market, American Economic Review 76, 728–741.

KALECKI, M. (1938), The Determinants of Distribution of the National Income, Econometrica 6, 97–112.

KALECKI, M. (1971), Class Struggle and the Distribution of National Income, Kyklos 24, 1–9.

KAMPS, A. (2006), The Euro as Invoicing Currency in International Trade, ECB Working Paper No. 665.

KASA, K. (1992), Adjustment Costs and Pricing-to-Market – Theory and Evidence, Journal of International Economics 32, 1–30.

KLEMPERER, P. (1995), Competition when Consumers have Switching Costs: An Overview with Applications to Industrial Organization, Macroeconomics, and International Trade, Review of Economics and Statistics 62, 515–539.

KLESHCHELSKI, I., VINCENT, N. (2009), Market Share and Price Rigidity, Journal of Monetary Economics 56, 344–352.

KNETTER, M. (1989), Price Discrimination by U.S. and German Exporters, American Economic Review 79, 198–210.

KNETTER, M. (1993), International Comparisons of Pricing-to-Market Behavior, American Economic Review 83, 473–486.

KNETTER, M. (1994), Is Export Price Adjustment Asymmetric?: Evaluating the Market Share and Marketing Bottlenecks Hypotheses, Journal of International Money and Finance 13, 55–70.

KOHLI, U. (2004), Real GDP, Real Domestic Income, and Terms-of-Trade Changes, Journal of International Economics 62, 83–106.

KRAVIS, I., LIPSEY, R. (1977), Export Prices and the Transmission of Inflation, American Economic Review 67, 155–163.

KRUGMAN, P. (1987), Pricing to Market when the Exchange Rate Changes, in: Arndt, S., Richardson, J. (Hrsg.), Real-Financial Linkages among Open Economies, MIT Press, Cambridge, 49–70.

KRUGMAN, P. (1989), Exchange-Rate Instability, MIT Press, Cambridge.

LANE, P. (2001), The New Open Economiy Macroeconomics: A Survey, Journal of International Economics 54, 235–266.

LAVOIE, M. (2001), Pricing, in: Holt, R., Pressman, S. (Hrsg.), A New Guide to Post Keynesian Economics, Routledge, London/New York, 21–31.

MACHLUP, F. (1956), The Terms-of-Trade Effects of Devaluation upon Real Income and the Balance of Trade, Kyklos 9, 417–452.

MADSEN, J. (1996), Pricing-to-Market and the Efficiency of Macroeconomic Policies in Open Economies with Floating Exchange Rates, Journal of Post Keynesian Economics 19, 225–242.

MALUEG, D., SCHWARTZ, M. (1994), Parallel Imports, Demand Dispersion, and International Price Discrimination, Journal of International Economics 37, 167–195.

MANN, C. (1986), Prices, Profit Margins, and Exchange Rates, Federal Reserve Bulletin 72, 366–379.

MARSTON, R. (1990), Pricing to Market in Japanese Manufacturing, Journal of International Economics 29, 217–236.

MENON, J. (1995), Exchange Rate Pass-Through, Journal of Economic Surveys 9, 197–231.

MENON, J. (1996), The Degree and Determinants of Exchange Rate Pass-Through: Market Structure, Non-Tariff Barriers and Multinational Corporations, Economic Journal 106, S. 434–444.

MICHAELIS, J. (2006), Optimal Monetary Policy in the Presence of Pricing-to-Market, Journal of Macroeconomics 28, 564–584.

MUNDELL, R. (1961), Flexible Exchange Rates and Employment Policy, Canadian Journal of Economics and Political Science 27, 509–517.

MUNDELL, R. (1962), The Appropriate Use of Monetary and Fiscal Policy for Internal and External Stability, IMF Staff Papers 9, 70–79.

MUNDELL, R. (1963), Capital Mobility and Stabilization Policy under Fixed and Flexible Exchange Rates, Canadian Journal of Economics and Political Science 29, 475–485.

OBSTFELD, M. (2001), International Macroeconomics: Beyond the Mundell-Fleming Model, NBER Working Paper No. 8369.

OBSTFELD, M., ROGOFF, K. (1995), Exchange Rate Dynamics Redux, Journal of Political Economy 103, 624–660.

OBSTFELD, M., ROGOFF, K. (2000a), New Directions for Stochastic Open Economy Models, Journal of International Economics 50, 117–153.

OBSTFELD, M., ROGOFF, K. (2000b), The Six Major Puzzles in International Macroeconomics: Is There a Common Cause?, NBER Working Paper No. 7777.

OHNO, K. (1989), Export Pricing Behavior of Manufacturing – A U.S.-Japan Comparison, IMF Staff Papers 36, 550–579.

OKUN, A. (1981), Prices and Quantities: A Macroeconomic Analysis, Brookings Institution, Washington, DC.

OTTO, A. (2005), Makroökonomische Effekte der Direktinvestitionen, Peter Lang Verlag, Frankfurt am Main.

PARSLEY, D., WEI, S.-J. (2001), Explaining the Border Effect: The Role of Exchange Rate Variability, Shipping Costs, and Geography, Journal of International Economics 55, 87–105.

PESCHEL, K. (1972), Bestimmungsgründe der Einkommensverteilung, Weltwirtschaftliches Archiv 108, 137–168.

PECHTL, H. (2005), Preispolitik, Lucius & Lucius Verlagsgesellschaft, Stuttgart.

PHELPS, E., WINTER, S. (1970), Optimal Price Policy under Atomistic Competition, in: Phelps, E. et al., Microeconomic Foundations of Employment and Inflation Theory, Norton, New York.

PIGOU, A. (1932), The Economics of Welfare, 4. Auflage, Macmillan, London.

PREMACHANDRA, A., MENON, J. (1994), Pricing-to-Market Behaviour and Exchange Rate Pass-Through in Japanese Exports, Economic Journal 104, 271–281.

RAVN, M., SCHMITT-GROHE, S., URIBE, M. (2010), Incomplete Cost Pass-Through under Deep Habits, Review of Economic Dynamics 13, 317–332.

ROGOFF, K. (1996), The Purchasing Power Parity Puzzle, Journal of Economic Literature 34, 647–668.

ROTEMBERG, J. (2005), Consumer Anger at Price Increases, Changes in the Frequency of Price Adjustment and Monetary Policy, Journal of Monetary Economics 52, 829–852.

ROTHSCHILD, K. (1957), Der Lohnanteil am Gesamteinkommen, Weltwirtschaftliches Archiv 78, 157–202.

SACHS, J. (1980), Wages, Flexible Exchange Rates, and Macroeconomic Policy, Quarterly Journal of Economics 94, 731–747.

SARNO, L. (2001), Toward a New Paradigm in Open Economy Modeling: Where Do We Stand?, Federal Reserve Bank of St. Louis Review 83/3, 21–36.

SCHLICHT, E. (1976), Einführung in die Verteilungstheorie, Rowohlt Verlag, Reinbek.

SERCU, P. (1992), Exchange Risk, Exposure, and the Option to Trade, Journal of International Money and Finance 11, 579–593.

SOLOW, R. (1958), A Skeptical Note on the Constancy of Relative Shares, American Economic Review 48, 618–631.

TIROLE, J. (1988), The Theory of Industrial Organization, MIT Press, Cambridge.

WALSH, C. (2003), Monetary Theory and Policy, 2. Auflage, MIT Press, Cambridge.

WEITZMAN, M. (1985), The Simple Macroeconomics of Profit Sharing, American Economic Review 75, 937–953.